Internet des objets connectés

Cours, exercices et cas pratiques

Thierry Alhalel
Rémi Boulle
Adrien van den Bossche

DUNOD

NOUS NOUS ENGAGEONS EN FAVEUR DE L'ENVIRONNEMENT :

PAPIER CERTIFIÉ

Nos livres sont imprimés sur des papiers certifiés pour réduire notre impact sur l'environnement.

Le format de nos ouvrages est pensé afin d'optimiser l'utilisation du papier.

Depuis plus de 30 ans, nous imprimons 70 % de nos livres en France et 25 % en Europe et nous mettons tout en œuvre pour augmenter cet engagement auprès des imprimeurs français.

Nous limitons l'utilisation du plastique sur nos ouvrages (film sur les couvertures et les livres).

11 rue Paul Bert, 92240 Malakoff
www.dunod.com
ISBN 978-2-100-85889-7

Sommaire

1

Notions sur le langage Python

Python est un langage de programmation interprété très utilisé dans le domaine de l'Internet des Objets. Il permet de traiter facilement de grands volumes de données venant de capteurs par exemple, de les représenter graphiquement, de les stocker en bases de données, etc. L'objectif de ce chapitre est de rappeler quelques notions de base concernant ce langage mais aussi de découvrir les principales libraires que vous allez utiliser dans vos projets IoT (Internet of Things, Internet des objets en anglais).

Sommaire

Il est entendu qu'il ne s'agit nullement de décrire ici le langage Python de manière exhaustive, mais bien de faire un résumé des notions nécessaires à l'objectif du chapitre.

Comme vous avez déjà étudié les rudiments du langage Python, vous savez que c'est un langage interprété (non compilé), orienté objet et sous licence libre. Ce langage est utilisé sous tous les principaux systèmes d'exploitation : Windows, GNU/Linux, Unix, Android et macOS.

Dans cet ouvrage, nous utiliserons la version Python 3. Il existe plusieurs façons d'écrire et de tester du code en Python. Vous pouvez bien sûr conserver celle que vous avez apprise lors de vos études, mais sachez que les codes présentés ici sont testés :

— en environnement Linux avec l'éditeur Scite qui permet de développer et de tester du code Python de façon minimaliste ;

— en environnement Windows 7/10 ou Linux avec le logiciel Spyder 3 ;

— en environnement Anaconda, qui est une distribution libre open source de Python et R, installable sur les OS Windows et Linux, et permettant de traiter des données en quantité. Anaconda se présente comme un navigateur donnant accès en particulier à Spyder, Jupyter Notebook et RStudio.

L'une des principales forces de Python est l'existence de nombreuses librairies qui donnent accès à de puissantes possibilités graphiques et de calculs numériques.

Dans cet ouvrage, nous vous présenterons des programmes complets et fonctionnels soit dans les rappels de cours (la première ligne portera l'indication code *a.b*) soit dans les exercices (la première ligne comportera alors la mention exercice *a.b*). L'entier *a* renvoie au numéro de chapitre (ici le premier) et le second entier, *b*, indique le numéro de code au sein du chapitre. Vous pourrez utiliser cette nomenclature pour retrouver le code à télécharger sur le site de Dunod.

1.1 Les structures de base en Python

Nous ne ferons pas ici un cours de programmation, mais nous insisterons sur les notions essentielles du langage Python et de ses librairies.

1.1.1 Rappels de syntaxe

Le langage **Python** est naturellement **indenté** pour les blocs de code : boucles, sous-routines, tests conditionnels... vous devez absolument y faire attention. Voici un exemple de code fonctionnel avec indentation (tout ce qui est dans l'indentation fait partie du bloc d'instructions de la boucle) :

```
# code 1.1
# appel librairies
import random
import math
# initialisation des constantes et listes
N=1000;
DEDANS=0;
xdedans=[];
ydedans=[];
xdehors=[];
ydehors=[];
# boucle principale
```

```
for i in range(N):
    a, b = random.uniform(-1.,1.), random.uniform(-1.,1.)
    longueur = math.sqrt(a**2 + b**2)
    if longueur < 1:
        xdedans.append(a)
        ydedans.append(b)
  DEDANS=DEDANS+1
    else:
        xdehors.append(a)
  ydehors.append(b)
print(DEDANS)
```

On note dans le code qui précède, les indentations successives de la boucle `for` et de la condition `if`, car la conditionnelle (indentée) fait partie intégrante de la boucle (indentée). Autrement dit, **l'augmentation de l'indentation** signe le démarrage d'un nouveau bloc d'instructions.

Le code se structure de la façon suivante :

1. l'importation des librairies (ici la librairie `random` qui contient les lois de probabilités (la loi uniforme pour nous) et la librairie `math` qui contient les fonctions mathématiques classiques (racine carrée (sqrt) pour nous)) ;
2. la déclaration des constantes et l'initialisation des tableaux (il y en a quatre, lesquels ?) ;
3. le cœur du programme, avec le calcul de l'entier `DEDANS` qui est forcément inférieur ou égal à `N` (pourquoi ?) ;
4. le code permet également de remplir (instruction `append`) les quatre listes avec les valeurs de a et b qui répondent à la condition imposée par le `if`,
5. l'affichage final du résultat `DEDANS` (remarquons la position de cet affichage par rapport à la boucle `for`).

Les **commentaires** (sur une ligne) sont réalisés à l 'aide du caractère dièse : #. Il est important d'en mettre dans un code de façon à le rendre clair et compréhensible.

Dans le langage Python les variables sont typées **dynamiquement**, c'est-à-dire que le type d'une variable peut changer en cours d'exécution, comme sur le code ci-dessous :

```
# a est entier
a= 1
print('a est entier : ',a)
# a devient flottant
a=a*1.0
print('a devient flottant :', a)
```

avec le résultat suivant (on passe d'un entier à un type flottant) :

```
('a est entier : ', 1)
('a devient flottant :', 1.0)
```

1.1.2 Structures conditionnelles

La **structure conditionnelle** `if` se définit en Python :

```
if condition1:
    instructions1
else:
    instructions2
```

le **else** n'est pas obligatoire. Noter l'indentation utilisée.

On réalise une **répétition conditionnelle** en Python avec la boucle `while`.

```
while condition:
    instructions
```

Tant que la condition est vraie, la boucle `while` continue, et si le programme est mal conçu on peut tomber dans le piège de la **boucle infinie**, le programme ne peut alors pas se terminer. Pour illustrer le principe de la boucle `while`, on peut mettre en place l'**algorithme d'Euclide**, qui permet de trouver le **PGCD** (plus grand diviseur commun) de deux entiers strictement positifs a et b $(a \geq b)$:

Algorithme d'Euclide

- On affecte à la variable entière x la valeur entière a
- On affecte à la variable entière y la valeur entière b
- On affecte au compteur entier i la valeur 0

Tant que y est différent de 0 : (boucle while)

1. On incrémente le compteur i de 1 unité
2. On calcule le reste r_i de la division entière de x par y
3. On affecte à la variable x la valeur de y
4. On affecte à la variable y la valeur de r_i

À la sortie de la boucle `while` au bout de n itérations, le `PGCD(a,b)` est la dernière valeur de x (ou de y ce qui revient au même).

Par exemple si $a = 455$ et $b = 84$, le PGCD de ces deux entiers vaut 7 : on va représenter les étapes successives de l'algorithme qui mènent au résultat à l'aide d'un tableau qui représente ce qui se passe dans la boucle `while` (attention, c'est avant la boucle que x prend la valeur 455 et y la valeur 84) :

itération i	variable x	variable y	reste r_i
1	84	35	35
2	35	14	14
3	14	7	7
4	7	0	0

Voici la conclusion du programme : le PGCD de 455 et 84 est donc de 7. Le code Python correspondant pour la détermination du PGCD de deux entiers est :

```
# code1.2
# Entiers a et b dont on cherche le PGCD
a = 306
b = 756
# Test avec assert : les nombres sont bien positifs et a > b
assert (a > 0) and (b > 0)
if a < b:
    a, b = b, a # Interversion si besoin : on impose que a >= b


a0, b0 = a, b # On garde une copie des valeurs originales
# On boucle (while) jusqu a ce que le reste soit nul
while b != 0:
    a, b = b, a % b
# On remplace a par b et b par le reste de la division euclidienne de a par b

print('Le PGCD de {} et {} vaut : {}'.format(a0, b0, a) # On affiche le
    resultat
```

En voici le résultat :

```
Le PGCD de 756 et 306 vaut : 18
```

On réalise une **répétition inconditionnelle** (de N itérations) en Python avec la boucle `for` :

```
for i in range(1,N+1):
    instructions
```

Ici N est un entier, et i le compteur. Il est important de noter que l'entier i va varier de la valeur initiale 1 jusqu'à N.

Prenons comme exemple d'application la **fonction factorielle** d'un entier naturel n :

On définit en mathématiques la fonction factorielle d'un entier $n \geq 0$ (notée $n!$) comme :

$$\text{factorielle(n)} = n! = 1 \times 2 \times 3 \times \cdots \times (n-1) \times n$$

avec par convention :

$$0! = 1! = 1$$

et par exemple :

$$6! = 1 \times 2 \times 3 \times 4 \times 5 \times 6 = 720$$

et

$$7! = 1 \times 2 \times 3 \times 4 \times 5 \times 6 \times 7 = 5040$$

et

$$8! = 1 \times 2 \times 3 \times 4 \times 5 \times 6 \times 7 \times 8 = 40320$$

Voici un exemple de code qui calcule la factorielle de l'entier N à l'aide d'une boucle `for` :

```
# calcul de la factorielle de N
N=5
fact = 1
for i in range(1, N+1):
    fact = fact * i
print('la factorielle de {} est : {}'.format(N, fact)
```

Il faut bien remarquer que la valeur maximale du compteur i sera N et non $N+1$, c'est-à-dire que i varie de 1 à N. et le résultat de ce code est :

```
'la factorielle de 5 est : 120'
```

Si on remplace dans le code précédent l'affectation $N = 5$ par $N = 6$ on obtient alors la sortie :

```
'la factorielle de 6 est : 720'
```

1.1.3 Listes

Une **liste** en Python est une suite, placée entre crochets, de valeurs (éléments) séparées par des virgules. Les éléments d'une liste ne sont pas obligatoirement tous du même type. Malgré son nom, une liste est proche d'un tableau.

Création d'une liste

On peut créer une liste de deux façons :

— **Extension :**
On liste simplement les éléments comme dans, par exemple :

```
    liste = [1, 1.2, 'a', "aa", [1, 2, 3]]
```

— **Compréhension :**
Méthode concise pour manipuler tout ou partie des éléments d'une séquence et renvoyer une liste contenant les résultats. Par exemple :

```
liste1 = [i**2 for i in range(100)]
liste2 = ['{:#04x}'.format(x) for x in range(256) if x % 2 == 0]
```

génère la liste composée des carrés des entiers compris entre 0 et 99. La deuxième instruction génère celle des nombres pairs de 0 à 255 (on filtre avec `x % 2 == 0`) écrits sous formes de chaînes de caractères et en hexadécimal (0x...). La clause `if` est optionnelle. Si elle est omise, tous les éléments du `range(256)` seront utilisés.

Accès aux élements

On peut accéder aux éléments d'une liste en utilisant l'indice de l'élément désiré ainsi : `liste[indice]`.

```
carres = [1, 4, 9, 16, 25, 6]
carres[0] # renvoie l'élément d'index 0
carres[-1] # renvoie le dernier
carres[5] = 36
```

L'instruction `carres[5] = 36` modifie le contenu de la liste et remplace l'élément d'indice 5 par 36.

On utilise très souvent des listes de nombres, et il est utile de connaître le nombre d'objets dans la liste. On donne ci-dessous un code qui calcule les 10 premières valeurs de la factorielle et les range dans la liste `factorielle[]`.

On y utilise la méthode `append()` et la primitive `len()` qu'il faut connaître.

```
#code1.3
#liste : on calcule les 10 premieres factorielles
#et on les range dans une liste : factorielle
# initialisation
N=10
factorielle=[]
#calcul des valeurs et remplissage de la liste
for j in range(1,N+1):
    fact= 1
    for i in range(1, j+1):
        fact = fact * i
        factorielle.append(fact) # ajoute fact àla fin de la liste

#affichage de la longueur de la liste avec la méthode len()
print('la liste contient : {} élements'.format(len(factorielle)))

#affichage du contenu de la liste
print('les elements de la liste sont : {}.format(factorielle))
```

L'affichage est le suivant :

```
la liste contient : 10 elements
les elements de la liste sont : [1, 2, 6, 24, 120, 720, 5040, 40320,
    362880, 3628800]
```

Slicing de listes

En anglais, *slice* signifie tranche. Ici, nous allons apprendre à découper des structures de données séquentielles (listes, tuples mais aussi des chaînes de caractères).

```
liste[start:stop] # de l'élément d'index start jusqu'à celui d'index stop-1
a[start:]     # de start jusqu'à la fin de la liste
a[:stop]      # du début jusqu'à stop-1
```

```
a[:]          # une copie de la liste
```

Parcours d'une de liste

Une liste est un **itérable** (comme les chaînes de caractères). Cela signifie que l'on peut itérer dessus, c'est-à-dire répéter la même action. Le code ci-dessous affiche les carrés des entiers entre 0 et 99 :

```
liste = [i**2 for i in range(100)] # création de la liste en compréhension
for element in liste: # On itère sur la liste
    print("le carré de {} est {}".format(i,element))
```

L'instruction `for` itère donc sur les éléments d'une séquence (qui peut être aussi une chaîne de caractères), dans leur ordre d'apparition dans la séquence.

1.1.4 Dictionnaires

Un autre type de donnée très utile est le dictionnaire. Les dictionnaires correspondent aux « tableaux associatifs » dans d'autres langages. À la différence des listes, indexées par des nombres, ils sont indexés par des clés.

Un dictionnaire est en fait un ensemble de couples clé-valeur au sein duquel les clés doivent être uniques.

Les opérations classiques sur un dictionnaire consistent à stocker une valeur pour une clé donnée et à extraire la valeur correspondant à une clé. Il est également possible de supprimer une paire clé-valeur avec `del`.

Création d'un dictionnaire

Comme pour les listes, on peut créer un dictionnaire de deux façons :

— **En extension** : on liste simplement les éléments comme dans, par exemple :

```
liste = [1, 1.2, 'a', "aa", [1, 2, 3]]
```

— **En compréhension** : méthode concise pour traiter tout ou partie des éléments d'un itérable et renvoyer un dictionnaire contenant les résultats.

```
dico1 = {n : n ** 2 for n in range(20) if n%2==0}
cles = [1, 2, 3]
valeurs = ["un", "deux", "trois"]
dico2 = {k: v for (k, v) in zip(cles, valeurs)}
```

La première instruction génère un dictionnaire contenant des clés n liées à leurs valeurs n^2 si n est pair. La seconde génère un dictionnaire à partir de deux listes. Elle utilise la fonction `zip` qui prend deux ou plusieurs séquences et retourne une liste de tuples. Chaque tuple contient un élément de chaque séquence.

1.2 Fonctions en Python

Il est fréquent d'utiliser des **fonctions** en Python : cela simplifie l'écriture du code, en permettant l'appel de la fonction au moment opportun. Le squelette de la fonction nommée `toto` est le suivant :

```
def toto(parametres):
    instruction 1
    instruction finale
    return valeur
```

Cette structure appelle les commentaires suivants :

— il ne faut pas oublier le caractère : à la fin de la première ligne définissant la fonction ;

— on peut mettre autant de paramètres que l'on veut dans la définition de la fonction ;

— on peut ne pas mettre l'instruction `return`, la fonction renvoie alors l'objet `none` ;

— les variables définies à l'intérieur de la fonction ne sont pas visibles ou utilisables à l'extérieur : ce sont des **variables locales** !

— pour afficher le `return` de la fonction on peut utiliser l'instruction `print`, comme dans les exemples ci-dessous.

Voici un exemple de fonction et son résultat :

```
# fonction moyenne arithmetique de 3 valeurs
def moyenne(x,y,z):
    m=(x+y+z)/3.0
    print('affichage du calcul : ',m)
    return m
print('finalement ',moyenne(10,12,15))
```

et le résultat :

```
('affichage du calcul : ', 12.333333333333334)
('finalement ', 12.333333333333334)
```

On propose de façon similaire une définition récursive du calcul de la factorielle d'un entier :

```
# fonction factorielle recursive
def fact(n):
    if n<=1:
        return 1
    else:
        return n*fact(n-1)
a=5
print('la factorielle de ',a,' est', fact(a))
```

et l'affichage :

```
('la factorielle de ', 5, ' est', 120)
```

1.3 Librairies usuelles

Il existe plus de 200 modules ou librairies en Python. Parmi les plus utiles :

- le module `math` qui permet d'avoir accès à toutes les constantes et fonctions mathématiques, autrement en nombre très réduit ;
- le module `random` qui permet de générer des nombres pseudo-aléatoires selon de multiples distributions ;
- le module `matplotlib` qui permet de faire des graphiques, par exemple tracer une liste de données en fonction d'une autre (contenant le même nombre de données) ;
- le module `numpy` qui permet d'effectuer tout type de calculs numériques ;
- le module `scipy`, basé sur le module `numpy`, qui permet d'avoir accès à des fonctions et classes de haut niveau, permettant de traiter des données, un peu comme avec les logiciels MATLAB ou Scilab.

Nous donnons ci-dessous un exemple permettant de faire un graphe à partir d'une fonction mathématique. La figure 1.1 montre le résultat.

```
# importation des librairies et des fonctions utiles
# ici affichage plot et les fonctions sin et cos
import matplotlib.pyplot as plt
import numpy as np
# remplissage de 3 listes (x,y,z)
x = np.arange(0.0, 6.0,0.1)
y = np.sin(x)
z=np.cos(2*x)
# affichage des 2 graphes
plt.plot(x,y,label='sin(x)')
plt.plot(x,y,'b+')
plt.plot(x,z,label='cos(2x)')
plt.plot(x,z,'ro')
# affichage des legendes et textes
plt.xlabel('abscisse')
plt.ylabel('ordonnee')
plt.title('une tentative de graphe')
plt.grid(True)
plt.legend()
# sauvegarde figure en PNG
plt.savefig("graphe.png")
plt.show()
```

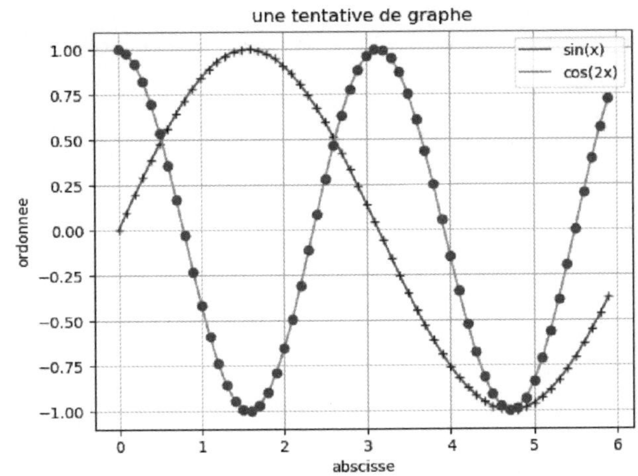

FIGURE 1.1 – Librairies graphiques et mathématiques

Le tableau qui suit présente quelques indications sur les paramètres graphiques de **matplotlib pyplot** :

couleur	bleue	rouge	noir	cyan	vert
	b	r	k	c	g
forme	point	étoile	plus	croix	rond
	.	*	+	x	o
trait	continu	discontinu	point		
	-	- -	:		

1.4 Librairies pour l'IoT

Nous le traiterons dans un chapitre suivant, mais un des protocoles de communication entre machines parmi les plus utilisés dans l'IoT est MQTT.

Voici un exemple de message MQTT transmis par un capteur installé dans une salle de cours qui émet de la donnée via le protocole LoRaWAN, ici au format JSON :

```
{
  "applicationID":"1",
  "applicationName":"AM107",
  "deviceName":"AM107-11",
  "deviceProfileName":"Milesight",
  "deviceProfileID":"0b68c925-7e17-46ae-98e5-bf3093808a6d",
  "devEUI":"24e124128c012114",
  "rxInfo":[],
  "txInfo":{"frequency":868300000,"dr":5},
  "adr":true,
```

```
  "fCnt":21449,
  "fPort":85,
  "data":"A2fDAARoYgZlBAAIAAMABWoAAAd9swEIfewACXMDJg==",
  "object":
  {
    "activity":0,
    "co2":435,
    "humidity":49,
    "illumination":4,
    "infrared":3,
    "infrared_and_visible":8,
    "pressure":973.1,
    "temperature":19.5,
    "tvoc":236
  }
}
```


Comme on le voit ci-dessus, c'est un objet de type dictionnaire `python`. Le code suivant donne un exemple dans utilisant la libraire `paho-mqtt`. C'est un client MQTT Python qui va s'abonner à un flux et extraire des messages une grandeur particulière :

```
import paho.mqtt.client as mqtt
import json

# config
mqttServer = "chirpstack.iut-blagnac.fr"
appID = "1"
deviceID = "+" # Tous les devices

topic_subscribe = "application/{}/device/{}/event/up".format(appID,
    deviceID)

print("On commence...")

# callback appelle lors de la reception d'un message
def get_data(mqttc, obj, msg):
    jsonMsg = json.loads(msg.payload)
    print("Date/heure envoie paquet : ")
    print(jsonMsg["rxInfo"][0]['time'])
    donnee = jsonMsg["object"]

    try:
        print(donnee["co2"])
        co2 = donnee["co2"]
        print("La concentration de CO2 est :{}".format(co2))
        if co2 > 700:
            print("il va falloir aérer !")
        else:
```

```
            print("ok, tout va bien ! ")
    except json.JSONDecodeError:
        print("Erreur décodage ?")

mqttc = mqtt.Client(transport="websockets")
mqttc.connect(mqttServer, port=1884, keepalive=60)

mqttc.on_message = get_data

# soucription au device
mqttc.subscribe(topic_subscribe, 0)

mqttc.loop_forever()
```

1.5 Exercices

Exercice 1 : Calcul du PGCD

On donne le code en Python ci-dessous qui est censé déterminer le PGCD des deux entiers c et d.

1. Exécuter le code à la main et vérifier qu'il contient une erreur.
2. Corriger cette erreur et calculer le PGCD de c et d.

```
1  # exercice 1.1
2  # Entiers c>0 et d>0 dont on cherche le PGCD
3  d = 4563
4  c = 195
5  if c < d :
6          c,d = d,c
7  c0=c;
8  d0=d;
9  while d == 0:
10         c,d = d,c % d
11 print('Le PGCD de', c0, 'et', d0, 'vaut', c)
```

Solution

1. le résultat obtenu est que le PGCD de 4563 et 195 est censé être 4563, ce qui est bien entendu faux.
2. L'erreur commise dans le programme se situe à la ligne 9 : il faut remplacer == par != sinon la boucle `while` n'est pas effectuée. La solution est donc :

```
# exercice 1.1 : solution
# Entiers c>0 et d>0 dont on cherche le PGCD
d = 4563
c = 195
```

```
if c < d :
c,d = d,c
c0=c;
d0=d;
while d != 0:
c,d = d,c % d
print('Le PGCD de', c0, 'et', d0, 'vaut', c)
```

Dans ce cas, le PGCD de 4593 et 195 est 39.

Exercice 2 : La factorielle

On donne le code en Python ci-dessous qui doit en principe remplir la liste `factorielle` avec les valeurs successives de $n!$

1. Combien la liste contient-elle d'éléments ?
2. Quels sont ces éléments ?
3. Montrer qu'il y a une erreur grave dans ce code, la corriger et contrôler le résultat.

```
1  # exercice 1.2
2  # initialisation
3  N=6
4  factorielle=[]
5  # boucles imbriquees
6  for j in range(1,N+1):
7          fact= 1
8          for i in range(1, j+1):
9              fact = fact * i
10             factorielle.append(fact)
11 # affichage de la longueur de la  liste  avec len()
12 print('la liste contient : ',len(factorielle), ' elements')
13 # affichage du contenu de la  liste
14 print('les elements de la liste sont : ',factorielle)
```

Solution

1. Il y a 21 éléments dans la liste nommée `factorielle`.
2. Ces éléments sont :

$$1, 1, 2, 1, 2, 6, 1, 2, 6, 24, 1, 2, 6, 24, 120, 1, 2, 6, 24, 120, 720$$

3. Si le code était correct, on aurait trouver seulement 6 valeurs dans la liste : $1, 2, 6, 24, 120, 720$. Le problème du code proposé vient de l'indentation de la ligne 10. Le code corrigé est :

```
# exercice 1.2
# initialisation
N=6
```

```
factorielle=[]
# boucles imbriquees
for j in range(1,N+1):
        fact= 1
        for i in range(1, j+1):
                fact = fact * i
        factorielle.append(fact)
# affichage de la longueur de la liste avec len()
print('la liste contient : ',len(factorielle), ' elements')
# affichage du contenu de la liste
print('les elements de la liste sont : ',factorielle)
```

Dans ce cas on a bien un affichage des 6 valeurs consécutives de $n!$ en partant de $1\,!$.

Exercice 3 : Factorielle et méthode itérative
On veut construire un code en Python qui va calculer la factorielle $n!$ pour n partant de 10 et allant jusqu'à 600, de 10 en 10 (soit 60 valeurs). On veut de de plus mesurer le temps d'exécution en ms du calcul de chacune des 60 factorielles, obtenues par un calcul **itératif** (utilisation de boucles `for`). Les librairies utiles seront : `matplotlib` pour les aspects graphiques et `time` pour le temps d'exécution. N'oubliez pas de faire une recherche sur ces librairies avant de commencer l'exercice.

1. Écrire un code en Python qui va remplir une liste `nombre[]` qui va contenir la série de valeurs de n dont on veut calculer la factorielle $n!$ et une liste `tempsEcoule[]` qui donne en ms le temps associé à chaque calcul $n!$.
2. Améliorer le code précédent en affichant la représentation du temps écoulé en fonction de n.

Solution

1. Le code qui suit répond aux deux questions.

```
# Exercice 1.3
# librairie
import matplotlib.pyplot as plt
import time
# initialisation
factorielle=[]
tempsEcoule=0
temps=[]
nombre=[]
# boucle principale
for i in range(60):
        facto=1
        nombre.append(10*(i+1))
# le coeur du denombrement
```

```
        start = time.time()
        for n in range(10*(i+1)) :
                facto=facto*(n+1)
        #print(facto)
        factorielle.append(facto)
        end = time.time()
        tempsEcoule=1000000*(end-start)
        temps.append(tempsEcoule)
print(nombre)
print(factorielle[0])
print(factorielle[1])
# affichage graphique
plt.plot(nombre,temps,'r',label="temps en micro-s")
plt.plot(nombre,temps,'ro')
plt.title("Mesure de temps en microsecondes : procedure
    iterative n!")
plt.grid()
plt.xlabel('valeur de n')
plt.ylabel('temps en microsec')
plt.legend()
# sauvegarde image
plt.savefig('temps.png')
plt.show()
```

2. La figure 1.2 rend compte des résultats observés.

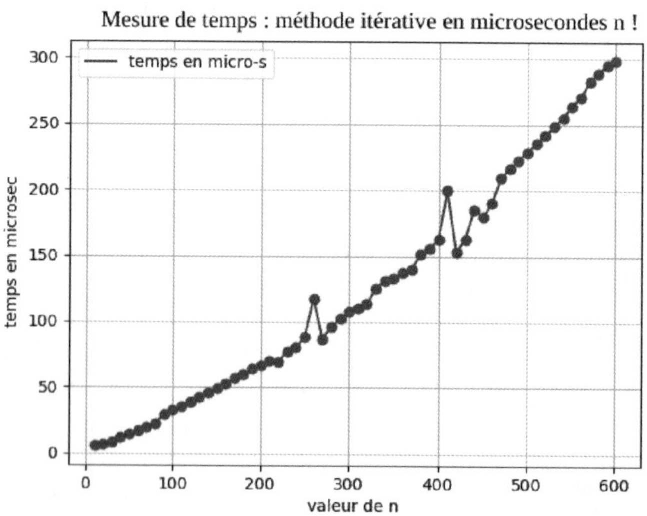

FIGURE 1.2 – Calcul itératif de $n!$ temps en ms en fonction de n

Exercice 4 : Factorielle et méthode récursive

On veut construire un code en Python qui va calculer la factorielle $n!$ pour n partant de 10 et allant jusqu'à 600, de 10 en 10 (soit 60 valeurs). On veut de plus mesurer le temps d'exécution en ms du calcul de chacune des 60 factorielles, obtenues par un calcul **récursif**. On pourra utiliser la notion de fonction Python. Les librairies utiles seront **matplotlib** pour les aspects graphiques et **time** pour le temps d'exécution.

1. Écrire un code en Python qui va remplir une liste $nombre[]$ contenant la série de valeurs de n dont on veut calculer la factorielle $n!$ et une liste $tempsEcoule[]$ donnant en ms le temps associé à chaque calcul $n!$
2. Améliorer le code précédent en affichant la représentation du temps écoulé en fonction de n.
3. Comparer les résultats à ceux de l'exercice précédent (cas itératif).

Solution

1. Le code qui suit répond aux deux premières questions.

```
# exercice 1.4
# importation des librairies
import matplotlib.pyplot as plt
import time
import sys
def factorielle(n):
        if n==0:
                return 1
        else:
                return n*factorielle(n-1)
# profondeur recursivite augmentee
sys.setrecursionlimit(10000)
# par defaut la recursivite de python est limitee : 1000 max
# initialisation
N=[]
facto=[]
temps=[]
# boucle principale
for k in range(1,61):
        NN=10*(k)
        N.append(NN)
        start=time.time()
        fact= factorielle(NN)
        end=time.time()
        elapsed=end-start
        temps.append(1000000*elapsed)
        facto.append(fact)
print(N)
print(facto[0])
```

```
print(facto[1])
# print(temps)
plt.plot(N,temps,"k",label="temps en micro-s")
plt.plot(N,temps,"ko")
plt.xlabel('N')
plt.ylabel('temps en microsec')
plt.title('mesure de temps : methode recursive en microsecondes
    n!')
plt.grid(True)
plt.xlabel('valeur de n')
plt.ylabel('temps en microsec')
plt.legend()
# sauvegarde de l image
plt.savefig("tempsRecursif.png")
plt.show()
```

2. La figure 1.3 rend compte des résultats observés.
3. La comparaison des deux figures 1.3 et 1.2 montre que, pour les données étudiées, la méthode itérative est plus lente que la méthode récursive.

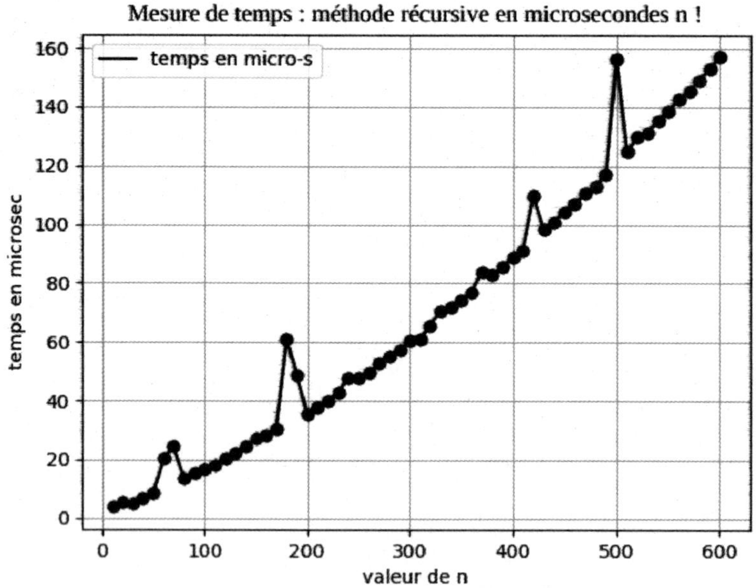

FIGURE 1.3 – Calcul récursif de $n!$: temps en ms en fonction de n

Exercice 5 : Suite dite de Tribonacci
On définit la suite de Tribonacci (jeu basé sur le nom de Leonard Fibonacci) en considérant qu'un terme donné est la somme des trois qui le précède :

$$u_{n+3} = u_{n+2} + u_{n+1} + u_n$$

Dans notre exercice, nous voulons étudier la propriété de périodicité de la **suite de Tribonacci modulo 10**, c'est à dire la succession de termes :

$$u_{n+3} = u_{n+2} + u_{n+1} + u_n \text{ [mod 10]}$$

en se donnant les trois valeurs initiales :

$$u_0 = 1 \ ; \ u_1 = 1 \ ; \ u_2 = 2$$

1. Expliquer, par un raisonnement simple, pourquoi la périodicité T de la suite de Tribonacci existe et pourquoi elle doit forcément être strictement inférieure à 1000.
2. Écrire un programme Python qui remplit une liste avec les valeurs successives de la suite et qui calcule sa période T.
3. Ajouter une routine graphique au programme précédent, qui va représenter les T premiers termes de la suite puis les T suivants, afin de contrôler visuellement la périodicité.

Solution

1. La suite de Tribonacci modulo 10 dépend de trois conditions initiales et est construite de telle sorte que le nouveau terme est égal à la somme des trois précédents (modulo 10). Comme chacun des termes ne peut prendre que les valeurs [0, 1, 2, 3, 4, 5, 6, 7, 8, 9], on aura une périodicité de la suite si on retrouve successivement 3 valeurs U, V et W qui se répètent avec la période T :

   $$1, 1, 2, ..., \mathbf{U}, \mathbf{V}, \mathbf{W}, U+V+W_{\text{mod } 10}, ..., \mathbf{U}, \mathbf{V}, \mathbf{W}, U+V+W_{\text{mod } 10}, ..$$

   On comprend qu'il n'existe qu'un nombre limité de triplets **U,V,W** avec U, V et W prenant les valeurs [0, 1, 2, 3, 4, 5, 6, 7, 8, 9]. Il existe en tout $10 \times 10 \times 10 = 1000$ triplets distincts. On exclut forcément le triplet $0, 0, 0$ car il ne peut engendrer qu'une succession de 0. On conclut donc que la suite de Tribonacci est forcément périodique (puisque elle est infinie), et sa période T est au maximum de 999.

2. Le programme présenté ci-dessous (coloration syntaxique grise) remplit la liste `MaListFIBO` avec $N = 300$ valeurs successives et les affiche. Notez l'appel à la fonction `tribonacci()`, qui représente le cœur du programme.

   Notre programme trouve la période T et affiche :
   >python -u "Tribonacci.py"

[1, 1, 2, 4, 7, 3, 4, 4, 1, 9, 4, 4, 7, 5, 6, 8, 9, 3, 0, 2, 5, 7, 4, 6, 7, 7, 0, 4, 1, 5, 0, 6, 1, 7, 4, 2, 3, 9, 4, 6, 9, 9, 4, 2, 5, 1, 8, 4, 3, 5, 2, 0, 7, 9, 6, 2, 7, 5, 4, 6, 5, 5, 6, 6, 7, 9, 2, 8, 9, 9, 6, 4, 9, 9, 2, 0, 1, 3, 4, 8, 5, 7, 0, 2, 9, 1, 2, 2, 5, 9, 6, 0, 5, 1, 6, 2, 9, 7, 8, 4, 9, 1, 4, 4, 9, 7, 0, 6, 3, 9, 8, 0, 7, 5, 2, 4, 1, 7, 2, 0, 9, 1, 0, 0, 1, 1, 2, 4, 7, 3, 4, 4, 1, 9, 4, 4, 7, 5, 6, 8, 9, 3, 0, 2, 5, 7, 4, 6, 7, 7, 0, 4, 1, 5, 0, 6, 1, 7, 4, 2, 3, 9, 4, 6, 9, 9, 4, 2, 5, 1, 8, 4, 3, 5, 2, 0, 7, 9, 6, 2, 7, 5, 4, 6, 5, 5, 6, 6, 7, 9, 2, 8, 9, 9, 6, 4, 9, 9, 2, 0, 1, 3, 4, 8, 5, 7, 0, 2, 9, 1, 2, 2, 5, 9, 6, 0, 5, 1, 6, 2, 9, 7, 8, 4, 9, 1, 4, 4, 9, 7, 0, 6, 3, 9, 8, 0, 7, 5, 2, 4, 1, 7, 2, 0, 9, 1, 0, 0, 1, 1, 2, 4, 7, 3, 4, 4, 1, 9, 4, 4, 7, 5, 6, 8, 9, 3, 0, 2, 5, 7, 4, 6, 7, 7, 0, 4, 1, 5, 0, 6, 1, 7, 4, 2, 3, 9, 4, 6, 9, 9, 4, 2, 5, 1, 8, 4, 3, 5, 2, 0]
('la periode cherchee est : ', 124) >Exit code : 0

3. On visualise sur la figure 1.4 la période T=124 de la suite, de façon similaire à ce qu'on a fait pour la suite de Fibonacci.

```
# exercice 1.5
# importation des librairies
import matplotlib.pyplot as plt
# definition de la fonction tribonacci modulo 10
def tribonacci(n):
        a,b,c=1,1,2
        for i in range(n):
                a,b,c=b,c,(a+b+c) %10
        return a
# initialisation des listes et variables
MaListFIBO = []
LIST1=[]
LIST2=[]paho

N=300
# remplissage de la liste des nombres de tribonacci
for i in range(N):
        y = tribonacci(i)
        MaListFIBO.append(y)
#affichage de la liste
print MaListFIBO
# determination de la periode
compteur=1
# compteur pour afficher la periode 1 seule fois
for i in range(N-3):
        if (tribonacci(i+3)==tribonacci(0)) and (tribonacci(i+4)==
            tribonacci(1) and (tribonacci(i+5)==tribonacci(2)) and
            (compteur==1) ):
                periode=i+3
                print("la periode cherchee est : ", periode)
                compteur=compteur+1
```

```
# affichage graphique
for i in range(periode):
        y=MaListFIBO[i]
        z=MaListFIBO[i+periode]
        LIST1.append(y)     #la liste de la premiere periode de la suite
        LIST2.append(z)     #la liste de la deuxieme periode de la suite
# affichage graphique
plt.figure
plt.subplot(211)
plt.bar(range(len(LIST1)),LIST1,width=1.0,color='red')
plt.title('124 premieres valeurs : Tribonacci modulo 10')
plt.subplot(212)
plt.bar(range(len(LIST2)),LIST2,width=1.0,color='blue')
plt.title('124 valeurs suivantes : Tribonacci modulo 10')
# sauvegarde image
plt.savefig('124.png')
plt.show()
```

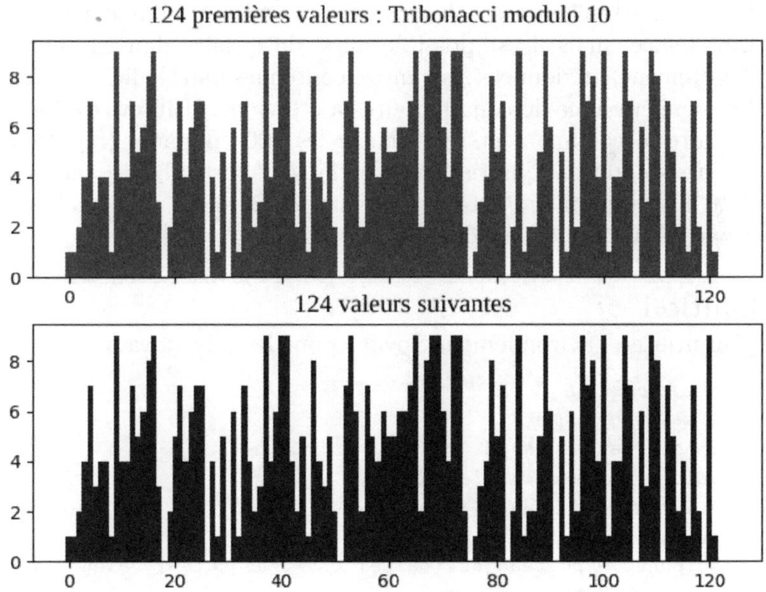

FIGURE 1.4 – Représentation des 124 premières valeurs de la suite de Tribonacci modulo 10 (en haut), puis des 124 suivantes (en bas) : les deux signatures identiques montrent la périodicité T qui vaut 124.

Exercice 6 : Manipulation d'un fichier de données CSV

Les données sont souvent stockées dans un fichier de type CSV (Comma Separated Values) qui est un format texte. Les données tabulées sont en général séparées par des virgules ou des points virgules, sans qu'une norme claire soit bien définie.

L'un des principaux intérêts de ce type de fichiers est d'être facilement généré et d'être accessible à de multiples environnements (tableurs, Python, R...). Comme il s'agit d'un fichier texte, il convient de convertir tout ou partie des données quand il est nécessaire de manipuler et de représenter des valeurs numériques. C'est l'objectif de cet exercice.

On trouvera sur le site de Dunod deux fichiers CSV : `aleaT.csv` et `aleaT2.csv`. Le premier fichier contient trois colonnes avec en-tête en première ligne (numero, valeur1, Valeur2) et 1000 données pour chaque item.

1. En utilisant la bibliothèque `pandas` (conçue pour permettre la manipulation et l'analyse de données), écrire un programme Python qui ouvre le fichier `aleaT.csv` et affiche successivement toutes les données en colonne, puis uniquement Valeur2.
2. Quel commentaire peut-on faire sur la nature de ces données ? Quelle sera donc la limitation ?
3. Le fichier `aleaT.csv` a été converti (en utilisant simplement un tableur LibreOffice, mais il est possible aussi de le faire dans un code Python directement) en données flottantes, contenues dans le fichier `aleaT2.csv`. La première ligne de commentaires a été vidée. Utiliser ces données pour extraire la colonne 1 et représenter les 1000 données (représentant des valeurs aléatoires comprises en 0 et 1), sous forme brute, puis sous forme d'un histogramme. Peut-on dire que les données de la colonne 1 sont réparties uniformément dans l'intervalle [0,1] ?

Solution

1. On utilise l'environnement Spyder pour le code suivant :

```
# exercice 1.6
# test via Spyder3
import pandas as pd
info = pd.read_csv('aleaT.csv')
# affichage de toutes les colonnes : 0 1 et 2
print(info)
colonne2 = pd.read_csv('aleaT.csv', usecols=['valeur1'])
# affichage de la colonne 1
print(colonne2)
colonne3 = pd.read_csv('aleaT.csv', usecols=['Valeur2'])
# affichage de la colonne 2
print(colonne3)
```

On obtient d'abord l'affichage en trois colonnes des valeurs contenues dans le fichier, puis la colonne valeur1 seule et enfin Valeur2 seule (voir la figure 1.5).

2. Les données sont manipulables sans difficulté, mais elles sont toutes au format texte. Si on veut ensuite les représenter graphiquement il faudra donc les convertir en format décimal. Par exemple, la colonne 1 devra être convertie en type flottant (la virgule sera d'ailleurs remplacée par un point pour être utilisable en Python).

3. Le code Python ci-dessous permet d'extraire la colonne 1 (flottant) du fichier aleaT2 dans la liste `alea1` et de représenter graphiquement cette dernière puis de la ranger automatiquement dans un histogramme de 10 classes (figure 1.6). Aux fluctuations près, on voir sur l'histogramme du bas de la figure 1.6 que la distribution de données est uniforme, avec environ 100 valeurs dans chacune des 10 classes. Cela confirme que les données aléatoires de la colonne 1 de `aleaT2.csv` sont assimilables à une distribution uniforme sur l'intervalle [0,1].

```
#exercice 1.6.1
#test via Spyder3
# librairies
import numpy as np
import matplotlib.pyplot as plt
#recuperation donnees aleaT2
pointage = np.loadtxt("aleaT2.csv",delimiter=',',skiprows=1)
#on remplit alea1 avec la colonne 1 seulement
alea1=pointage[:,1]
print("alea1 ",alea1)
#affichage graphique de la liste alea1
plt.subplot(211)
plt.plot(alea1)
plt.title('1000 donnees aleatoires entre 0 et 1')
plt.subplot(212)
plt.hist(alea1)
plt.grid()
plt.xlabel('histogramme 10 classes')
#sauvegarde image
plt.savefig('histooo.png')
plt.show()
```

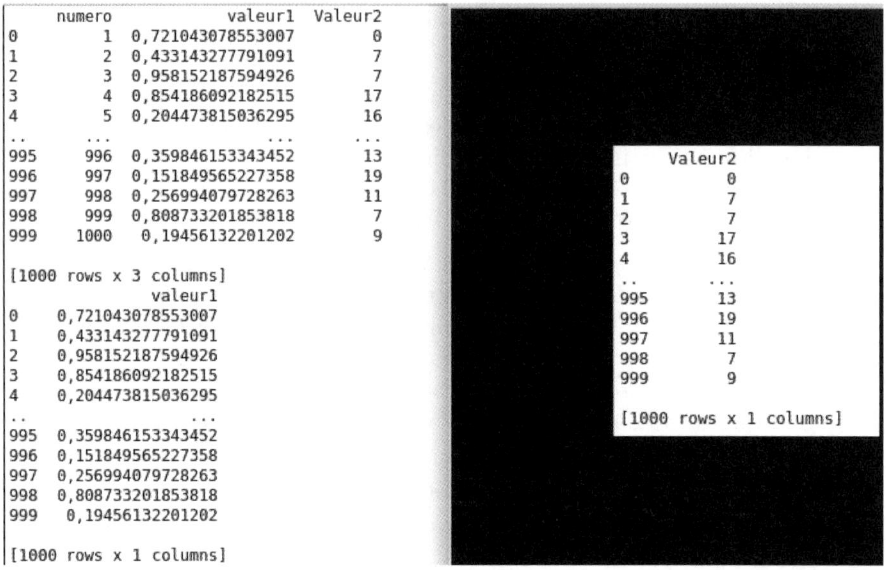

```
     numero             valeur1  Valeur2
0         1  0,721043078553007        0
1         2  0,433143277791091        7
2         3  0,958152187594926        7
3         4  0,854186092182515       17
4         5  0,204473815036295       16
..      ...                ...      ...
995     996  0,359846153343452       13
996     997  0,151849565227358       19
997     998  0,256994079728263       11
998     999  0,808733201853818        7
999    1000   0,19456132201202        9

[1000 rows x 3 columns]
               valeur1
0    0,721043078553007
1    0,433143277791091
2    0,958152187594926
3    0,854186092182515
4    0,204473815036295
..                 ...
995  0,359846153343452
996  0,151849565227358
997  0,256994079728263
998  0,808733201853818
999   0,19456132201202

[1000 rows x 1 columns]
```

```
     Valeur2
0          0
1          7
2          7
3         17
4         16
..       ...
995       13
996       19
997       11
998        7
999        9

[1000 rows x 1 columns]
```

FIGURE 1.5 – Utilisation de **pandas** : à gauche, on trouve la totalité des 1000 données (numéro, valeur1 et Valeur2) et colonne 1 seule (valeur1), et à droite les 1000 données de la colonne 2.

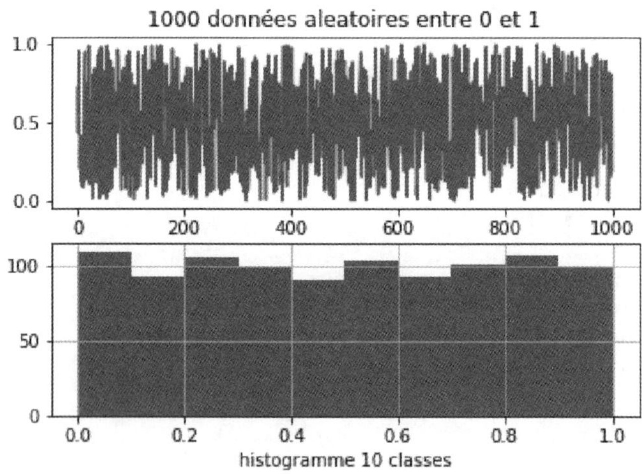

FIGURE 1.6 – Représentation graphique des données de la colonne 1 du fichier CSV. En haut : liste brute de 1000 données. En bas : histogramme à 10 classes des 1000 données. On observe une moyenne de 100 données par classe.

2

Arduino et Langage C

Il s'agit dans ce chapitre de montrer comment on peut utiliser des capteurs standards à bas coût et une plateforme Arduino pour prendre des données physiques (température, pression, hygrométrie, distance...) et les visualiser en ligne. De même qu'au chapitre précédent, il ne s'agit pas ici de proposer un cours de langage C, mais de rappeler les éléments de structure du langage, et surtout de les appliquer à la problématique des objets connectés, via Arduino pour ce chapitre. Les connaissances mobilisées sont du ressort de la programmation C, de la physique des capteurs, de l'électronique et de l'électricité (câblage de circuit, lecture de circuit).

Sommaire

2.1 Architecture générale des objets connectés

Les objets connectés ont une architecture matérielle générale relativement commune. Elle est représentée figure 2.1.

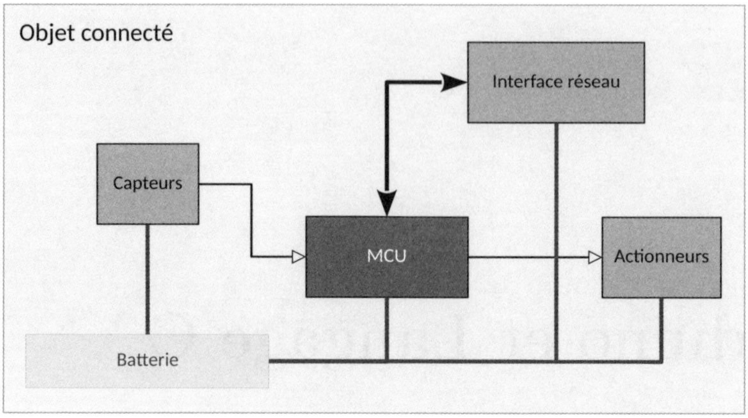

FIGURE 2.1 – Architecture typique d'un objet connecté

2.1.1 MCU et SoC

Les objets connectés sont généralement architecturés autour d'un *microcontrôleur* (MCU) ou d'un *System on Chip* (SoC). Ce composant est responsable du fonctionnement de l'objet connecté. Nous verrons plus bas la différence entre un SoC et un MCU.

Microcontrôleur et System on Chip

Un microcontrôleur (MCU) et un System on Chip (SoC) sont tous deux des circuits intégrés (CI) comprenant tous les composants essentiels d'un micro-ordinateur sous un seul boîtier, c'est-à-dire : un processeur (CPU), une mémoire vive (RAM), une mémoire morte (ROM) et un espace de stockage, des *timers*, des périphériques d'E/S, une gestion énergétique, etc.

La plupart des SoC comme des MCU disposent de nombreux ports d'entrée-sortie Tout ou Rien (TOR), PWM, analogiques, bus de communication UART, SPI ou I2C, etc. On parle de *General Purpose Input Output* (GPIO) pour désigner des entrées/sorties reconfigurables, en fonction de l'électronique qui y est connectée.

Les différences essentielles entre un SoC et un MCU sont les suivantes :

— capacités processeur : taille de l'*Unité Arithmétique et Logique* (UAL), vitesse du processeur, nombre de cœurs, etc. ;

— capacités mémoire : quantité de mémoire vive, quantité de mémoire de stockage...

TABLE 2.1 – Comparaison de caractéristiques entre systèmes basés sur un MCU ou un SoC

	Taille UAL	Fréquence	Cœurs	taille RAM
Arduino Uno	8 bits	16 MHz	1	2 ko
Teensy 3.2	32 bits	72 MHz	1	64 ko
ESP8266	32 bits	80 MHz	1	96 ko
ESP32	32 bits	160 ou 240 MHz	1 ou 2	520 ko
Raspberry Pi	32 bits	700 MHz	1	256 Mo
BeagleBone Black	32 bits	1 GHz	1	512 Mo
Raspberry Pi 3	64 bits	1,2 GHz	4	1 Go
Raspberry Pi 4	64 bits	1,5 GHz	4	1 à 8 Go
Smartphone	64 bits	2 GHz	6	2 Go
PC	64 bits	3 GHz	8	8 Go

— périphériques intégrés : nombre de ports élaborés, convertisseurs analogique vers numérique ou numérique vers analogique, interfaces de communication, etc. ;

— consommation énergétique : autonomie du système si source énergétique contrainte (batterie), évacuation de la chaleur dissipée, etc.

La figure 2.2 illustre deux cartes bien connues, dont l'une est basée sur un MCU et l'autre sur un SoC. Le tableau 2.1 donne un exemple de plusieurs systèmes connus basés sur des MCU ou des SoC et comparent ces systèmes sur les quatre critères suivants : taille de l'UAL, fréquence du CPU, nombre de cœurs et taille de la mémoire vive.

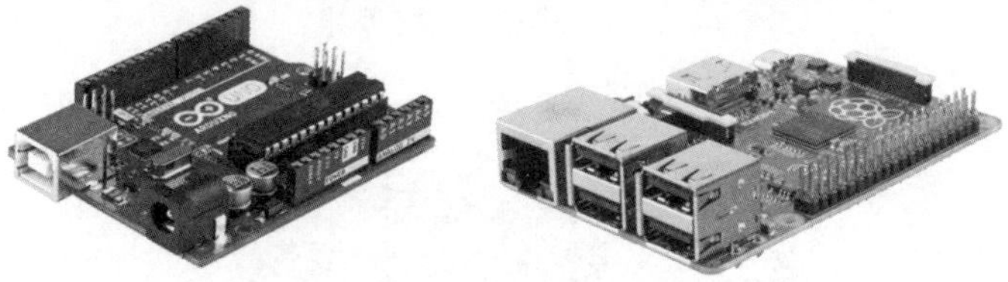

FIGURE 2.2 – Exemples de systèmes basés sur un MCU (Arduino) ou un SoC (Raspberry Pi)

2.1.2 GPIO, capteurs et actionneurs

Pour permettre au MCU ou au SoC d'être conscient ou d'influer sur le monde physique, un objet connecté contient généralement des *capteurs* et/ou des *actionneurs*. Les capteurs permettent de collecter une information provenant du monde physique ; ils constituent une entrée pour le MCU. À l'inverse, les actionneurs permettent d'avoir un impact sur le monde physique ; ils sont une sortie pour le MCU.

Les capteurs et les actionneurs sont connectés sur des *General Purpose Input/Output* (GPIO). Les GPIO sont généralement reconfigurables ; en fonction des capacités du MCU ou du SoC, les choix seront plus ou moins larges.

1. Entrées ou sorties Tout ou Rien (ToR) : 0 ou 1 = 0 V ou Vcc (Alimentation = 3 V, 5 V).
2. Entrées ou sorties analogiques : entre 0V et Vcc (Alimentation = 3V, 5V). Pour une entrée, on utilise alors un *Analog-to-Digital Converter* (ADC) ; pour une sortie, on utilise alors un *Digital-to-Analog Converter* (DAC).
3. Sortie par *Modulation par largeur d'impulsion* (*Pulse Width Modulation*, PWM).
4. Bus : UART, *Inter-Integrated Circuit* (I2C), *Serial Peripheral Interface* (SPI), etc.

Les GPIO sont accessibles par les broches (*Pins*) du MCU/SoC. Elles sont repérées par un numéro. La figure 2.3 représente le brochage (*pinout*) d'un module, qui illustre les différentes GPIO disponibles sur un système basé sur un MCU, et les possibilités multiples offertes pour chaque GPIO.

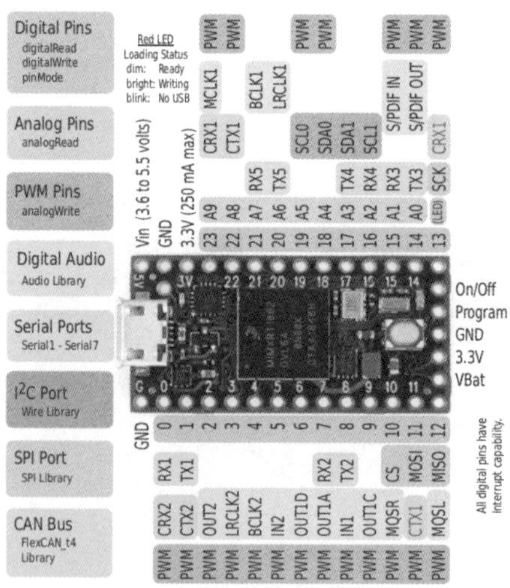

FIGURE 2.3 – Exemple de *pinout* de GPIO pour un système basé sur un MCU (source : PJRC.com)

2.2 Manipulation d'une LED à travers les GPIO

Dans cette section, nous allons manipuler un premier actionneur simple, dans l'environnement Arduino : une LED.

2.2.1 LED simple

Dans cette partie, nous allons piloter une LED simple via une GPIO. Commençons par observer la structure typique d'un code Arduino écrit en langage C, avec l'exemple `blink`. On précise qu'une LED est câblée sur la GPIO 13 du MCU, comme c'est souvent le cas avec les cartes Arduino standardes.

```
int led = 13;

void setup()
{
  pinMode(led, OUTPUT);     // la GPIO 13 est configurée en sortie
}

void loop()
{
  digitalWrite(led, HIGH); // allumer la LED connectée sur la GPIO 13
  delay(1000);              // attendre une seconde
  digitalWrite(led, LOW);  // éteindre la LED connectée sur la GPIO 13
  delay(1000);              // attendre une seconde
}
```

Dans ce code, on observe qu'il faut en effet commencer par indiquer au MCU que la GPIO 13, repérée par la variable `led`, doit être utilisée comme une sortie, via l'appel à la fonction `pinMode()`. Une fois cette opération effectuée, la GPIO peut être manipulée comme une sortie.

On voit que la GPIO 13 est pilotée en *Tout ou Rien* : de ce fait, on appelle la fonction `digitalWrite()` pour la positionner à un *état logique haut* (`HIGH`) ou à un *état logique bas* (`LOW`).

> **? Et autre chose que Tout ou Rien ?**
>
> Il est également possible de manipuler cette GPIO en *Pulse-Width Modulation* (PWM) ou Modulation par largeur d'impulsion ; dans ce cas, une gradation d'états, ou plus précisément, une modification de rapport cyclique du signal électrique généré par la GPIO, sera visible, comme nous le verrons plus bas.

2.2.2 LED RGB

Dans cette partie, nous allons utiliser une LED dotée de trois composantes rouge, vert et bleue, pilotable directement par un signal pour chaque composante. Il est possible d'utiliser les composantes séparément, ou de mélanger les couleurs pour disposer d'une large palette, notamment en PWM.

Trois signaux sont nécessaires, il faudra donc dédier une GPIO pour chaque composante, pour contrôler l'allumage de la LED et la couleur.

Il est possible de piloter de piloter chaque composante d'une LED RGB :

1. en Tout ou Rien. Dans l'environnement Arduino, on appellera alors la fonction `digitalWrite()`, comme dans la section précédente ;
2. en PWM. Dans l'environnement Arduino, on pilote les fonctions PWM par la fonction `analogWrite()`, comme dans l'exemple ci-dessous.

```
pinMode(23, OUTPUT); // Configurer la GPIO 23 en sortie
analogWrite(23, 128); // Rapport cyclique = 50% (128/255)
analogWrite(23, 64); // Rapport cyclique = 25% (64/255)
```

Caractéristiques électriques d'un signal PWM

En électronique, la PWM consiste à générer un signal carré (*Tout Ou Rien*), périodique, dont on va pouvoir jouer sur le rapport cyclique (*Duty Cycle*, DC). Le signal carré est d'amplitude 0 – 5 V ou 0 – 3.3 V, en fonction du microcontrôleur. Dans l'environnement Arduino, la plupart des cartes présentent un rapport cyclique codé sur 8 bits (0 – 255) et de fréquence de 490 Hz. Cette fréquence peut être configurée sur certains Arduino comme le Teensy. Lorsque qu'une LED est contrôlée par un signal PWM, cette LED clignote très vite, à une fréquence imperceptible par l'œil humain. En jouant sur le rapport cyclique, on module la luminosité perçue de la LED.

2.2.3 Exercices

Exercice 1 : Le but de exercice est de reprendre l'exemple `Blink` d'Arduino et l'adapter pour faire clignoter une LED RGB pour chacune des composantes primaires. Les numéros de GPIO devront être définis par des constantes en début de code, avec la directive `#define`.

1. Détailler les trois sections du code.
2. Calculer la fréquence du clignotement.
3. Modifier le programme pour avoir une fréquence à 5 Hz.
4. Quelle est la valeur minimale de `delay()` perceptible par l'être humain ?

☆ Solution

1. **Détail des trois sections du code**
Dans une première section, les constantes sont définies. Elle précisent les trois GPIO qui connectent la LED RGB.

```
#define PIN_RGB_RED 23
#define PIN_RGB_GREEN 5
#define PIN_RGB_BLUE 6
```

Au boot, les GPIO sont initialisées en sortie.

```
void setup()
{
  pinMode(PIN_RGB_RED, OUTPUT);
  pinMode(PIN_RGB_GREEN, OUTPUT);
  pinMode(PIN_RGB_BLUE, OUTPUT);
}
```

Dans la boucle principale, les GPIO sont manipulés les unes après les autres, avec un délai de 1000 ms (1 seconde) entre allumage et désactivation.

```
void loop()
{
  digitalWrite(PIN_RGB_RED, HIGH);
  delay(1000);
  digitalWrite(PIN_RGB_RED, LOW);

  digitalWrite(PIN_RGB_GREEN, HIGH);
  delay(1000);
  digitalWrite(PIN_RGB_GREEN, LOW);

  digitalWrite(PIN_RGB_BLUE, HIGH);
  delay(1000);
  digitalWrite(PIN_RGB_BLUE, LOW);
}
```

2. **Calcul de la fréquence du clignotement**
Dans la mesure où la LED reste allumée pendant 1000 ms, c'est-à-dire une seconde, la période T est de 1 seconde. La fréquence f est donc de $f = \frac{1}{T}$, donc 1 Hz.
3. **Modification du programme pour avoir une fréquence à 5 Hz**
Pour obtenir une fréquence de 5 Hz, il faut une temporisation de $T = \frac{1}{5}$, soit 0.2 secondes donc 200 ms.
4. **Valeur minimale de `delay()` perceptible par l'être humain**
La fréquence augmentant, à partir d'une dizaine d'Hz, l'œil humain va de plus en plus avoir tendance à mélanger les trois composantes et voir une couleur blanche.

Exercice 2 : Dans cet exercice, il est proposé de réduire la luminosité de la LED grâce à la PWM. L'intensité devra être paramétrable via une constante en début de code.

Solution

On repart ici de la base de l'exercice précédent, auquel :

1. On ajoute la déclaration de la constante `LED_INTENSITY` en haut du code :

```
#define LED_INTENSITY 64
```

2. On remplace les appels à `digitalWrite()` par `analogWrite()`, ce qui va enclencher la PWM :

```
void loop()
{
  analogWrite(PIN_RGB_RED, LED_INTENSITY);
  delay(1000);
  analogWrite(PIN_RGB_RED, 0);

  analogWrite(PIN_RGB_GREEN, LED_INTENSITY);
  delay(1000);
  analogWrite(PIN_RGB_GREEN, 0);

  analogWrite(PIN_RGB_BLUE, LED_INTENSITY);
  delay(1000);
  analogWrite(PIN_RGB_BLUE, 0);
}
```

Exercice 3 : Ici, il s'agit de piloter l'une des composantes de la LED RGB de votre choix en gradation, de 0 % à 100 % puis, sans coupure, de 100 % à 0 %, à l'infini. Le code devra permettre les réglages suivants, sous forme de constantes, en début du code :

— la LED à utiliser : `LED_PIN` ;

— l'intensité max : `LED_INTENSITY` ;

— la durée d'une gradation : `GRADATION_DURATION`.

Pour permettre la variation de la PWM, il est possible de procéder de différentes manières. Ici, nous proposons d'utiliser deux boucles : une pour la gradation montante, puis une pour la gradation descendante. Le processeur allant très vite, il faut également ralentir le programme à l'aide de l'instruction bloquante `delay()` (en ms). Il convient donc de calculer ce délai en fonction des paramètres.

Étapes de travail suggérées :

1. déterminer la relation mathématique de la valeur `delai` en fonction de `LED_INTENSITY` et `GRADATION_DURATION` ;

2. écrire l'algorithme non raffiné sous forme de commentaires dans l'IDE Arduino ;
3. coder le programme en langage C.

Solution

Dans une première partie du code, les constantes (GPIO et paramètres temporels) et les variables globales sont déclarées.

```
#define PIN_RGB_RED 23
#define PIN_RGB_GREEN 5
#define PIN_RGB_BLUE 6
#define LED_PIN PIN_RGB_BLUE
#define LED_INTENSITY 64
#define GRADATION_DURATION 2000 //ms

int i;
int delai;
```

Après avoir configuré en sorties les trois GPIO connectées aux composantes de la LED RGB, le délai est calculé.

```
void setup()
{
  pinMode(PIN_RGB_RED, OUTPUT);
  pinMode(PIN_RGB_GREEN, OUTPUT);
  pinMode(PIN_RGB_BLUE, OUTPUT);
  delai = GRADATION_DURATION/(LED_INTENSITY*2);
}
```

Enfin, dans la boucle principale, les rampes montantes puis descendantes sont implémentées. L'algorithme est simple : pour 64 paliers, l'intensité lumineuse est incrémentée, puis une attente bloquante du délai calculé est exécutée ; de même pour la rampe descendante.

```
void loop()
{
  for (i=0; i<LED_INTENSITY; i++)
  {
    analogWrite(LED_PIN, i);
    delay(delai);
  }
  for (i=0; i<LED_INTENSITY; i++)
  {
    analogWrite(LED_PIN, LED_INTENSITY-i);
    delay(delai);
  }
}
```

2.3 Interaction avec des capteurs

2.3.1 Utiliser un capteur depuis un microprocesseur

Un système à microprocesseur fonctionne en binaire, alors que la plupart des phénomènes physiques présents dans la nature sont continus dans l'espace et dans le temps.

De ce fait, pour qu'un système à microprocesseur comme un microcontrôleur puisse mesurer et exploiter des données provenant de la nature, il convient de *numériser* (échantillonner et quantifier) l'information. En anglais, on parle de *sampling*. Certains phénomènes physiques sont tout de même binaires, comme une ouverture de porte ou la présence d'un obstacle devant un capteur de proximité. Ces signaux sont très simples à interpréter pour le processeur.

Sur un objet connecté, le processus de numérisation peut se faire par le processeur du système, ou dans le capteur lui-même.

Numérisation par le microcontrôleur

Dans le premier cas, le signal analogique est entré directement dans le microcontrôleur.

Ce signal est généralement une tension électrique produite en sortie du *conditionneur*, mais il peut aussi être un courant électrique, comme par exemple la technologie 4-20 mA. Il doit être compatible avec les plages acceptables par le microcontrôleur et suffisamment lent pour que l'échantillonneur, dans le microcontrôleur, soit suffisamment rapide pour enregistrer toutes les variations.

Une loi de conversion doit être mise en place dans le microcontrôleur pour convertir la tension ou le courant analogique en une information applicative, dont la nature dépend du capteur (température, pression, vitesse, accélération, etc.).

> **? 4-20 mA**
>
> La technologie 4-20 mA est couramment utilisée pour transporter les signaux dans les applications industrielles. On utilise parfois un signal de tension analogique ou des communications numériques, mais l'utilisation d'une boucle de courant pour envoyer les valeurs de processus au contrôleur présente de nombreux avantages, notamment en termes de robustesse électrique, pour éviter les erreurs.

Numérisation par le capteur lui-même

Dans ce second cas, c'est le capteur qui se charge de la numérisation, mais aussi du conditionnement et de la loi de conversion. Certains capteurs sont suffisamment perfectionnés pour inclure des possibilités d'étalonnage, voire d'autocorrection. En clair, l'information en sortie du capteur est totalement préparée par un petit processeur intégré au capteur, et le microcontrôleur n'a plus qu'à la recevoir pour la traiter telle quelle.

Dans ce cas, il convient de :

1. mettre en œuvre une communication numérique entre le capteur et le microcontrôleur. Plusieurs technologies de communication standard comme I2C, SPI, RS485, etc. sont disponibles dans l'industrie ;
2. installer une bibliothèque logicielle sur le microcontrôleur, propre au capteur, qui va permettre d'accéder à l'information préparée. Il s'agit d'un *driver*. En général, la technologie de communication est prise en charge par la-dite librairie, ce qui facilite largement le processus de développement.

Dans la suite de cette section, nous allons considérer des capteurs de cette catégorie.

Considérons des capteurs connectés au MCU via un bus I2C. L'avantage principal de ce bus est le nombre réduit de GPIO requises : deux seulement, quel que soit le nombre de capteurs à relier.

I2C

Physiquement, le bus I2C est tout simplement constitué de deux pistes électriques (deux fils) passant par chaque capteur. Le microcontrôleur (*Master*, maître du réseau I2C) interroge très rapidement chaque capteur (*Slaves*, esclaves I2C), tour à tour, pour éviter les collisions de données sur le bus.

Le rôle des deux fils est le suivant :

— le premier fil I2C est désigné par `SCL`. Il porte un signal carré, d'horloge, imposé par le maître, pour cadencer la communication, comme un métronome en musique ;

— le second fil I2C est désigné par `SDA`. Il porte lui aussi un signal carré qui porte les bits transportés du maître vers l'esclave, puis de l'esclave vers le maître.

Sur la figure 2.3, on peut voir les GPIO dédiées au bus I2C : il s'agit des broches 16, 17, 18 et 19.

Chaque capteur est identifié par une adresse qui doit être unique sur le bus I2C. Généralement, chaque composant compatible I2C dispose d'une adresse par défaut, dont un ou quelques bits peuvent être modifiés : soit pour mettre plusieurs composants identiques sur le même bus, soit pour éviter un conflit d'adresse si les adresses par défaut sont par hasard identiques alors que les composants sont différents. Les adresses I2C sont sur 7 bits.

Le bus I2C sera revu en détail au chapitre suivant.

2.3.2 Utilisation d'un capteur de luminosité (TSL2561)

Mise en œuvre

Considérons un capteur de luminosité très courant dans la communauté Arduino : le TSL2561, fabriqué par TAOS. La *datasheet* du composant est téléchargeable librement sur Internet. Ce capteur est relié au microcontrôleur par un bus I2C. Pour être utilisé dans l'environnement Arduino, le TSL2561 doit être programmé en utilisant des bibliothèques *driver*. Deux librairies sont nécessaires et peuvent être téléchargées : `Adafruit_Sensor` et `Adafruit TSL2561`. Une fois les librairies installées, le sketch de test `sensorapi` permet de prendre en main très simplement le capteur. Une fois le code compilé puis téléversé, ouvrir le moniteur série pour observer le résultat. Une valeur de luminosité, en lux, devrait être affichée.

Exercices

Exercice 1 : Le code d'exemple a été simplifié et re-commenté en français. Il vous est donné ici.

```
// Inclusion des librairies
#include <Wire.h>
#include <Adafruit_Sensor.h>
#include <Adafruit_TSL2561_U.h>

// tsl est un objet représentant le capteur
Adafruit_TSL2561_Unified tsl = Adafruit_TSL2561_Unified(TSL2561_ADDR_LOW
    , 12345);

// event est une variable mémorisant un évènement du capteur
sensors_event_t event;


void setup(void)
{
  Serial.begin(115200);

  // Initialisation du TSL2561 et bouclage si erreur
  while(!tsl.begin())
  {
    Serial.printf("Ooops, no TSL2561 detected... Check your hardware");
  }

  // Auto-calibration du capteur et paramétrage en mode rapide
  tsl.enableAutoRange(true);
  tsl.setIntegrationTime(TSL2561_INTEGRATIONTIME_13MS);
}


```

```
void loop(void)
{
  // Lire la donnée du capteur et la stocker dans event
  tsl.getEvent(&event);

  // Afficher la donnée de luminosité du capteur
  Serial.printf("%f lux\n", event.light);
}
```

1. Observer les messages sur le moniteur série et vérifier la vraisemblance des données : en plein soleil, en lumière artificielle, avec une ombre portée, etc.
2. Fermer le moniteur série et ouvrir le traceur série. Observer les données de façon très pratique.

Exercice 2 : Dans cet exercice, la donnée provenant du capteur va être filtrée pour éliminer les variations très rapides de valeur. Pour cela, nous allons implémenter le calcul d'une moyenne glissante, c'est-à-dire une moyenne des n derniers échantillons provenant du capteur. La moyenne sera ainsi toujours calculée sur les données les plus récentes ; les données anciennes sont vite oubliées et ne viennent pas perturber le calcul. L'algorithme est décrit comme suit, en pseudo-code.

```
GLOSSAIRE
  NB_VALEURS : constante valant 10
  i,j : entier;
  event : évènement du capteur
  données : tableau de NB_VALEURS évènements capteur
  somme : nombre àvirgule

DEBUT
  i = 0
  TANT QUE vrai FAIRE
    lire la donnée du capteur et la stocker dans event
    AFFICHER event
    enregistrer event dans la i-ième case du tableau

    * calculer le numéro de la prochaine case *
    i = i + 1
    SI i = NB_VALEURS ALORS
      * on est a la fin du tableau : on revient alors au début *
      i = 0
    FIN SI

    * Calculer la somme du tableau pour afficher la moyenne *
    somme = 0
    POUR j de 0 a NB_VALEURS FAIRE
      somme = somme + données[j]
    FIN POUR
```

```
    AFFICHER somme/NB_VALEURS

  FIN TANT QUE
FIN
```

Implémenter cet algorithme en langage C et procéder à son test.

☆ Solution

```
#include <Wire.h>
#include <Adafruit_Sensor.h>
#include <Adafruit_TSL2561_U.h>

#define NB_VALEURS 8
Adafruit_TSL2561_Unified tsl=Adafruit_TSL2561_Unified(TSL2561_ADDR_LOW
    ,12345);
sensors_event_t event, donnees[NB_VALEURS];
int i, j;
float somme;

void setup(void)
{
  Serial.begin(115200);

  // Initialisation du TSL2561 et bouclage si erreur
  while(!tsl.begin())
  {
    Serial.print("Ooops, no TSL2561 detected... Check your hardware");
  }

  // Auto-calibration du capteur et paramétrage en mode rapide
  tsl.enableAutoRange(true);
  tsl.setIntegrationTime(TSL2561_INTEGRATIONTIME_13MS);
  i = 0;
}

void loop(void)
{
  // Lire la donnée du capteur et la stocker dans event
  tsl.getEvent(&event);

  // Afficher la donnée de luminosité du capteur
  Serial.printf("%f\t", event.light);

  // Enregistrer event dans la i-ième case du tableau
  donnees[i].light = event.light;

  // Calculer le numéro de la prochaine case
```

```
  i = i + 1;
  if ( i == NB_VALEURS )
  {
    i = 0; // On revient au début du tableau
  }

  // Calculer la somme du tableau pour afficher la moyenne
  somme = 0;
  for ( j=0; j<NB_VALEURS; j++ )
  {
    somme = somme + donnees[j].light;
  }

  Serial.printf("%f lux\n", somme/NB_VALEURS);
}
```

2.3.3 Utilisation d'un capteur d'accélération (LSM303)

Mise en œuvre

On utilise ici un accéléromètre également très courant dans la communauté Arduino mais aussi dans l'industrie : le LSM303. La *datasheet* du composant est aussi téléchargeable librement sur Internet. Ce capteur est relié au microcontrôleur par un bus I2C. Pour être utilisé dans l'environnement Arduino, le LSM303 doit être programmé en utilisant des bibliothèques *driver*.

À partir du sketch Arduino d'exemple de la librairie de l'accéléromètre, prenez connaissance du fonctionnement du capteur accéléromètre :

1. à l'aide du *moniteur série*, observer les valeurs générées sur les trois axes et en déduire le repère orthonormé ;
2. modifier le programme d'exemple pour supprimer toutes les informations affichées en console, sauf les trois données d'accélération qui seront affichées sur une seule ligne, séparées par des tabulations ;
3. à l'aide du *traceur série*, finaliser la compréhension de ce capteur.

Exercices

On imagine le capteur dans un boîtier en forme de cube, à six faces. L'objectif de cette application est de détecter la face sur laquelle serait posé le cube puis d'allumer une LED en fonction de la face détectée.

L'application devra donc :

1. identifier les 6 positions possibles par mesure sur les 3 axes de l'accéléromètre,
2. indiquer la position identifiée sur la console,

3. allumer la LED d'une couleur en fonction de la face détectée (une couleur par face).

Exercice 3 : Préparer une première version du code faisant l'acquisition des données issues du capteur et stocker ces données dans des variables, dans la boucle principale Arduino `loop()`.

Solution

```
#include <Wire.h>
#include <Adafruit_Sensor.h>
#include <Adafruit_LSM303_U.h>

Adafruit_LSM303_Accel_Unified accel = Adafruit_LSM303_Accel_Unified
    (54321);
sensors_event_t event;

float ax, ay, az;

void setup(void)
{
  Serial.begin(115200);
  accel.begin();
}

void loop(void)
{
  accel.getEvent(&event);
  ax = event.acceleration.x;
  ay = event.acceleration.y;
  az = event.acceleration.z;

  Serial.print(ax); Serial.print("\t");
  Serial.print(ay); Serial.print("\t");
  Serial.print(az); Serial.println();
  delay(10);
}
```

Exercice 4 : À partir du code précédent, implémenter la détection de la face. En théorie, si le capteur est vertical par rapport au sol, on devrait avoir +9.81, 0 ou -9.81 sur les trois axes, en fonction de la position. Cette valeur précise est impossible à atteindre, donc il faut prévoir une plage.

☆ Solution

Dans la première partie du code, on ajoute le seuil `GESTURE_ACCEL_THRESOLD` en constante, dont la valeur de 8.0 a été déterminée expérimentalement ; on ajoute également une variable `face` qui contiendra ensuite le numéro de la face détectée.

```
// Le seuil pour la détection de la face. Il est déterminé de façon empirique
#define GESTURE_ACCEL_THRESOLD 8.0

// numéro de la face actuelle
int face = 0;
```

Dans la boucle principale, on ajoute l'algorithme de détection de la face, et l'affichage en console.

```
  // Détermination de la face
  if ( ax < -GESTURE_ACCEL_THRESOLD ) face = 1;
  else if ( ax > +GESTURE_ACCEL_THRESOLD ) face = 2;
  else if ( ay < -GESTURE_ACCEL_THRESOLD ) face = 3;
  else if ( ay > +GESTURE_ACCEL_THRESOLD ) face = 4;
  else if ( az < -GESTURE_ACCEL_THRESOLD ) face = 5;
  else if ( az > +GESTURE_ACCEL_THRESOLD ) face = 6;
  else face = 0;

  // Affichage de la face
  Serial.print(face); Serial.print("\n");
```

Exercice 5 : À partir du code précédent, implémenter le pilotage de la LED RGB en fonction de la face détectée.

☆ Solution

```
// Numéros de pin pour la LED RGB et l'intensité par défaut
#define PIN_RGB_RED 23
#define PIN_RGB_GREEN 5
#define PIN_RGB_BLUE 6
#define LED_INTENSITY 64
```

```
// Les pins de la LED RGB sont des sorties
pinMode(PIN_RGB_RED, OUTPUT);
pinMode(PIN_RGB_GREEN, OUTPUT);
pinMode(PIN_RGB_BLUE, OUTPUT);
```

```
// Allumage de la LED en fonction de la face
switch (face)
{
  case 1:
    analogWrite(PIN_RGB_RED, LED_INTENSITY);
    analogWrite(PIN_RGB_GREEN, 0);
    analogWrite(PIN_RGB_BLUE, 0);
  break;

  case 2:
    analogWrite(PIN_RGB_RED, 0);
    analogWrite(PIN_RGB_GREEN, LED_INTENSITY);
    analogWrite(PIN_RGB_BLUE, 0);
  break;

  case 3:
    analogWrite(PIN_RGB_RED, 0);
    analogWrite(PIN_RGB_GREEN, 0);
    analogWrite(PIN_RGB_BLUE, LED_INTENSITY);
  break;

  case 4:
    analogWrite(PIN_RGB_RED, LED_INTENSITY);
    analogWrite(PIN_RGB_GREEN, LED_INTENSITY);
    analogWrite(PIN_RGB_BLUE, 0);
  break;

  case 5:
    analogWrite(PIN_RGB_RED, LED_INTENSITY);
    analogWrite(PIN_RGB_GREEN, 0);
    analogWrite(PIN_RGB_BLUE, LED_INTENSITY);
  break;

  case 6:
    analogWrite(PIN_RGB_RED, 0);
    analogWrite(PIN_RGB_GREEN, LED_INTENSITY);
    analogWrite(PIN_RGB_BLUE, LED_INTENSITY);
  break;

  default:
    analogWrite(PIN_RGB_RED, 0);
    analogWrite(PIN_RGB_GREEN, 0);
    analogWrite(PIN_RGB_BLUE, 0);
  break;
```

3

Notions sur les capteurs

L'objectif de ce chapitre est de présenter les principes physiques à la base des grandes classes de capteurs, et d'aborder la notion de numérisation du signal.

Sommaire

3.1 Qu'est-ce qu'un capteur ?

Un capteur est un dispositif (actif ou passif) qui transcrit une grandeur physique d'entrée (le **mesurande**) en une autre grandeur souvent électrique (voir la figure 3.1). La réponse du capteur peut être linéaire ou non linéaire selon les cas. Un capteur peut-être constitué de plusieurs éléments : un **corps d'épreuve** au contact du mesurande et qui génère une quantité intermédiaire (mécanique ou électrique le plus souvent) à partir du mesurande, grandeur qui est ensuite traduite en grandeur électrique par un deuxième élément, le **transducteur**, voir la figure 3.2.

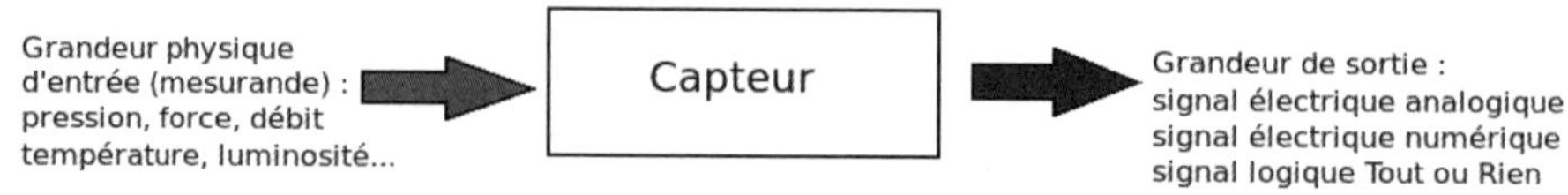

FIGURE 3.1 – Principe d'un capteur. Une sortie analogique est une quantité continue dans le temps. Une sortie logique est une sortie à deux états de type Tout Ou Rien (TOR). Une sortie numérique est à plus de deux états

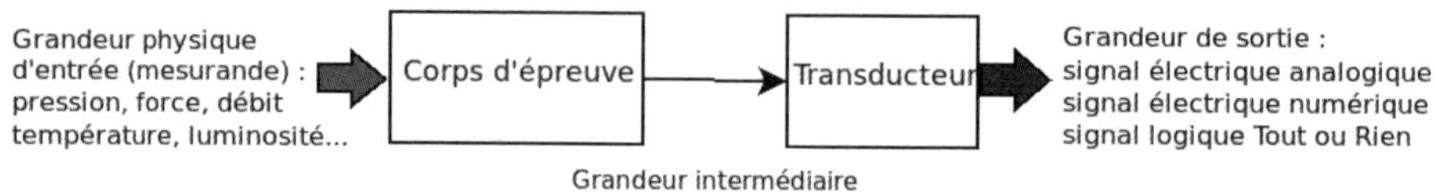

FIGURE 3.2 – Principe d'un capteur constitué d'un corps d'épreuve et d'un transducteur

Un **capteur passif** a besoin d'une source extérieure d'énergie pour fonctionner (alimentation). Un tel capteur est en général résistif, capacitif ou inductif (variation de R, C ou L) : citons les photorésistances, thermistances, jauges de contraintes, etc. En général, un capteur passif renvoie une variation d'impédance en sortie, ce qui nécessite un conditionnement alimenté pour en permettre la mesure. On utilise couramment le pont de Wheatstone (jauges de contrainte par exemple), un montage amplificateur inverseur ou bien un montage potentiométrique (pont diviseur).

Un **capteur actif** peut effectuer directement la transformation du signal d'entrée en grandeur électrique. En général ces capteurs sont basés sur des effets physiques de type Hall, Seebeck ou piézoélectrique et ont un comportement générateur (de charge, de courant ou de tension). Le signal généré est souvent faible, ce qui peut nécessiter de l'amplifier (circuit d'adaptation). On peut synthétiser les différents cas des capteurs actifs comme sur la figure 3.3.

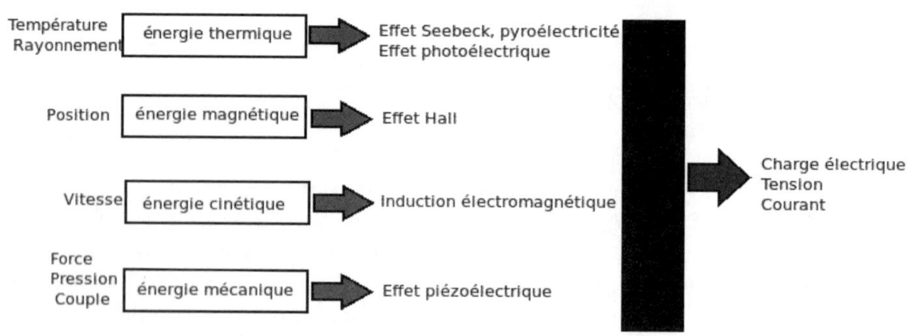

FIGURE 3.3 – Capteurs actifs : effets physiques mis en jeu

De nombreuses sources d'erreurs peuvent altérer la mesure, il faut être capable de bien les distinguer. La figure 3.4 montre l'effet de dérive, à droite, et l'effet de décalage (offset) à gauche. La figure 3.5 montre l'effet de non linéarité à gauche et l'effet de numérisation à droite. Il existe d'autres erreurs possibles, comme les effets d'hystérésis (effet de mémoire).

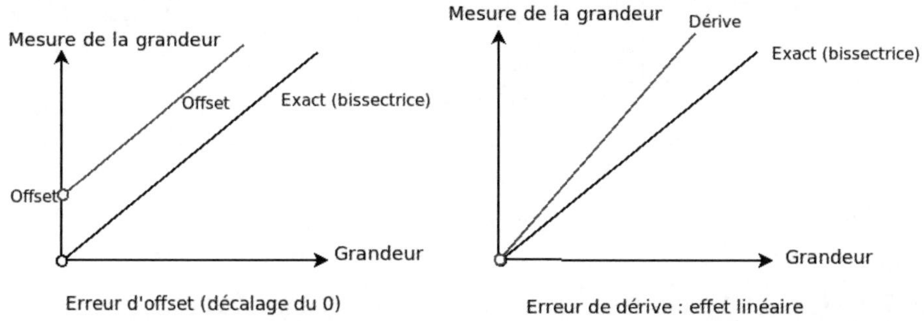

FIGURE 3.4 – Sources d'erreurs par rapport à la grandeur : offset/dérive

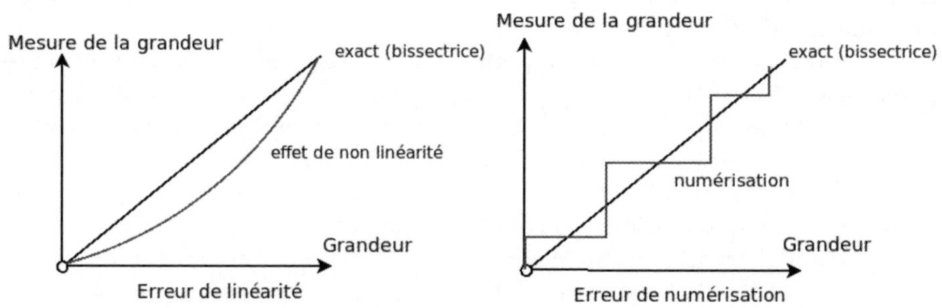

FIGURE 3.5 – Sources d'erreurs par rapport à la grandeur : linéarité/numérisation

On donne dans le tableau 3.1 les unités SI des grandeurs physiques les plus pertinentes de ce chapitre.

unités de base	unités complémentaires	
longueur : m	fréquence (Hz)	tension : Volt (V)
masse : kg	force : Newton (N)	moment de force : N.m
temps : seconde (s)	vitesse : m/s	accélération : m/s^2
courant : Ampère (A)	résistance : Ω	impédance : Ω
température : (K)	champ électrique : V/m	longueur d'onde : m
int. lumineuse : (cd)	énergie et travail : Joule (J)	puissance : Watt (W)
	ind mag : Tesla (T)	flux : Weber (Wb)
	q. électricité : Coulomb (C)	pression : Pa
	acc. angulaire : rad/s^2	chaleur : Joule
	flux lum : lumen (lm)	éclairement : lux (lx)

TABLE 3.1 – Table des principales grandeurs physiques dans le système SI

3.2 Conditionnement et transmission

Le conditionneur est le dispositif qui permet la conversion du signal électrique issu du capteur/transducteur en une quantité exploitable par le système de traitement. C'est un montage électronique relié à un système d'acquisition, d'affichage, d'enregistrement...

Le conditionneur influe sur les performances de mesures, tant en sensibilité qu'en linéarité et peut être sensible aux éventuelles perturbations (électromagnétiques par exemple). Par ailleurs il permet d'alimenter le capteur passif, d'adapter le signal délivré par un capteur actif (interface), il peut filtrer le signal, linéariser et amplifier un signal analogique. Le conditionneur peut aussi convertir le signal analogique du capteur en signal numérique (CAN).

On définit le transmetteur comme constitué d'un capteur et d'un conditionneur (figure 3.6). C'est donc le transmetteur qui permet la formation et la transmission de signaux exploitables pour les mesures et les appareils de commandes et de contrôle (sortie en tension 0-5 V ou en intensité 4-20 mA par exemple).

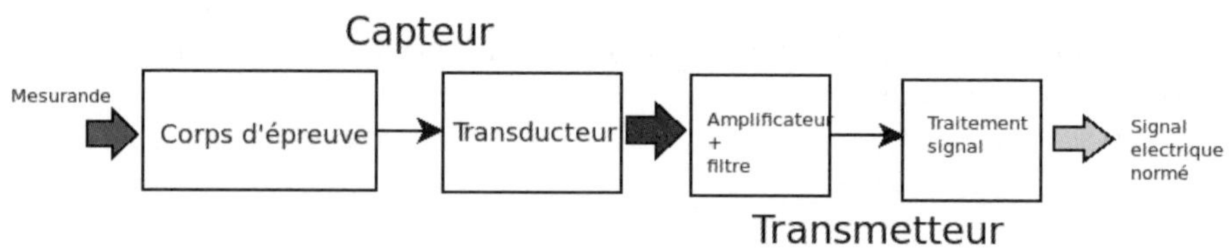

FIGURE 3.6 – Chaîne capteur/transducteur/conditionneur-transmetteur. L'étage amplificateur, en augmentant le signal, réduit le rapport bruit/signal. Le filtre réduit les signaux parasites. Le traitement du signal produit la fonction finale, si possible linéaire, en tension ou courant.

Il existe des normes qui standardisent la sortie des transmetteurs, par exemple la norme industrielle NF C46-304 (AFNOR).

Dans le cas d'un signal analogique on emploie souvent le standard 4-20 mA, qui permet une transmission sur une distance de l'ordre du kilomètre, peu affectée par les tensions parasites, avec deux fils par instrument. Le courant 4 mA permet de séparer le zéro mesuré d'une éventuelle rupture de transmission.

Dans l'instrumentation industrielle, le standard analogique est le transmetteur 2 fils 4-20 mA, mais on rencontre parfois des systèmes à trois voire quatre fils.

Le principal défaut du standard 4-20 mA est qu'une vérification du transmetteur oblige à couper la transmission (montage série). Le protocole de communication HART (*Highway Addressable Remote Transducer*) permet de pallier ce défaut, en permettant la communication simultanée de données analogiques et numériques (compatibilité avec le standard 4-20 mA).

La communication digitale est une modulation de fréquence superposée au courant analogique 4-20 mA. Le procédé FSK (*Frequency Shift Keying*) est utilisé pour la modulation, les données numériques sont transmises à 1200 Hz pour l'état 1 et 2400 Hz pour l'état 0. L'amplitude du signal numérique est de l'ordre de 1 mA (figure 3.7). Nous renvoyons le lecteur à des recherches Internet pour plus d'information sur le protocole HART, ainsi que sur son équivalent sans-fil *Wireless-HART*.

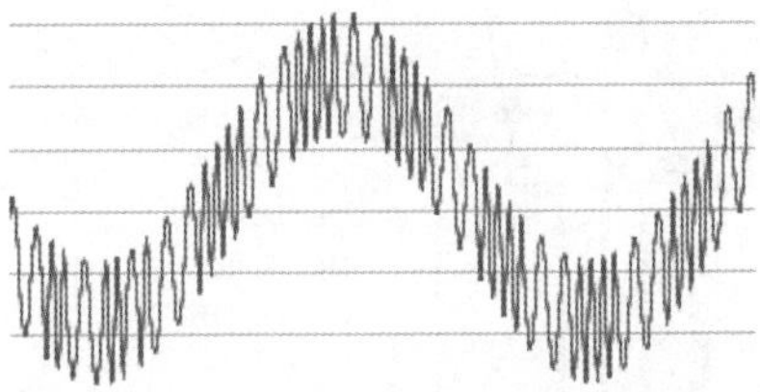

FIGURE 3.7 – Modulation de fréquence du protocole HART. L'amplitude du signal modulé est petite devant le signal 4-20 mA

3.3 Jauges de contrainte

La résistance d'un conducteur ohmique dépend de sa section S, de sa longueur L et de la résistivité ρ du matériau (en Ω.m). La formule qui décrit ce comportement est :

$$R = \rho \times \frac{L}{S}$$

Si on exerce une contrainte (traction ou compression) sur ce composant, sa longueur L peut varier légèrement, engendrant une variation δR de R (figure 3.8). On accède donc à une image de la déformation mécanique, en restant dans le domaine de la déformation élastique de la jauge. La jauge convertit la force, la pression, la tension, ou le poids en une variation δR qui peut être mesurée.

Notons que les capteurs purement résistifs sont souvent conditionnés dans un pont de jauge, de type pont de Wheatstone, voir la figure 3.9. Le pont est nécessaire, car les valeurs de tension mesurées sont faibles. Les deux résistances R sont des composants standard, R' est une résistance variable (potentiomètre) et R_1 représente la jauge de contrainte dans ce montage appelé quart de pont. Si la résistance R' variable est réglée sur la valeur R_1 de la jauge résistive au repos, on peut démontrer que :

$$U \approx \frac{\delta R}{4R_1} \times E$$

Les jauges de contrainte sont soit métalliques, soit à semi-conducteur. Dans ce dernier cas, l'effet piézoélectrique peut être utilisé pour les mesures.

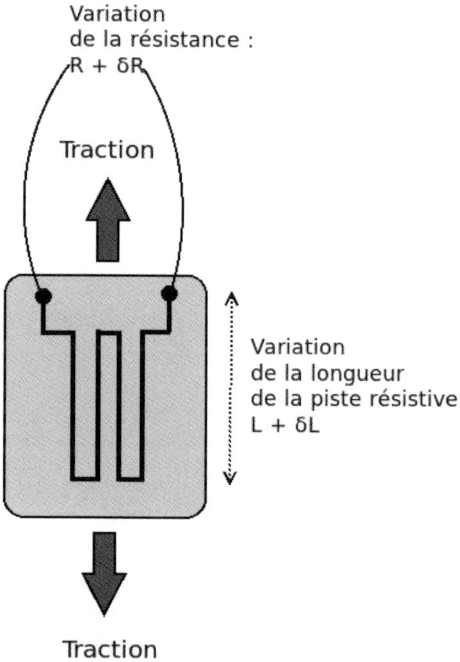

FIGURE 3.8 – Principe d'une jauge simple d'extensométrie : il s'agit d'un circuit de quelques μm d'épaisseur, collé sur un support isolant de type résine. Le tout est collé sur le corps d'épreuve dont on veut mesurer la déformation. La mesure n'est possible que si on reste dans le domaine de déformation élastique des trois éléments. La jauge de contrainte est un transducteur passif.

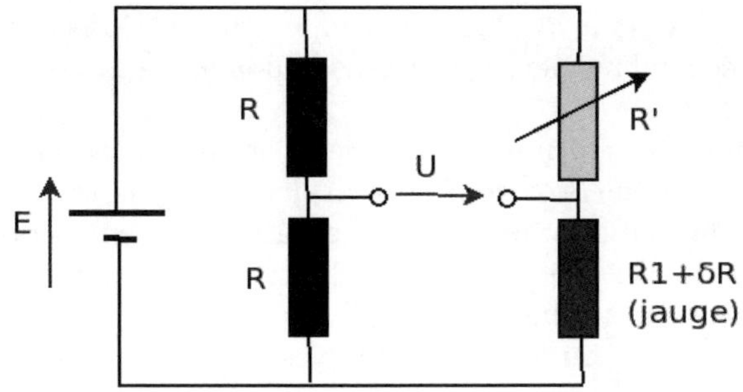

FIGURE 3.9 – Principe d'un pont de Wheatstone, en montage quart de pont (une jauge de contrainte pour trois résistances)

On emploie aussi deux autres conditionnements : le montage demi-pont (deux jauges) et le montage pont complet (quatre jauges) comme sur la figure 3.10. Ce dernier montage est plus complexe, plus cher mais plus précis dans les mesures.

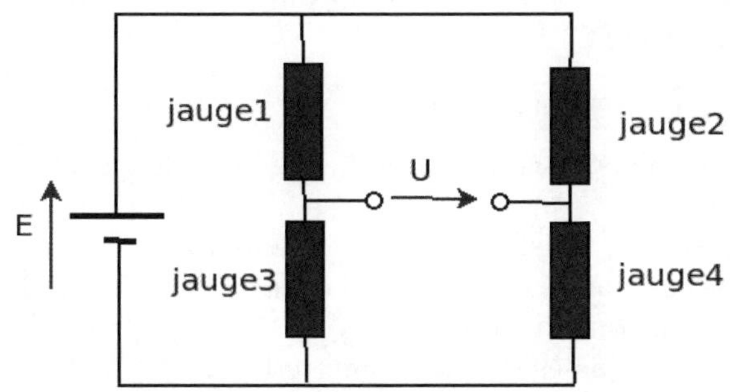

FIGURE 3.10 – Principe d'un pont de Wheatstone, en montage pont complet (quatre jauges de contrainte)

On rencontre les jauges de contraintes dans toutes les mesures d'effort :

— mesure de déformation de poutre ;
— peson (mesure de poids par compression) ;
— mesure de pression ;
— mesure de déformation thermique (avec thermocouples en parallèle).

3.4 Les grands types de capteurs de température

Il existe de très nombreux types de capteurs capables de donner une information sur la température. Le type le plus courant est basé sur les variations de masse volumique d'un liquide : mercure, toluène, éthanol par exemple. Le choix du liquide est lié à la plage de température imposée (de 200 à 900 K environ). Il est cependant peu utilisé dans le domaine qui nous intéresse, celui des objets connectés.

Au delà de 1500 K on utilise un pyromètre optique, basé sur le rayonnement infrarouge ou visible du corps dont on veut déterminer la température. Notons que l'émissivité du matériau est alors un paramètre essentiel pour la mesure.

Dans le domaine des objets connectés l'intervalle des températures à mesurer est suffisamment restreint pour que l'on utilise surtout les sondes à résistance, les thermistances ou les thermocouples, que l'on présente ci-dessous.

3.4.1 Sonde à résistance de platine

Les thermomètres à résistance (ou RTD, *Resistance Temperature Detector*) sont basés sur le fait que la résistance électrique d'un conducteur (en général de platine Pt) varie avec la température. La norme EN 60751 encadre la fabrication et l'usage de ces sondes.

Le conditionnement de la mesure s'effectue fréquemment à l'aide d'un pont de Wheatstone déjà vu antérieurement (pour les jauges de contraintes). La relation entre R et T prend la forme suivante pour les plages courantes de températures (0 à 850 °C) :

$$R(T) = R_0 \left[1 + A_1(T - T_0) + A_2(T - T_0)^2\right]$$

où R_0 est la valeur de la résistance R à $T_0 = 273,15$ K (soit 0 °C) et A_1 et A_2 sont des constantes.

Les thermomètres à résistance Pt sont standardisés. On rencontre souvent la Pt-25 (25 Ω de résistance R_0) et la très courante Pt-100 (100 Ω de résistance R_0 à T = 0 °C) ainsi que la Pt-1000.

Il existe plusieurs classes de thermomètre Pt :

— **classe A** : $\pm 0,15 + 0,002|T|$ °C ;

— **classe B** : $\pm 0,30 + 0,005|T|$ °C ;

— **classe B/10** : $\pm 0,030 + 0,00050|T|$ °C ;

— **classe C** : $\pm 0,6 + 0,01|T|$ °C.

Les sondes Pt ont l'avantage d'être précises, de petites dimensions et fiables dans le temps. La sortie est en général analogique en 4-20 mA, en deux ou trois, voire quatre fils.

3.4.2 Thermistance

Une thermistance permet de d'obtenir une image de la température, avec une précision de l'ordre de 1/10 de degré Celsius. Elle est constituée d'un mélange d'oxydes semi-conducteurs, agglomérés par frittage à haute température. La loi expérimentale qui relie la résistance R et la température T est de la forme :

$$R(T) = R_0 \times \exp(\frac{A}{T})$$

On classifie les thermistances entre les types **CTP** (R augmente avec T) et **CTN** (R diminue quand T augmente). Pour cela on utilise le coefficient :

$$\alpha = \frac{1}{R} \times \frac{dR}{dT} = -\frac{A}{T^2}$$

Si α est positif, il s'agit d'une thermistance CTP, CTN dans le cas contraire. Notons qu'il n'y a pas de cadre normatif pour les thermistances, au contraire des RTD.

Les thermistances CTN sont utilisées pour la mesure et le contrôle de température dans une plage de -80 à 300° C environ, avec des valeur de résistance qui peuvent aller de 10 Ω jusqu'à 1000 $k\Omega$ selon les cas.

Les thermistances CTP ne sont en général pas utilisées comme sondes de mesure, mais plutôt comme protections contre les augmentations d'intensité (fusible réarmable), ou comme détecteur de niveau de liquide.

3.4.3 Thermocouple

Le thermocouple utilise l'effet Seebeck pour mesure une température : si on réalise une soudure entre deux fils de deux métaux différents, le fait de plonger cette soudure dans un bain à température T crée une différence de potentiel mesurable, proportionnelle à la différence de température entre la valeur T à mesurer et une valeur de référence.

En pratique, on nomme soudure chaude la partie soudée introduite dans le milieu dont on veut déterminer la température T, l'autre extrémité de chacun des deux fils étant en fait reliée à un voltmètre (figure 3.11).

La norme correspondant aux thermocouples est la norme européenne CEI 60584.1. Les grands types de thermocouples courants sont notés : J, K, E, T, chacun avec trois classes de précision.

- type J (Fer/constantan) : de 20 à 750 °C ;
- type K (Chromel/Alumel) : de 0 à 1100 °C ;
- type E (Chromel/Constantan) : de 0 à 800 °C ;
- type T (Cuivre/Constantan) : de -180 à 300 °C ;
- type N (Nickel/Bisil) : de 0 à 1200 °C ;

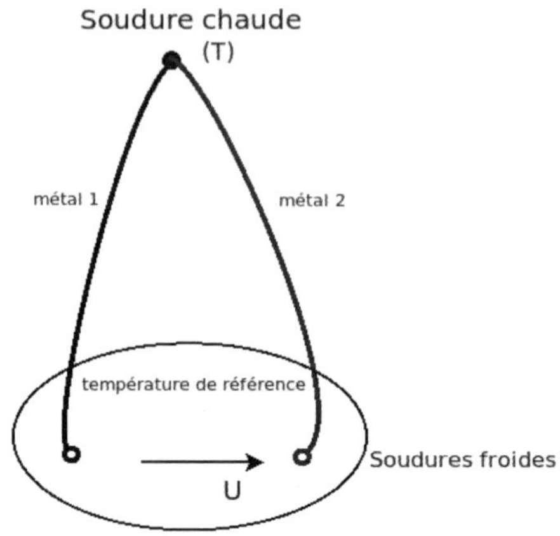

FIGURE 3.11 – Principe d'un thermocouple, avec la température ambiante comme référence (soudure froide). Les éventuels fils de cuivre ordinaires utilisés pour la mesure de la fem U ne changent pas sa valeur.

3.5 Capteurs basés sur l'effet piézoélectrique

Certains matériaux (quartz, céramiques comportant des oxydes métalliques, certains semi-conducteurs ou polymères) peuvent se polariser électriquement sous l'effet d'une contrainte mécanique (pression, force). De ce fait les variations de tension mesurables aux bornes du capteur piézoélectrique sont associables aux variations de la contrainte mécanique.

De la même façon, une tension appliquée aux bornes d'un matériau piézoélectrique va entraîner une déformation par rapport à sa forme au repos.

L'effet piézoélectrique direct (contrainte mécanique) est utilisé pour fabriquer des capteurs de tout type : pression, force, accélération... L'effet piézoélectrique inverse (tension variable appliquée) est utilisé pour fabriquer des actionneurs de commande (voir la figure 3.12).

La gamme des quantités mesurables à l'aide d'un capteur piézoélectrique est grande : pressions dans le domaine automobile ou aéronautique, poids dans tous les domaines industriels, accélération pour les accéléromètres à lame ou les systèmes airbag, force dans les manettes de console, émetteur/récepteur à ultrason, microphones...

Donnons le principe d'un capteur d'accélération piézoélectrique : voir aussi la figure 3.13. La masse M appuie plus ou moins fortement sur le cristal piézoélectrique, qui délivre une tension U_S proportionnelle aux variations instantanées de vitesse, c'est-à-dire à l'accélération a, vecteur perpendiculaire au capteur :

$$U_S = K \times a$$

Cette tension de sortie est faible (domaine du μV). Elle est en général amplifiée (ordre de grandeur du volt).

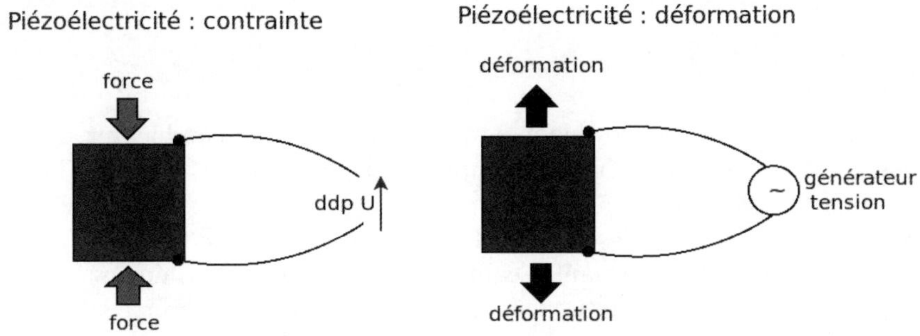

FIGURE 3.12 – Effet piézoélectrique direct (à gauche) et inverse (à droite). Une contrainte génère une tension. L'application d'une tension entraîne une déformation du cristal.

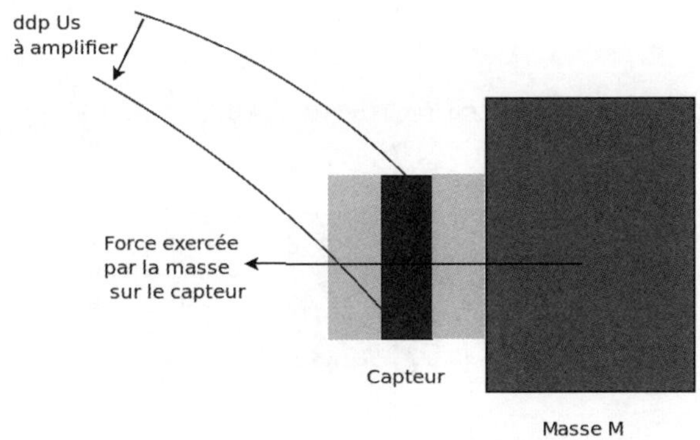

FIGURE 3.13 – Principe d'un accéléromètre basé sur la piézoélectricité. Les variations de vitesse font que la masse M appuie plus ou moins (en fonction des forces d'inertie) sur le capteur piézoélectrique, entraînant des variations de tension. La tension de sortie est très faible, elle doit ensuite être amplifiée par un dispositif adapté, et donne accès à l'accélération.

3.6 Capteurs basés sur l'effet Hall

Un capteur à effet Hall est un capteur actif qui permet de mesurer les variations d'un champ magnétique. Le principe d'une sonde Hall est basé sur la force de Lorentz qui s'exerce sur des charges en déplacement (c'est-à-dire un courant I) qui subissent un champ d'induction B.

Un courant I circule dans le capteur Hall (voir la figure 3.14), le long d'une bande de métal. Si on applique un champ B perpendiculairement au courant, les charges sont légèrement déviées, produisant une différence de potentiel U mesurable et proportionnelle au champ B dans une direction perpendiculaire à la fois au champ et au courant de charge initial (sans champ). On peut écrire cette relation comme :

$$U = A \times \frac{I \times B}{e}$$

où A est une constante dépendant du type de semi-conducteur et e son épaisseur. Il convient en général d'amplifier cette tension U pour en faire un signal exploitable.

On rencontre des sondes à effet Hall par exemple en mécanique (position ou vitesse d'une pièce tournante, capteurs sur moteurs thermiques), ou dans l'électronique des ordinateurs et smartphones. On peut utiliser également ce type de capteurs comme teslamètres ou comme ampèremètres.

Le principal avantage de ce type de capteur est sa durée de vie, liée à l'absence de contact mécanique. Cette technologie étant basée sur les semi-conducteurs, un sonde Hall est en général assez bon marché.

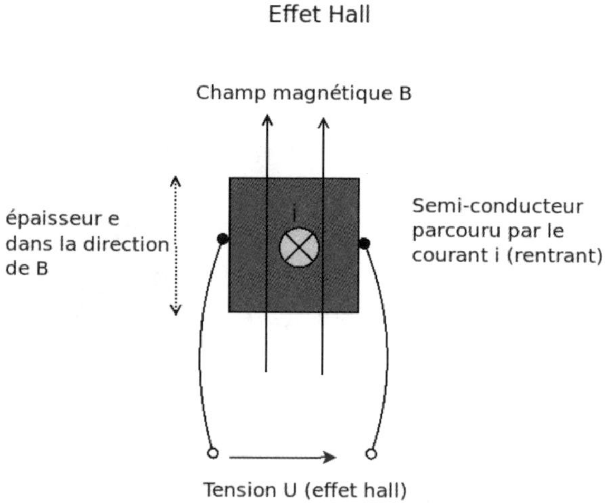

FIGURE 3.14 – Principe de l'effet Hall dans un semi-conducteur. Noter que la différence de potentiel U apparaît selon un axe perpendiculaire à la fois au champ B et à la direction du courant. L'épaisseur e est celle du semi-conducteur dans la direction du champ magnétique.

3.7 Capteurs basés sur l'effet photoélectrique

Un semi-conducteur a les caractéristiques générales d'un isolant électrique, mais possède une conductivité intermédiaire entre celle des métaux et celle des isolants parfait. Le silicium est le matériau semi-conducteur le plus utilisé, mais on trouve aussi des dérivés du gallium par exemple. La conductivité est contrôlée par dopage : ajout d'impuretés au cristal, ce qui va produire un excès ou un déficit d'électrons conducteurs.

Une photorésistance est formée d'un semi-conducteur (haute résistivité) dont la résistance varie (donc la conductivité ou la résistivité) avec le flux lumineux reçu. En réalité, ce dernier doit avoir une fréquence supérieure à une valeur limite pour pouvoir faire passer les électrons liés du semi-conducteur de la bande de valence sur la bande de conduction, et changer ainsi la valeur macroscopique de la résistivité.

Cette fréquence limite est incluse dans la bande visible (400 - 750 nm) si le capteur doit renseigner sur la présence de lumière visible, ou mesurer un flux visible. La fréquence en question peut aussi être dans la bande infrarouge.

Les principaux avantages des photorésistances sont le faible coût, la sensibilité élevée et la large gamme de sensibilité en fréquence. Les inconvénients sont liés à la sensibilité à la chaleur, à une durée de vie moyenne et à un temps de réponse plutôt élevé.

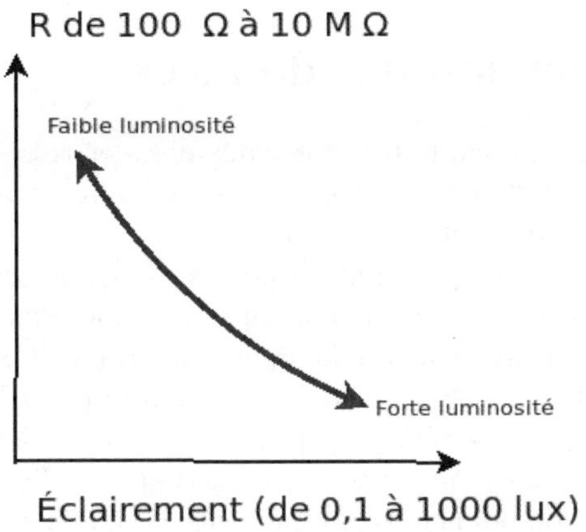

FIGURE 3.15 – Cas de la photorésistance : évolution de R avec le flux lumineux

La figure 3.15 donne l'allure de la variation de R avec le flux lumineux.

Les photodiodes sont des capteurs dont la caractéristique $I = f(U)$ est dépendante de l'éclairement. Elles peuvent donc également jouer le rôle de capteur de lumière. Elles sont couramment utilisées dans les systèmes émetteurs/récepteurs de télécommande infrarouge (longueur d'onde $>$ 750 nm). La figure 3.16 donne l'allure de la caractéristique d'une photodiode en fonction de l'éclairement.

Les principaux avantages des photodiodes sont la sensibilité élevée et le faible temps de réponse. Les inconvénients sont liés à un coût plus élevé que les photorésistances, et au circuit de polarisation.

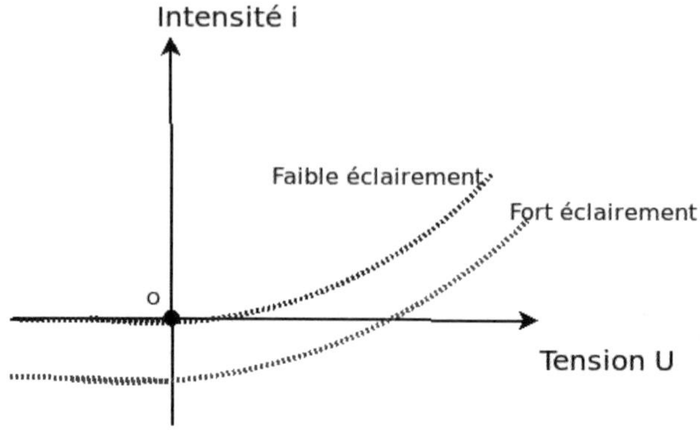

FIGURE 3.16 – Allure de caractéristique d'une photodiode

3.8 La conversion des données

Les données issues de capteurs sont transmises et très souvent numérisées. En bout de chaîne, il arrive aussi que le signal numérique soit de nouveau transformé en signal (tension) analogique.

Le convertisseur numérique/analogique (CNA) transforme une information numérique à N bits en entrée en une tension analogique V_s en sortie (voir la figure 3.17). Le convertisseur analogique/numérique (CAN) transforme une tension analogique V_e en entrée en un signal numérique à N bits en sortie.

Notons qu'un mot de N bits peut prendre $2^N - 1$ valeurs possibles (supérieures strictement à 0), et que de ce fait le LSB (*Least Significant Bit*, le plus à droite du mot : le bit de poids faible) représente la plus petite variation possible q (appelée aussi quantum) associée à la grandeur analogique (valeur maximale U_M). On a la relation :

$$q = \frac{U_M}{2^N - 1}$$

Rappelons par exemple qu'un octet permet de coder $2^8 = 256$ valeurs entières (valeur 0 incluse) sur N = 8 bits. Les valeurs entières possibles n sont comprises entre 0 et 255 inclus.

Les bits (deux états : 0 ou 1) sont notés ici b_i avec i pouvant varier de 0 à 7 :

$$n = \sum_{i=0}^{7} b_i \times 2^i = b_7 \times 2^7 + ... + b_1 \times 2^1 + b_0 \times 2^0$$

On a par exemple l'octet 11001101_2 (base 2) qui équivaut à l'entier n= 205_{10} (base 10).

Les informations pertinentes pour un CAN/CNA sont :

1. le nombre de bits N (ou résolution) ;

2. la valeur de tension analogique maximale ou de pleine échelle (associée au nombre binaire le plus grand) ;
3. la valeur analogique associée au LSB, qui est la plus petite valeur détectable (ou quantum) ;
4. la vitesse de conversion (fréquence d'horloge ou fréquence d'échantillonnage) ;

   La fréquence d'échantillonnage du signal doit être choisie de façon adaptée pour ne pas perdre de l'information (voir la figure 3.18). Rappelons ici le théorème d'échantillonnage de Shannon :

Théorème de Shannon

La représentation discrète d'un signal analogique nécessite des échantillons régulièrement espacés à une fréquence d'échantillonnage au moins supérieure au double de la fréquence maximale présente dans le signal d'origine. À l'inverse, l'échantillonnage fait avec des échantillons régulièrement espacés décrit un signal analogique à condition qu'il ne contienne aucune fréquence supérieure à la moitié de la fréquence d'échantillonnage, dite fréquence de Nyquist.

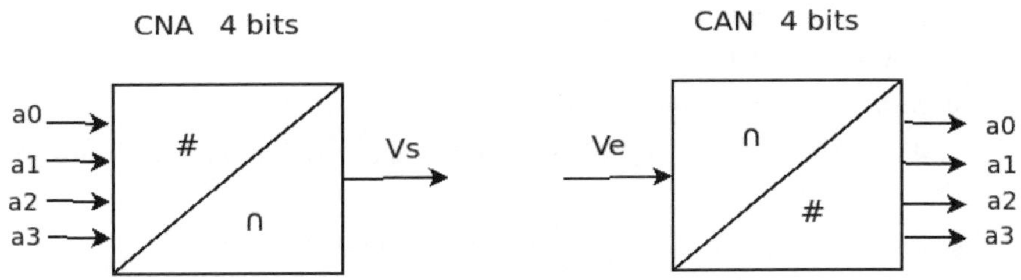

FIGURE 3.17 – Convertisseur numérique/analogique CNA à 4 bits (à gauche) et convertisseur analogique numérique (à droite) CAN à 4 bits

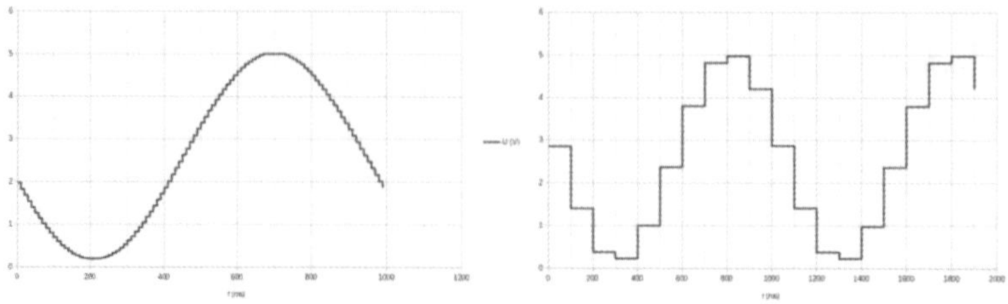

FIGURE 3.18 – Allure d'un signal numérisé, avec deux fréquences d'échantillonnage différentes (rapport 10). Le signal de gauche parait correctement numérisé, celui de droite beaucoup moins.

3.9 Généralités sur le protocole I2C

I2C est un standard de bus informatique très utilisé en électronique et en domotique. Ce standard a initialement été mis en place dans les années 80 par la société Philips. La version 7, la plus récente à ce jour, remonte à 2021.

On utilise un convertisseur analogique-numérique (par exemple ADS1115) avec l'interface I2C dans le cadre des montages Arduino par exemple.

De très nombreux systèmes sont proposés avec un port I2C : récepteurs infra-rouge, capteurs de température, afficheurs LCD, chargeurs, convertisseurs CAN/CNA, mémoires...

La topologie est de type maître/esclave(s), entre le processeur convertisseur et les capteurs par exemple. On utilise deux lignes de communication (+ une troisième, la masse commune) :

— la *Serial Data Line* ou ligne de données (SDA) ;
— la *Serial Clock Line* ou ligne d'horloge permettant la synchronisation (SCL) ;

Il existe plusieurs vitesse de transmission de données :

— vitesse standard : (SM) inférieure ou égale à 100 kbits/s ;
— vitesse (ou mode) rapide : (FM) inférieure ou égale à 400 kbits/s ;
— fast + mode : (FM+) inférieure ou égale à 1 Mbits/s ;
— high speed mode : HS mode : inférieur ou égale à 3,4 Mbits/s.

Sans entrer dans les détails du bus I2C, signalons qu'en général il y a plusieurs circuits connectés, et que c'est le rôle du protocole du bus de définir la succession des états possibles sur SDA et SCL, afin d'éviter les conflits entre les états haut/bas (le circuit prenant le contrôle du bus pour transmettre des données sera alors le maître, générant le signal d'horloge, et permettant la transmission d'un octet sur la SDA). Chaque circuit connecté au bus doit posséder une adresse unique (actuellement sur 10 bits, soit 1024 circuits possibles). Les principales actions sont : la transmission d'un octet, la transmission d'une adresse, le restart, l'écriture/lecture d'une donnée.

Nous renvoyons le lecteur à la documentation internet par exemple, pour plus d'information sur ce protocole très employé dans le domaine des capteurs.

3.10 Exercices

Exercice 1 : Pont de Wheatstone et conditionnement
On considère un pont de Wheatstone (voir figure 3.9) qui conditionne une jauge de contrainte de valeur R_1 au repos. Les résistances R sont fixes et R' est une résistance variable réglée sur la valeur R_1 de la jauge (absence de déformation).

1. Que vaut la tension U de la figure 3.9 si $R' = R_1$ (avec $\delta R = 0$) ?
2. Montrer que dans le cas d'une déformation (de la jauge de contrainte) qui induit une variation δR de R_1, on peut écrire, si les variations sont faibles devant R_1 :
$$U \approx \frac{\delta R}{4R_1} \times E$$

☆ Solution

1. Dans le cas où le pont est équilibré, $R' = R_1$ et on suppose que la jauge d'extensométrie est au repos (non contrainte), voir la figure 3.19. On a donc les relations :
$$U_{AC} = U_{A'C'} = E$$
et par pont diviseur :
$$U_{AB} = U_{A'B'}$$
Cette dernière relation implique que $U = 0$ (cas d'un pont équilibré).
2. Si le pont n'est plus équilibré, on se réfère à la figure 3.20. Un pont diviseur de tension sur la branche AC donne :
$$U_{BC} = U_{AC}/2 = E/2$$
Un pont diviseur de tension sur la branche A'C' donne :
$$U_{B'C'} = \frac{R_1 + \delta R}{2R_1 + \delta R}E$$
On écrit ensuite :
$$U_{BC} + U - U_{B'C'} = 0$$
Ce qui nous donne :
$$U = -U_{BC} + U_{B'C'} = -E/2 + \frac{R_1 + \delta R}{2R_1 + \delta R}E$$

Soit encore :

$$U = E \times \left(-\frac{1}{2} + \frac{R_1 + \delta R}{2R_1 + \delta R}\right) = \left(\frac{\delta R}{4R_1 + 2\delta R}\right) E$$

Si la variation δR est petite devant R_1 on a donc une relation linéaire entre U et δR :

$$U \approx \frac{\delta R}{4R_1} \times E$$

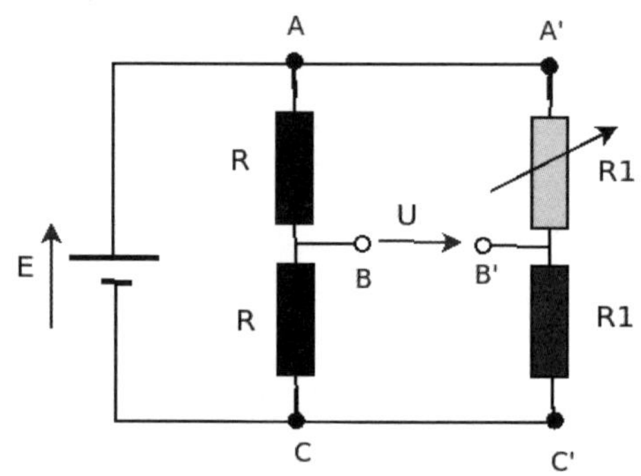

FIGURE 3.19 – Pont de Wheatstone équilibré

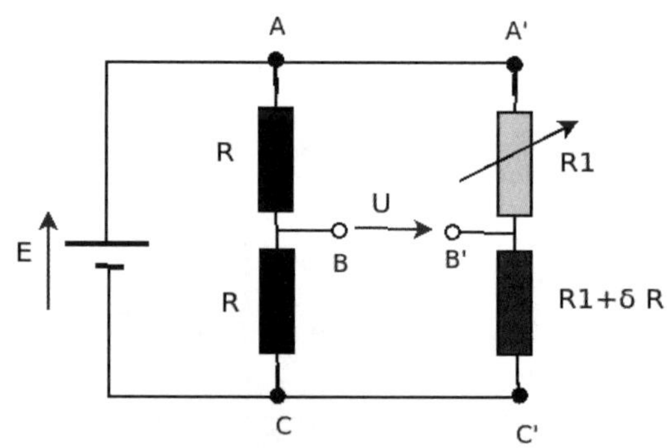

FIGURE 3.20 – Pont de Wheatstone non équilibré

Exercice 2 : Mesure de température avec une thermistance
On dispose d'une thermistance de type CTN dont la caractéristique s'écrit (en Ω) :

$$R(T) = 100 \times \exp(\frac{A}{T} - \frac{A}{400})$$

1. Donner la dimension de A.
2. Si $T = 200$ K on mesure $R = 1{,}5$ MΩ. Déterminer numériquement A.
3. Au voisinage de $T = 300$ K la précision sur R est de 0,1 %, calculer la précision correspondante sur T, en absolu et en relatif.

Solution

1. Pour des raisons de dimensionnement A est forcément homogène à une température (K).
2. En prenant le logarithme de l'équation caractéristique de la thermistance, on obtient :

$$A = \frac{\ln(\frac{1,5 \times 10^6}{100})}{1/200 - 1/400} \approx 3846 \text{ K}$$

3. On part de l'expression théorique :

$$R(T) = R_0 \times \exp(\frac{A}{T} - \frac{A}{T_0})$$

On obtient donc :

$$\ln(R) = \ln(R_0) + \frac{A}{T} - \frac{A}{T_0}$$

Où A, R_0 et T_0 sont des constantes. On dérive ensuite selon les variables R et T :

$$\frac{\delta R}{R} = -\frac{A}{T^2} \times \delta T = 0,1\%$$

La précision δT est donc en valeur absolue (en milliK) :

$$\delta T = 0,001 \times \frac{300^2}{3846} \approx 23 \text{ mK}$$

Cela correspond à une précision relative autour de 300 K de :

$$\frac{\delta T}{T} \approx 0,008\%$$

Exercice 3 : RTD à résistance de Nickel

On dispose d'une sonde à résistance de Nickel, dont la résistance R varie selon la loi en T (exprimée en Celsius) :

$$R(T) = R_0[1 + A \times T]$$

Où $R_0 = 100\ \Omega$ et $A = 5,50 \times 10^{-3}$ unités SI. On suppose que la précision sur la mesure de R est de $1/10\ \Omega$.

1. Quelle est la précision relative et absolue sur une mesure de T autour d'une température de $T_0 = 20\ °\mathrm{C}$?
2. Que devient la précision relative et absolue précédente si désormais la loi $R(T)$ est :

$$R(T) = R_0[1 + A \times T + B \times T^2]$$

avec $B = 7,00 \times 10^{-6}$ unités SI.

Solution

1. On calcule simplement que :

$$R(T_0) = 111\ \Omega$$

$$\delta R = R_0 \times A \times \delta T = 0,1\ \Omega$$

Ce qui donne une précision sur T de :

$$\delta T = \frac{\delta R}{R_0 \times A} \approx 0,18\ °\mathrm{C}$$

soit une précision relative de 0,16 %.

2. On reprend la question précédente en différenciant la relation entre R et T :

$$\delta R = R_0[A + 2B] \times \delta T$$

Ce qui donne l'incertitude sur T :

$$\delta T = \frac{\delta R}{R_0[A + 2B]} \approx 0,18\ °\mathrm{C}$$

Dans cet exemple, la deuxième composante en B joue un rôle de correction mineur dans la précision de la mesure.

Exercice 4 : Savez-vous convertir ?
La température de 0 degré Celsius (fusion de l'eau glace, à pression standard) correspond à une température de 32 Fahrenheit, et le point 100 °C (ébullition de l'eau liquide, à pression standard) correspond à 212 F.

1. Convertir $T = 56$ F en degrés Celsius.
2. Convertir $T = 35$ °C en degrés Fahrenheit.
3. Pour quelle valeur de T les deux échelles sont-elles égales ?

☆ Solution

1. On remarque qu'une différence de température de 100 C correspond à une différence de température de 180 F. Par ailleurs 0 C correspond à 32 F. Cela permet d'écrire la relation homothétique :
$$T_C = (T_F - 32) \times \frac{100}{180}$$
On trouve donc que $T = 56$ F correspond à 13,3 °C.
2. La formule homothétique devient cette fois :
$$T_F = T_C \times \frac{180}{100} + 32$$
On trouve donc que $T = 35$ °C correspond à 95 F.
3. S'il existe une valeur identique pour les deux échelles, on a alors forcément :
$$T_F = T_C = T_C \times \frac{180}{100} + 32$$
Ce qui donne :
$$T_C = \frac{32}{1 - \frac{180}{100}} = -40 \text{ °C} = -40\ F = T_F$$

Exercice 5 : Convertisseur analogique/numérique
On utilise un CAN 4 bits pour numériser un signal de tension variant entre 0 et 6 V.

1. Quelle est la valeur maximale n pour un mot entier codé sur 4 bits ?
2. Calculer le quantum q (précision).
3. Calculer la tension U (en V) associée au mot 0111.
4. Calculer la tension U (en V) associée au mot 1001.
5. Représenter sur un graphe l'ensemble des mots (de 0000 à 1111) en fonction de la tension U d'entrée.

☆ Solution

1. La valeur entière la plus grande codée sur 4 bits est 1111 qui équivaut à l'entier $n = 15$. Il y a entier $2^4 = 16$ entiers différents possibles en incluant le 0.
2. Le quantum q se calcule comme :

$$q = \frac{\Delta U}{n} = \frac{6}{15} = 0,4\ V$$

3. Le mot 0111 binaire représente l'entier :

$$n = 0 \times 2^3 + 1 \times 2^2 + 1 \times 2^1 + 1 \times 2^0 = 7$$

En utilisant le quantum q on trouve alors : $U = n \times q = 2,8$ V.

4. Le mot 1001 binaire représente l'entier :

$$n = 1 \times 2^3 + 0 \times 2^2 + 0 \times 2^1 + 1 \times 2^0 = 9$$

En utilisant le quantum q on trouve alors : $U = n \times q = 3,6$ V.

5. On peut tracer la figure 3.21 qui donne le résultat.

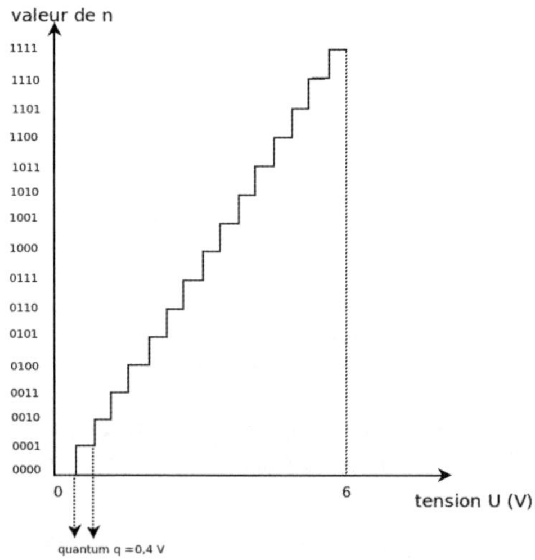

FIGURE 3.21 – Numérisation d'un signal sur 4 bits. Le mot 1111 correspond à une tension de 6,0 V.

Exercice 6 : Convertisseur numérique/analogique

On dispose d'un CNA 10 bits d'excursion de pleine échelle 0 à 10 V.

1. Quel est la valeur du quantum q ?
2. On donne la valeur numérique d'entrée en base 10 : n = 750, exprimer ce nombre n en binaire sur 10 bits.
3. Quelle est la valeur U_S pour n = 750 (que l'on a converti en binaire à la question précédente) ?
4. On définit la fonction de transfert comme :

$$U_S = q \times n + U_S(\text{min})$$

Déterminer n pour U_S = 5,5 V.

Solution

1. Le calcul du quantum donne :

$$q = \frac{10}{2^{10} - 1} \approx 0,00978 \text{ V}$$

2. L'entier $n = 750$ s'écrit :

$$n = 1 \times 2^9 + 1 \times 2^7 + 1 \times 2^6 + 1 \times 2^5 + 1 \times 2^3 + 1 \times 2^2 + 1 \times 2^1$$

soit sur 10 bits : 1011101110.

3. la tension de sortie U_S pour 1011101110 est :

$$U_S = 750 \times q = 7,33 \text{ V}$$

4. En utilisant la fonction de transfert, avec la valeur minimale de tension

$$U_S(\text{min}) = 0$$

on a :

$$n = \frac{U_S}{q} = \frac{U_S}{U_M} \times (2^{10} - 1) \approx 563$$

Exercice 7 : CAN et affichage de pression

Un capteur peut mesurer une pression dans la gamme 0 - 3 bars. La tension correspondante est comprise entre 0 et 10 V, à la sortie du capteur. Cette tension est utilisée à l'entrée d'un CAN 8 bits. Un micro-contrôleur pilote l'affichage de la pression sur un écran.

1. Quelle est la plus petite valeur de pression détectable ?
2. Tracer en regard la caractéristique pression/tension du capteur avec la caractéristique de transfert du CAN. On portera en double abscisse la pression (orientée vers la droite) et l'entier du CAN (orienté vers la gauche).

3. On utilise souvent le système de numération hexadécimal (c'est-à-dire la base $2^4 = 16$) qui utilise par convention les symboles : 0..9, A ..F (soit 16 symboles). On l'utilise de façon à simplifier les écritures en binaire. Il s'agit en fait d'un compromis entre la numération binaire et une numération pratique pour l'humain.

   On groupe donc les chiffres binaires quatre par quatre et on leur fait correspondre un caractère hexadécimal. Par exemple, en écriture décimale (**base 10**) la valeur 9_{10} correspond en binaire à 1001_2 (**base 2**) et à 9_{16} en hexadécimal (**base 16**). De même, 14_{10} en décimal équivaut à 1110_2 en binaire et E_{16} en hexadécimal.

   Comment peut-on écrire $(11111111)_2$ binaire en hexadécimal ?

   Que représente en binaire et en système décimal le nombre hexadécimal AF_{16} ? Même question pour 4D5_{16} (sur 12 bits cette fois).

Solution

1. Le CAN numérise la sortie sur $2^8 = 256$ valeurs, y compris le zéro. Le quantum q se calcule donc comme :

$$q = \frac{3}{255} \approx 0,0118 \text{ bar} = 1176 \text{ Pa}$$

2. La figure 3.22 représente la double caractéristique demandée.
3. On groupe quatre par quatre par 4 les bits de $(11111111)_2$ ce qui donne $(1111)(1111)_2$ soit en hexadécimal FF_{16} (c'est-à-dire 255_{10} en décimal).
   On procède de même avec AF_{16} : $(1010)(1111)_2$ soit 175_{10}.
   En effet on a :

$$175_{10} = 2^7 + 2^5 + 2^3 + 2^2 + 2^1 + 2^0$$

   On procède de même avec 4D5_{16} : $(0100)(1101)(0101)_2$ soit 1237_{10}.
   En effet on a :

$$1237_{10} = 2^{10} + 2^7 + 2^6 + 2^4 + 2^2 + 2^0$$

   Rappelons qu'il existe de nombreux convertisseurs hexadécimal/binaire, y compris sur les calculatrices les plus basiques.

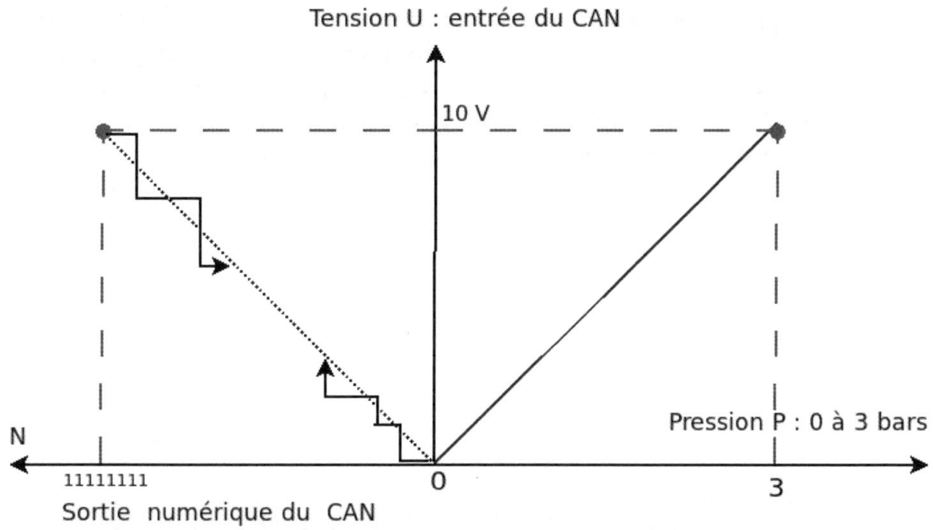

FIGURE 3.22 – Double caractéristique d'un capteur de pression. La partie droite représente la partie analogique, la partie gauche la partie numérique. À la pression 3 bars correspond la tension de sortie 10 V qui est numérisée sur un octet comme 11111111_2 soit F_{16}.

Exercice 8 : Capteur de vibration piézoélectrique

Un capteur piézoélectrique peut mesurer une accélération (et donc des fréquences de vibration) dans la gamme ± 50 g. La tension correspondante en sortie est comprise dans la gamme ± 5,0 V. Le capteur permet de mesurer une accélération instantanée mais aussi (en convertissant) une vitesse.

On veut surveiller une machine supportant des vibrations de fréquences estimées autour de 1 kHz (voir aussi la figure 3.23). La fréquence de résonance du capteur est de 30 kHz. Le circuit électronique de l'amplificateur de signal inclus dans la chaîne du capteur limite la mesure dans les basses fréquences à 1 Hz (fréquence de coupure) au minimum.

On rappelle que 1 g $= 9,81$ m.s^{-2}.

1. Quelle doit être la sensibilité de l'accéléromètre pour mesurer la gamme d'accélération en pleine échelle ?
2. Comment peut-on en théorie passer de la mesure de l'accélération (instantanée) à la vitesse moyenne sur un petit intervalle de temps Δt ? Et la mesure du déplacement ?
3. Définir la notion de résonance du capteur. Pourquoi veut-on que la fréquence vibratoire à mesurer soit très inférieure à la fréquence de résonance ?
4. Donner approximativement la gamme de fréquences effectivement mesurable, sachant qu'on choisit la fréquence de coupure (côté haute fréquence) comme $1/3$ de la fréquence de résonance. Donner l'allure de la courbe de réponse en fréquence du capteur de vibrations.

5. Pourquoi la masse du capteur doit-elle être très inférieure à la masse totale de l'objet dont on veut mesurer les fréquences de vibrations ?
6. La tension de sortie est numérisée à l'aide d'un CAN 11 bits. Le bit de poids fort (MSB, le plus à gauche) est utilisé comme bit de signe. Quelle est la valeur de tension en entrée du CAN (pleine échelle) si on obtient la valeur en sortie 0-512 (le 0 correspond au bit de signe +) ? Quelle est l'accélération correspondante ?
7. La tension de sortie est numérisée à l'aide d'un CAN 11 bits. Le bit de poids fort (MSB, le plus à gauche) est utilisé comme bit de signe Quelle est cette valeur en sortie du CAN si on a -1,95 V en entrée ? Quelle est l'accélération correspondante ?

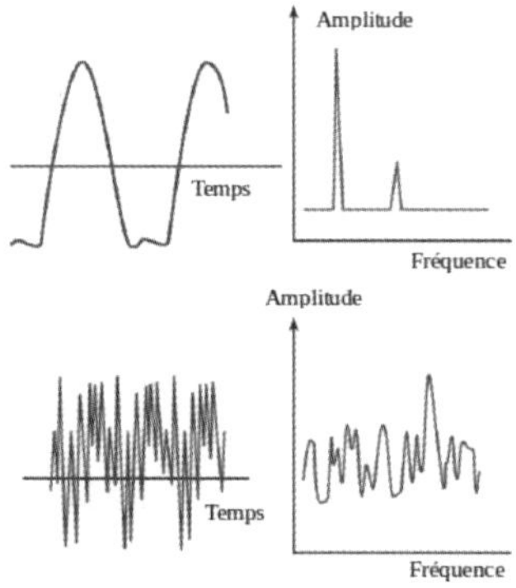

FIGURE 3.23 – Représentation schématique de la réponse en amplitude/fréquence d'un système vibrant : avec deux harmoniques en haut, avec un spectre plus complexe en bas.

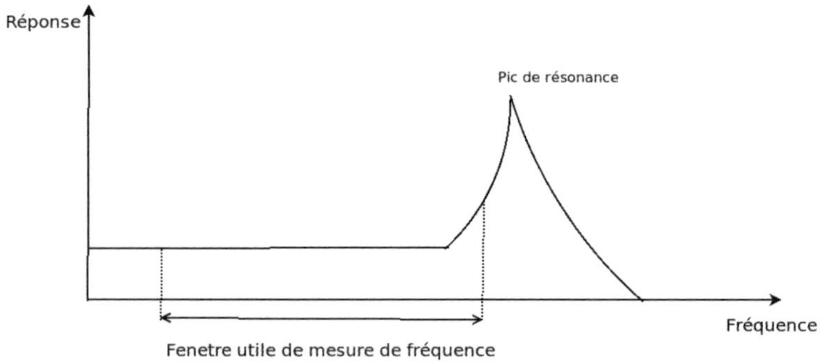

FIGURE 3.24 – Réponse schématique en fréquence d'un capteur de vibrations. Le pic de résonance apporte une réponse fortement non linéaire, en pratique non exploitable, sur tout un domaine de fréquence.

☆ Solution

1. La pleine échelle en sortie est de 5 V, ce qui correspond à une sensibilité de :
$$5/50 = 0,1 \text{ V/g}$$

2. La vitesse moyenne sur l'intervalle de temps Δt se calcule en principe par une intégrale :
$$v = \int a dt \approx a \times \Delta t$$
l'approximation étant valable si l'accélération mesurée est à peu près constante sur l'intervalle Δt. Le déplacement est quant à lui l'intégrale de la vitesse :
$$d = \int v dt \approx v \times \Delta t$$

3. La fréquence de résonance du capteur correspond à la fréquence où celui-ci amplifie l'excitation reçue (réponse non linéaire). En pratique, il existe toute une zone autour de la fréquence de résonance (30 kHz) où la réponse n'est plus pertinente (voir aussi la figure 3.24 qui donne l'allure de la réponse à la sollicitation en fréquence). La zone utile de mesure est supérieure à la fréquence de coupure dans les basses fréquences, et très inférieure (on prend souvent un facteur 3) à la fréquence de résonance.

4. La fréquence de résonance étant de 30 kHz, la gamme de fréquences mesurable est donc 1 Hz - 10 kHz, en fonction des données du capteur. L'allure de la courbe de réponse est la figure 3.24.

5. Si la masse du capteur est équivalente à celle de l'appareil que l'on veut étudier, l'ajout physique du capteur risque de modifier le spectre en fréquences des vibrations. Cette masse doit donc être la plus faible possible.

6. On code sur 10 bits (le 11e bit est le bit de signe), ce qui correspond à l'intervalle entier $[0,\ 2^{10} - 1]$ soit [0,1023]. En pleine échelle on a donc la correspondance entre 1023 et 5,0 V. La tension correspondant à 512 est donc :
$$U = \frac{512}{1023} \times 5 \approx 2,50 \text{ V}$$
L'accélération correspondante est donc de +25 g.

7. Si l'entrée est de -1,95 V, le bit de signe sera à +1. On utilise ensuite la correspondance :
$$N = \frac{1,95}{5,0} \times 1023 = 399$$
On obtient la sortie numérique donc 1-399.
l'accélération associée est de $-19,50$ g.

4

Acheminer les données

Ce chapitre présente diverses façons d'acheminer et de récupérer de la donnée en allant de la plus commune avec HTTP à la plus spécifique dans le monde de l'IoT avec le protocole LoRaWAN en passant par le protocole MQTT. Nous conclurons par une grille permettant de choisir le protocole et l'architecture IoT en fonctions de diverses contraintes : autonomie, débit, portée...

Sommaire

4.1 Récupérer de la donnée par HTTP

HTTP (*Hypertext Transfer Protocol*) est un protocole de communication client-serveur qui définit la manière dont les messages sont formatés et transmis dans le web.

Les clients, en général des navigateurs, envoient des requêtes HTTP aux serveurs pour récupérer des ressources telles que des pages Web, des images, des fichiers ou des données. Les serveurs répondent à ces requêtes en renvoyant des réponses HTTP qui contiennent les informations demandées.

Les requêtes HTTP sont composées de plusieurs éléments, notamment l'URL (*Uniform Resource Locator*) qui identifie la ressource demandée, les méthodes telles que GET (pour récupérer une ressource), POST (pour envoyer des données à un serveur), PUT (pour mettre à jour une ressource) ou DELETE (pour supprimer une ressource) ainsi que d'autres informations.

Les réponses HTTP renvoyées par le serveur contiennent en plus des données d'autres éléments comme le code de réponse HTTP (200 pour une réponse réussie, 404 pour une ressource introuvable, etc.), des en-têtes qui contiennent des informations supplémentaires sur la réponse.

Par exemple, le code suivant utilise la librairie Arduino **HTTPClient**. Il instancie un **client** et initialise une connexion HTTP. Le code de réponse HTTP est stocké dans la variable httpCode.

```
#include <HTTPClient.h>

HTTPClient client;

client.begin("https://api.coindesk.com/v1/bpi/currentprice.json");
int httpCode = client.GET();
```

4.1.1 Format JSON

Dans l'IoT, les capteurs et les objets connectés produisent une grande quantité de données qui doivent être collectées, stockées et traitées. Le format JSON est très utilisé pour représenter ces données.

> **? Qu'est ce que le JSON ?**
>
> JSON *(JavaScript Object Notation)* est un format de données textuel d'échange de données. Un fichier JSON représente un tableau associatif similaire à un dictionnaire Python.

Voici un extrait d'un fichier JSON qui contient le dernier prix du Bitcoin qui vous sera également utile pour les exercices de fin de chapitre :

```
{
 "time": {
   "updated": "May 4, 2023 14:37:00 UTC"
 },
 "chartName": "Bitcoin",
 "bpi": {
   "GBP": {
```

```
      "code": "GBP",
      "symbol": "&pound;",
      "rate": "24,140.5197",
      "description": "British Pound Sterling",
      "rate_float": 24140.5197
    },
    "EUR": {
      "code": "EUR",
      "symbol": "&euro;",
      "rate": "28,143.3891",
      "description": "Euro",
      "rate_float": 28143.3891
    }
  }
}
```

4.1.2 Désérialiser un JSON

Pour parcourir et extraire des données d'un JSON, nous utiliserons la librairie **ArduinoJson**[1]. C'est la librairie de référence : elle va nous permettre de sérialiser et surtout de désérialiser le contenu du JSON.

> **? Désérialiser un JSON ?**
>
> La désérialisation consiste en convertir une suite d'octets en une représentation mémoire. Dans notre cas, il s'agit de convertir un JSON en une structure de données C++ utilisable par notre programme afin d'en extraire les informations utiles.

À titre d'illustration, nous allons utiliser la réponse du site `https://api.coindesk.com/v1/bpi/currentprice.json`. Ce fichier, mis à jour, toutes les minutes contient les derniers prix du Bitcoin.

Stockage du JSON en mémoire

Dans un premier temps, nous stockons simplement le fichier JSON en mémoire dans un objet de type chaîne de caractères.

```
#include <HTTPClient.h>

HTTPClient client;

client.begin("https://api.coindesk.com/v1/bpi/currentprice.json");
int httpCode = client.GET();

String input = client.getString();
Serial.println(input);
```

1. `https://arduinojson.org`

À ce stade, ce n'est pas la représentation d'un JSON avec sa structure hiérarchique mais simplement une chaîne de caractères à plat. Par exemple, le caractère accolade ouvrante n'a pas le sens de début de groupe qu'il a en JSON. Il est simplement vu comme un simple caractère.

La librairie ArduinoJSON utilise une allocation mémoire de taille fixe et impose de préalablement créer un *JsonDocument* afin de réserver l'espace nécessaire en mémoire.

Pour cela, le site `https://arduinojson.org/v6/assistant/` permet de calculer la place nécessaire. À noter que l'on peut prendre une taille inférieure mais cela tronquera les données.

La ligne ci-dessous créée un document JSON nommé *doc* de 873 octets :

```
// On crée un document JSON doc (réservation mémoire)
StaticJsonDocument<873> doc;
```

Désérialisation et accès à la donnée

Maintenant que le *JsonDocument* est prêt, nous pouvons faire parcourir la longue chaîne de caractères contenant nos données avec la fonction **deserializeJson()**.

Avec ArduinoJSON, il est conseillé de procéder de la façon suivante :

```
DeserializationError erreur = deserializeJson(doc, input);
```

À ce stade, la variable *doc* contient la représentation mémoire du JSON. Il va être simple d'en extraire des valeurs comme par exemple :

```
// On utilise doc comme un dictionnaire
// Le "chartName" est une chaîne de caractère
const char* chartName = doc["chartName"];
// Le prix en EUR est un flottant
float price = doc["bpi"]["EUR"]["rate_float"];
```

Le code source nécessaire sera très similaire pour tout type de projet nécessitant d'accéder à un fichier JSON qu'il se trouve sur le web ou accessible via une API.

4.2 Envoyer de la donnée par MQTT

Dans la section précédente, nous avons vu comment récupérer de la donnée en utilisant le protocole HTTP. Dans cette section, nous allons inverser le sens de communication et envoyer de la donnée vers l'extérieur, et cette fois en utilisant le protocole MQTT.

4.2.1 Introduction rapide à MQTT

MQTT (*Message Queuing Telemetry Transport*) est un protocole de transport d'informations initialement développé par IBM. Il est pensé pour émuler un *bus de données* au dessus du protocole TCP, c'est-à-dire un moyen de diffuser de l'information à l'ensemble des équipements connectés sur le même bus, de la même manière qu'on le ferait sur un réseau industriel comme CANbus par exemple.

Les messages circulant sur un bus MQTT contiennent une charge utile (*payload*) pouvant être :

— **du texte** comme une valeur, une chaîne de caractères ou bien encore une structure de données comme un JSON,

— **un contenu binaire** comme une image ou un son, transmis en binaire dans la *payload* ou sous forme de chaîne de caractères encodée en `base64` par exemple.

Chaque message est relié à un sujet (*topic*) permettant à un autre équipement de savoir rapidement s'il est intéressé ou non par ce message, sans avoir à le recevoir et l'analyser au préalable. C'est pour cette raison que MQTT est très utilisé dans l'IoT : il est conçu pour être très léger et permet de largement soulager l'objet connecté, souvent contraint en ressources CPU, mémoire, réseau et/ou énergie, en minimisant les messages qui lui sont adressés.

Exemple de topic MQTT

Un *topic* identifie la donnée dans une structure arborescence absolue où les niveaux sont séparés par des *slashs.* Le chemin étant toujours absolu, la racine est implicite; il ne faut donc pas placer le caractère « `/` » en début de *topic.*

Exemple : `ma_maison/chambre/temperature`

Dans cet exemple, il serait attendu de voir passer sur ce *topic* les données transmises à un capteur de température placé dans la chambre. Un système de chauffage disposé dans cette même chambre souscrirait à ce même *topic* pour décider si, oui ou non, il doit augmenter ou diminuer la température de cette pièce. Une interface pourrait également souscrire à ce *topic* pour afficher la température en cours dans cette pièce. Enfin, une base de données serait aussi à l'écoute pour enregistrer l'historique de la température dans cette pièce.

? Jokers

Pour permettre de souscrire à plusieurs *topics* en même temps, le standard MQTT décrit deux jokers (*wilcards*) :

— `+` : qui remplace tout au niveau de placement. Par exemple, `ma_maison/+/temperature` signifiera, dans la logique de l'arborescence proposée, « *toutes les pièces* »,

> — `#` : qui remplace tout au niveau de placement et la suite de l'arbre. Par exemple, `ma_maison/#` signifiera tous les messages dont le topic commence par `ma_maison/`.

Physiquement, le bus MQTT est formé autour d'un serveur, le *broker*, élément central qui simule le bus pour les clients, les *agents* qui lui sont connectés. Les capteurs, actionneurs, algorithmes, etc. envoient des messages au *broker* en les associant à un *topic*. De façon asynchrone, d'autres agents se connectent à ce même *broker* et souscrivent à un ou plusieurs *topic*, puis attendent des messages. Le *broker* émule le bus en transmettant les messages reçus en fonction des *topics* souscrits.

> ? **Un protocole centralisé ?**
>
> L'un des défauts principaux de MQTT est la centralisation du bus par le *broker*. Dans le cadre d'une application véritablement déployée, il serait bon de mettre en place plusieurs *brokers* couplés à une stratégie de collaboration pour diminuer les risques dus à une perte de cet équipement névralgique.

4.2.2 Utilisation dans l'environnement Arduino

Afin d'utiliser MQTT dans l'environnement Arduino, plusieurs bibliothèques sont disponibles. Ici, nous utiliserons `PubSubClient` ; en voici les principales méthodes.

```
// Inclusion de la bibliothèque
#include <PubSubClient.h>

// Déclaration de l'objet mqtt_client et l'associer à la carte réseau
PubSubClient mqtt_client(wifiClient);

// Désignation du broker MQTT : nom d'hôte et port
mqtt_client.setServer("test.mqtt.com", 1883);

// Connexion au broker MQTT ; le 1er paramètre est l'id du client
mqtt_client.connect("abcdef123456", "login", "mot de passe");

// Donner du CPU a la machine d'état du client MQTT pour traiter les messages
mqtt_client.loop();

// Publier un message
mqtt_client.publish("ma_maison/chambre/temperature", "20");
```

Un exercice de mise en application complet sera proposé en fin de chapitre.

4.3 Récupérer de la donnée par WebSocket

On peut souhaiter vouloir afficher directement les données d'un flux MQTT dans une page web mise à jour automatiquement dès qu'une nouvelle donnée est disponible. Le but est d'avoir une communication continue. Cela peut être utile pour un tableau de bord par exemple.

En HTTP, le navigateur web envoie une requête au serveur qui envoie ensuite une réponse. Il nous faudrait alors effectuer une nouvelle requête pour chaque mise à jour souhaitée de la donnée. C'est un fonctionnement assez lourd, car il faudrait rafraîchir la page à intervalles réguliers.

WebSocket est une solution. C'est un protocole de communication sur TCP qui permet une connexion persistante entre un navigateur web et un serveur. On peut donc avoir des échanges de données en temps réel.

4.3.1 Protocole WebSocket

WebSocket est lié à HTTP dans la mesure où il l'utilise pour établir la connexion initiale avant de passer en WebSocket.

Le protocole fonctionne de la façon suivante :

1. Établissement de la connexion (*handshake*) : le client envoie une requête spéciale au serveur pour établir une connexion WebSocket.
2. Handshake et réponse : si le serveur prend en charge les connexions WebSocket, la connexion est établie et restera ouverte jusqu'à ce qu'elle soit explicitement fermée soit par le client soit par le serveur.
3. Communication bidirectionnelle : client et serveur peuvent s'envoyer des messages de manière bidirectionnelle en continu. Le client peut envoyer des messages au serveur et surtout vice versa sans avoir à attendre une demande du côté client.
4. Fermeture de la connexion : client et serveur peuvent décider de fermer la connexion WebSocket avec un message de fermeture spécial.

Nous observons au passage que les connexions WebSocket utilisent moins de bande passante et minimisent le trafic supplémentaire lors des échanges de messages.

4.3.2 MQTT sur WebSocket

On utilisera les WebSockets comme un tuyau dans lequel on va faire passer le flux MQTT venant du broker.

Il va nous falloir régler les deux extrémités du tuyau :

— le *broker* MQTT ;

— le navigateur web avec une librairie MQTT.

Les dernières versions du broker Mosquitto permettent de se connecter en WebSocket. Cependant, le connexion n'est pas ouverte par défaut. Il faut alors l'activer dans le fichier `mosquitto.conf` en y ajoutant par exemple :

```
listener 1884
protocol websockets
allow_anonymous true
```

Cela crée un nouveau *listener* sur le port 1884 utilisant WebSocket.

Du côté du navigateur web, vous pouvez utiliser le client JavaScript MQTT Paho de la fondation Eclipse [2]. Un code minimal serait :

```
<html>
  <head>
    <title>IoT : MQTT sur WebSocket</title>
   <script src="https://cdnjs.cloudflare.com/ajax/libs/paho-mqtt/1.0.1/
        mqttws31.js" type="text/javascript"></script>
  <script type = "text/javascript" language = "javascript">
   var mqtt;
   var host="localhost"; // URL du broker
   var port=1884; // port

   function onFailure(message) {
     console.log("Échec de connexion à"+host);
     setTimeout(MQTTconnect, 2000);
       }

   function onMessageArrived(msg){
     document.getElementById("data").innerHTML = msg.payloadString;
   }

   function onConnect() {
         mqtt.subscribe("app/#"); // topic
         document.getElementById("data").innerHTML ="Connecté à"+host;
     }

     function MQTTconnect() {
         // Comme la connexion est persistante, préciser un
             identifiant client
         mqtt = new Paho.MQTT.Client(host, port, "nom_client");
         mqtt.onMessageArrived = onMessageArrived
         var options = {timeout:3, onSuccess:onConnect, onFailure:
             onFailure,};
         mqtt.connect(options);
   }
   </script>
  </head>
   <body>
   <script>MQTTconnect();</script>
   Message MQTT : <p id="data"></p>
  </body>
</html>
```

2. https://www.eclipse.org/paho/index.php?page=clients/js/index.php

Si votre broker MQTT supporte les connexions WebSockets, vous devriez voir s'afficher dans la page web les messages successifs sans devoir rafraîchir la page. Nous avons bien une communication persistante en temps réel.

4.4 Envoyer de la donnée en LoRaWAN

4.4.1 Principes des réseaux LoRaWAN

Le protocole LoRaWAN est un des protocoles sans-fil très utilisé dans l'IoT. Il permet des communications sécurisées, de longue portée (de l'ordre du kilomètre) et à faible consommation d'énergie, permettant l'alimentation d'un capteur sur de simples piles pendant des mois.

La modulation LoRa

LoRaWAN utilise la modulation LoRa, qui permet une réception de messages jusqu'à -140dBm, c'est-à-dire une énergie dix mille fois plus petite que la plus petite des énergies recevables par un équipement Wi-Fi. De plus, les récepteurs LoRa sont capables d'aller chercher un message cohérent dans un bruit cent fois supérieur au message recherché. Ces propriétés sont exploitées pour permettre des transmissions de l'ordre de quelques kilomètres, avec pourtant une énergie nécessaire moindre que celle consommée par les émetteurs Wi-Fi. Il est à noter que cette robustesse est atteinte au prix d'un faible débit pour le transport des messages, ce qui n'est généralement pas gênant pour transporter de petites quantités de données comme des grandeurs issues de capteurs.

Pour être mis en œuvre, un réseau LoRaWAN a besoin de plusieurs éléments serveurs : de réseau, d'application, etc. Une façon d'assurer la communication entre ces différents éléments consiste à utiliser, là encore, un bus MQTT.

? Un réseau privé/libre ?

LoRaWAN communique dans les bandes ISM ; il est donc possible, pour tout un chacun, de déployer un réseau LoRaWAN privé sans demande d'autorisation, comme c'est le cas pour une borne Wi-Fi. Cependant, la technologie impose plusieurs éléments techniques, comme un serveur de réseau, qui peuvent être lourds à monter et à maintenir.

4.4.2 Utilisation dans l'environnement Arduino

Là encore, afin d'utiliser les réseaux LoRaWAN dans l'environnement Arduino, l'écosystème donne accès à plusieurs bibliothèques. Ici, nous utiliserons `MCCI LoRaWAN LMIC` ; en voici les principales méthodes.

```
// Inclusion de LMIC
#include <lmic.h>

// Identifiants et clés pour se connecter au réseau LoRaWAN
static const u1_t PROGMEM APPEUI[8]={ 0,0,0,0,0,0,0,0 };
static const u1_t PROGMEM DEVEUI[8]={ 0,0,0,0,0,0,0,0 };
static const u1_t PROGMEM APPKEY[16]={0,0,0,0,0,0,0,0,0,0,0,0,0,0,0,0};

// Connexion au réseau LoRaWAN
os_init(); LMIC_reset();

// Donner du CPU a la machine d'état LoRaWAN pour traiter les messages
os_runloop_once();

// Envoyer un message
LMIC_setTxData2(1, mydata, sizeof(mydata)-1, 0);
```

Un exercice de mise en application complet sera proposé en fin de chapitre.

4.5 Exercices

Dans cette section, sont proposés plusieurs exercices sous forme de codes à réaliser, soit dans un environnement embarqué comme Arduino, soit sur ordinateur classique.

4.5.1 HTTP

Exercice 1 : Le but de cet exercice est de faire afficher sur le moniteur série d'un Arduino le dernier prix du Bitcoin obtenu via un fichier JSON. Vous allez développer un code de façon incrémentale en veillant à ce que chaque étape soit validée avant de passer à la suivante.

1. Ajouter la librairie HTTPClient.h et coder le nécessaire pour que votre carte se connecte à `https://api.coindesk.com/v1/bpi/currentprice.json` et faire afficher le code retour htpp sur le moniteur série. Un code retour de 200 signale un succès.
2. Faire afficher sur le moniteur série le fichier JSON complet contenant les derniers prix du Bitcoin.
3. Le fichier JSON est mis à jour toutes les minutes. Finalement, ne faire afficher que le prix en euros sur le moniteur série. Il va être nécessaire préalablement de déserialiser le fichier comme vu au début de chapitre.

☆ Solution

Voici la fonction *loop()* à adapter à votre matériel :

```
void loop() {
```

```
client.begin("https://api.coindesk.com/v1/bpi/currentprice.json");
int httpCode = client.GET();
Serial.print(httpCode); // 200 pour succès
delay(1000);
  if (httpCode > 0) {
    // getString() renvoie une... String
    // D'où naturellement :
    String input = client.getString();
    Serial.println(input);

    // Attention, une String n'est pas un JSON...
    // Pour le compilateur, il faut préciser la taille
    // du futur JSON. Il doit savoir quelle taille lui réserver
    // en mémoire. Mettre beaucoup ou optimiser la RAM via :
    // https://arduinojson.org/v6/assistant/
    // On nous conseille 1024

    // On crée un document JSON (réservation mémoire)
    StaticJsonDocument<1024> doc;
    // On transforme la chaîne de caractères en données structurées
    // au format JSON que l'on stocke dans doc.
    DeserializationError erreur = deserializeJson(doc, input);

    if (erreur) {
      // voir p71 de
      // https://arduinojson.org/v6/doc/deserialization/
      Serial.print("deserializeJson() failed: ");
      Serial.println(erreur.c_str());
      return;
    }

    // Le JsonDocument doc contient maintenant
    // une représentation mémoire de l'input JSON
    // On utilise le JSON comme un dictionnaire
    const char* chartName = doc["chartName"];
    float price = doc["bpi"]["EUR"]["rate_float"];
  }
  }
```

4.5.2 MQTT

Exercice 2 : Dans cet exercice, nous allons implémenter un sketch Arduino exécuté sur un ESP32 permettant d'envoyer une donnée de capteur sur un bus MQTT. L'équipement simulera un capteur de température à partir d'une information aléatoire ; il serait cependant possible de reprendre les concepts capteurs vus dans les chapitres précédents pour mettre en place ici une véritable donnée. Une connexion Wi-Fi sera également nécessaire pour être raccordé à Internet.

Bibliothèques et variables globales

Afin de permettre la connexion au réseau Wi-Fi et au broker MQTT, les librairies `WiFi` et `PubSubClient` sont importées. On retrouve également dans cette partie les paramètres du réseau Wi-Fi et broker MQTT, ainsi que les objets `WiFiMulti`, `WiFiClient` et `PubSubClient` nécessaires au bon fonctionnement de l'application.

Solution

```
#include <WiFi.h>
#include <WiFiMulti.h>
#include <PubSubClient.h>

const char* ssid = "xxx";
const char* password = "xxx";
const char* mqtt_server = "XXX"; // Adresse IP ou nom du broker MQTT
const int mqttPort = 1883; // port utilisé par le broker
long tps=0;

WiFiMulti WiFiMulti;
WiFiClient espClient;
PubSubClient client(espClient);
```

Connexion au Wi-Fi

La fonction `setup_wifi()` contient l'ensemble des instructions permettant la connexion au réseau Wi-Fi dont les paramètres sont définis en variables globales. Le statut de connexion est indiqué à l'utilisateur via la console série.

Solution

```
void setup_wifi()
{
  WiFiMulti.addAP(ssid, password);
```

```
  while ( WiFiMulti.run() != WL_CONNECTED )
  {
    Serial.print ( "." );
    delay (500);
  }
  Serial.println("\nWiFi connecté");
  Serial.print("MAC : ");
  Serial.println(WiFi.macAddress());
  Serial.print("Adresse IP : ");
  Serial.println(WiFi.localIP());
}
```

Connexion au broker MQTT

De même que pour la connexion au réseau Wi-Fi, la fonction `reconnect()` contient l'ensemble des instructions permettant la connexion au broker MQTT. Un *login* et un mot de passe peuvent être passés en paramètre si nécessaire. Le statut de la connexion est là aussi indiqué à l'utilisateur via la console série.

Solution

```
void reconnect()
{
  while (!client.connected())
  {
    Serial.println("Connection au serveur MQTT... ");
    if (client.connect("ESP32Client", "login", "mot de passe"))
    {
      Serial.println("MQTT connecté");
    }
    else
    {
      Serial.print("echec, code erreur= ");
      Serial.println(client.state());
      Serial.println("nouvel essai dans 2s");
      delay(2000);
    }
  }
}
```

Setup Arduino

Le `setup()` Arduino est simple : paramétrage de la liaison série, connexion au Wi-Fi et au broker MQTT.

☆ Solution

```
void setup()
{
  Serial.begin(115200);
  setup_wifi();
  client.setServer(mqtt_server, mqttPort);
  reconnect();
}
```

Boucle principale

Deux éléments intéressants à noter dans la boucle principale :

1. afin de ne pas bloquer la réception de messages, on n'utilise pas l'appel à la fonction `delay()`, pour ne pas rendre le code bloquant. L'appel à `millis()`, dans un `if`, permet l'envoi (via l'appel à `publish()`) toutes les secondes ;
2. la fonction `publish()` attend deux paramètres de type chaîne de caractères ; aussi la valeur de température aléatoire stockée dans un `float` doit être convertie en `char*`. Cette action est réalisée par l'appel à la fonction `sprintf()`.

☆ Solution

```
void loop()
{
  float temperature_float;
  char temperature_txt[10];
  reconnect();
  client.loop();
  // on n' utilise pas un delay pour ne pas bloquer la réception de messages
  if ( millis() - tps > 1000 )
  { tps = millis(); // pour le prochain envoi
    temperature_float = random(30);
    sprintf(temperature_txt, "%.2f", temperature_float);
    client.publish("ma_maison/chambre/temperature", temperature_txt);}
}
```

4.5.3 WebSockets et JSON

Exercice 3 : Supposons que vous avez un flux MQTT qui envoie des messages dont voici un extrait :


```
{"applicationID":"1","applicationName":"AM107","deviceName":"AM107-32",
 "object":{"activity":6,"co2":456,"humidity":50.5, "illumination":43,
 "infrared":8,"infrared_and_visible":36, "pressure":995.1,
 "temperature":24.8,"tvoc":304}}
```


On suppose que votre broker MQTT accepte les connexions WebSocket. Écrire une page web qui affiche en temps réel le nom du *device* ainsi que la valeur du champ température. Vous pourrez vous inspirer du code minimal de la page 78.

Solution

Il faut d'abord, comme vu dans la partie JSON en page 74, convertir le message MQTT en JSON en le désérialisant. Ensuite, il sera facile d'accéder à la valeur associée à n'importe quel clé.
La fonction `onMessageArrived()` peut être modifiée en :

```
function onMessageArrived(msg){
  // Conversion de la string en JSON
  msg_JSON = JSON.parse(msg.payloadString);
  document.getElementById("device").innerHTML=msg_JSON.deviceName;
  document.getElementById("data").innerHTML=msg_JSON.object.
      temperature; }
```

Le corps du fichier HTML pourra alors contenir :

```
<body>
<h1>MQTT sur WebSocket</h1>
Exemple de connection WebSocket MQTT avec client paho-mqtt
    JavaScript.
<script>MQTTconnect();</script>
Device : <p id="device"></p>
<p></p>
Température : <p id="data"></p>
</body>
```

Comme on le voit, on écrit directement dans le corps de la page web.

4.5.4 LoRaWAN

Exercice 4 : Dans cet exercice, nous allons implémenter un sketch Arduino exécuté sur un ESP32 permettant d'envoyer une donnée de capteur sur un réseau LoRaWAN, comme cela a été fait précédemment en utilisant un réseau MQTT. Là encore, l'équipement simulera un capteur de température à partir d'une information aléatoire et il serait possible de reprendre les concepts capteurs vus dans les chapitres précédents pour mettre en place ici une donnée issue d'un véritable capteur. Pour cet exercice, une connexion à un réseau LoRaWAN sera également nécessaire.

Solution

```
#include <lmic.h>
#include <hal/hal.h>
#include <SPI.h>

#define FILLMEIN 0

static const u1_t PROGMEM APPEUI[8]={ FILLMEIN };
void os_getArtEui (u1_t* buf) { memcpy_P(buf, APPEUI, 8);}

static const u1_t PROGMEM DEVEUI[8]={ FILLMEIN };
void os_getDevEui (u1_t* buf) { memcpy_P(buf, DEVEUI, 8);}

static const u1_t PROGMEM APPKEY[16] = { FILLMEIN };
void os_getDevKey (u1_t* buf) { memcpy_P(buf, APPKEY, 16);}
static uint8_t mydata[] = "Hello, world!";
static osjob_t sendjob;
const unsigned TX_INTERVAL = 60;
const lmic_pinmap lmic_pins = {
  .nss = 5,
  .rxtx = LMIC_UNUSED_PIN,
  .rst = 26,
  .dio = {36, 35, LMIC_UNUSED_PIN},
};
void printHex2(unsigned v)
{
  v &= 0xff;
  if (v < 16)
  Serial.print('0');
  Serial.print(v, HEX);
}
void onEvent (ev_t ev)
{
  Serial.print(os_getTime());
  Serial.print(": ");
```

```
  switch(ev)
  {
    case EV_JOINED:
      Serial.println(F("EV_JOINED"));
      LMIC_setLinkCheckMode(0);
      break;

    case EV_TXCOMPLETE:
      os_setTimedCallback(&sendjob, os_getTime()+sec2osticks(
           TX_INTERVAL), do_send);
      break;

    default:
      Serial.print(F("Unknown event: "));
      Serial.println((unsigned) ev);
      break;
  }
}
void do_send(osjob_t* j){
  if (LMIC.opmode & OP_TXRXPEND)
  {
    Serial.println(F("OP_TXRXPEND, not sending"));
  } else {
    LMIC_setTxData2(1, mydata, sizeof(mydata)-1, 0);
    Serial.println(F("Packet queued"));
  }
}
void setup()
{
  Serial.begin(9600);
  Serial.println(F("Starting"));

  os_init();
  LMIC_reset();
  do_send(&sendjob);
}
void loop()
{
  os_runloop_once();
}
```

5

Stocker les données

Les données collectées sont le plus souvent stockées en base. En général, il s'agit de base de type NoSQL comme influxDB. Ce chapitre présentera quelques exemples de bases de données utilisées dans le monde de l'IoT et comment accéder aux données ainsi que construire des requêtes efficientes.

Sommaire

Une base de données est un système permettant de stocker et de retrouver des données structurées, semi-structurées, brutes ou plus largement de l'information.

Dans le domaine de l'IoT, les données peuvent être de plusieurs types :

1. **Données de télémétrie** : un capteur envoie des données au fil du temps. Ce sont des données dynamiques collectées en continu à intervalles réguliers comme la température, relevé de compteur, etc.

2. **Données opérationnelles** : données système renvoyées par exemple par des capteurs (niveau des batteries, utilisation du CPU) ou des passerelles (statistiques de trafic, température interne...). Ces données dynamiques sont très utiles en maintenance prédictive.
3. **Données de commande** : historique des ordres envoyés aux capteurs et actionneurs comme par exemple allumage d'un moteur, collecte d'un autre type de données, etc. Ce sont là encore des données dynamiques.
4. **Métadonnées** : identifiant du capteur, sa configuration, son numéro de version du firmware, etc. Ce sont des données statiques.

De plus dans ce domaine de forts volumes de données sont générés. Par exemple, une station météo professionnelle avec beaucoup de capteurs peut renvoyer plusieurs gigas de données par jour.

Il y a donc plusieurs besoins et pas de réponse unique quant au type de base de données à utiliser. Nous allons parcourir les principaux types de bases de données en les reliant à des applications IoT.

5.1 Bases relationnelles

Une base de données relationnelle organise les données en tableaux à deux dimensions. On les appelle des relations ou tables. Ces tables ont des liens logiques entre elles. Chaque table représente une entité ou un concept, comme par exemple une liste de clients, de produits ou encore de commandes. Chaque ligne de la table est un enregistrement ou un **tuple**. Les colonnes nommées de la table sont appelées les **attributs**.

Avec les bases relationnelles et avant même de commencer à stocker des données, il convient de bien modéliser la situation et concevoir avec rigueur la structure de la base. De mauvais choix de conception conduisent à des bases peu utilisables.

Lors de la conception d'une base de données relationnelles, on passe en général par trois étapes :

1. modèle conceptuel ;
2. modèle logique ;
3. implémentation.

Pour mieux comprendre le modèle relationnel et son éventuelle utilisation dans le domaine de l'IoT, regardons pas-à-pas comment on construit la base de données relationnelle elle-même ainsi que ses différentes tables.

À titre d'illustration, nous prendrons l'exemple type d'une société de vente en ligne.

5.1.1 Modèle conceptuel

La première étape de conception est l'analyse des besoins. Il en dépendra la pertinence de la structure de la base de données par rapports aux futurs usages.

Cette première étape est donc essentielle mais c'est aussi la plus délicate. Ici, tout repose sur l'expertise et la qualité d'analyse des personnes en charge de la conception.

Dans l'activité de cette société, nous avons des clients qui vont effectuer des commandes de divers produits. Avant de valider la commande, il nous faudra vérifier qu'il y a assez de produits en stock. De plus, nous souhaitons pouvoir éditer des factures. Nous pouvons aussi avoir besoin de lister toutes les commandes d'un client donné, connaître le chiffre d'affaire d'un produit particulier, etc.

Nous allons donc établir les **dictionnaires des données** qui vont lister tous les attributs utiles ainsi que leur type (chaîne de caractères, type nombre entier, date, etc.) avec éventuellement les contraintes associées, ainsi que la taille. Dans le modèle relationnel, on veille à ne mettre en base que des données non calculées, des données primaires.

Nous pouvons donc établir le dictionnaire donné dans la table 5.1 qui, comme on peut le voir, préfigure déjà la future structure de la base, les différentes tables ainsi que relations potentielles entre elles.

Attribut	**Description**	**Type**	**Contrainte**
idClient	Identifiant unique du client	ENTIER	>0
nomClient	Nom du client	CHAINE (50)	
villeClient	Ville de résidence du client	CHAINE (100)	
idCommande	Identifiant unique de la commande	ENTIER	>0
dateCommande	Date de la commande	DATE	
idProduit	Identifiant unique du produit	ENTIER	>0
Qte	Quantité de produit commandé	ENTIER	
prixUnitaire	Prix unitaire HT d'un produit	DECIMAL(10,2)	
stockDisponible	Nombre de produits en stocks	ENTIER	

TABLE 5.1 – Exemple de dictionnaire de données

De façon concomitante à l'élaboration de ce dictionnaire des données, on identifie les diverses entités. Une entité est un objet ou un concept identifiable et distinct qui doit être représenté dans la base. Dans notre exemple, nous avons les entités `Clients`, `Commandes`, `Produits`.

Toujours dans notre démarche de conception, nous voyons que nous aurons besoin d'une autre table contenant les `lignesCommande`. C'est-à-dire finalement la relation entre la table des produits et celle des commandes afin de pouvoir déterminer combien de produits sont commandés.

Ainsi, nous devront définir une table `Clients` présentée dans le tableau 5.2 qui contiendra les colonnes `idClient`, `nomClient`, `villeClient`.

Il semble clair qu'`idClient` soit unique pour chaque client. C'est ce que l'on appelle une **clé primaire**. C'est l'attribut qui identifie de manière unique chaque enregistrement de la table.

Les autres tables seront structurées de la façon suivante avec, pour la table `Commandes` donnée dans le tableau 5.3, **idCommande** comme clé primaire.

Clients

idClient	nomClient	villeClient
1234	Boulle	Toulouse
4321	Alhalel	Toulouse
3412	Van Den Bossche	Blagnac

TABLE 5.2 – Table des clients

Commandes

idCommande	dateCommande
1001	01/01/1970
1002	14/03/2042
1012	01/02/1989

TABLE 5.3 – Table des commandes

La table `Produits` donnée dans la tableau 5.4 aura **idProduit** comme clé primaire.

Produits

idProduit	prixUnitaire	stockDisponible
AM107	50	42
LoRaGW	120	31
IoT-Kit	60	123

TABLE 5.4 – Table des produits

Nous voyons qu'il y aura des relations nécessaires entre ces tables, voire une table qui se construira à partir des autres tables.

5.1.2 Modèle logique

Le modèle logique d'une base de données est une représentation abstraite et formelle de la structure de la base. Il se concentre sur la manière dont les données sont organisées et interconnectées. Il permet de définir la structure de la base de données de manière indépendante de tout système de gestion de base de données particulier.

Dans le cas d'une base de données relationnelle, il doit respecter les **formes normales**. Ce sont des règles qui permettent de vérifier si une base de données relationnelle est bien conçue et organisée de manière optimale.

Il existe plusieurs formes normales et on considère qu'une base est normalisée si elle respecte les trois premières. Nous ne nous étendrons pas sur ce sujet mais en voici une brève description :

— 1NF : la première forme normale est le niveau minimal de normalisation. Chaque colonne de la table doit être atomique, c'est-à-dire qu'elle ne doit contenir qu'une seule valeur pour une ligne donnée et pas un ensemble de plusieurs valeurs.

— 2NF : la base est déjà 1NF et en plus chaque colonne qui n'est pas une clé primaire doit dépendre uniquement de cette clé primaire.

— 3NF : la base est 2NF et en plus chaque colonne qui n'est pas une clé primaire doit être indépendante des autres colonnes qui ne sont pas une clé.

Dans notre exemple, nous avons besoin de relier une commande donnée à un client. C'est pour cela que nous devons mettre la clé `idClient` définie dans la table `Clients`. C'est ce que nous appellerons une **clé étrangère**. Elle représente une référence à une clé primaire dans une autre table.

Commandes

idCommande	dateCommande	idClient
1001	01/01/1970	1234
1002	14/03/2042	4321
1012	01/02/1989	3412

TABLE 5.5 – Table des commandes avec clé étrangère

Enfin, comme nous souhaitons pouvoir éditer des factures, il nous manque à construire une table faisant le lien entre les produits et les commandes.

C'est le rôle de la table `lignesCommande` qui n'aura pas de clés primaires mais les deux clés étrangères venant des tables `Produits` et `Commandes` et qui pourra avoir la forme suivante donnée dans la table 5.6.

lignesCommandes

idProduit	idCommande	Qte
AM107	1001	13
LoRaGW	1001	2
IoT-Kit	1012	5

TABLE 5.6 – Table des lignes de commandes

En utilisant les informations de la table `lignesCommandes`, il est donc possible de générer une facture détaillée pour chaque commande, en calculant le montant total de chaque ligne de commande et en les additionnant pour obtenir le montant total de la commande.

De plus, avant de valider une commande, nous pourrons vérifier l'état du stock et éventuellement déclencher des actions si celui-ci vient à être insuffisant.

Une fois le modèle logique élaboré comme précédemment, des logiciels spécialisés sont capables d'appliquer des algorithmes de traduction qui permettent d'obtenir directement la structure logicielle de la base de données.

5.1.3 Requêtes SQL

Le langage utilisé sera souvent le SQL (Structured Query Language). C'est un langage normalisé dédié aux bases de données relationnelles qui permet de créer et de modifier la façon dont les données sont organisées dans la base.

Il permet de créer des tables en définissant le domaine de chaque colonne. Il permet d'insérer des lignes dans les tables et lire les données entrées dans la base de données.

Par exemple, si on souhaite créer la table des clients vue dans le tableau 5.2, on pourra exécuter la commande suivante :

```
CREATE TABLE Clients (
idClient : integer PRIMARY KEY,
nomClient : varchar,
villeClient : varchar)
```

Si on souhaite ajouter un nouveau client, on pourra procéder de la façon suivante :

```
INSERT INTO Clients (idClient, nomClient, villeClient) VALUES (1235, '
    Stallman', 'New York')
```

Enfin, si on souhaite obtenir la liste de tous les clients habitant une ville donnée, on pourra faire la requête suivante :

```
SELECT nomClient
FROM Clients
WHERE Ville = 'Toulouse'
```

5.1.4 Le modèle relationnel dans l'IoT

L'IoT a apporté de nouveaux cas d'utilisation aux bases de données. Les données typiques sont massives, pas nécessairement structurées et très diverses. Cela peut conduire à penser que le modèle relationnel n'est plus adapté et cela a donné naissance à d'autres types de bases de données que nous verrons plus loin et qui sont regroupées sous le terme de NoSQL.

NoSQL

Le NoSQL (Not Only SQL) est une catégorie de bases de données non relationnelles.

Contrairement aux bases de données relationnelles, qui utilisent un schéma fixe prédéfini comme nous l'avons vu, les bases de données NoSQL permettent une plus grande flexibilité en termes de modèle de données.

Elles peuvent stocker des données semi-structurées ou non structurées. C'est utile lorsque les structures de données sont variables, évolutives et surtout pas nécessairement connu à l'avance.

Les types courants de bases de données NoSQL comprennent les bases de données de documents, orientées colonnes, de paires clé-valeur et les séries temporelles largement utilisées dans l'IoT.

Cependant, le modèle relationnel est très connu et le langage SQL est massivement utilisé et enseigné dans beaucoup de formations. De plus il est normalisé.

Pour les bases de la famille NoSQL, il n'y a pas de standardisation et, pour le moment, des types de requêtes relativement limités en complexité. Les structures de ces bases sont hétérogènes et chaque base va nécessiter un apprentissage spécifique de la part des équipes de développement.

On ne peut donc pas conclure que le modèle relationnel n'est pas adapté à l'IoT.

En pratique, les données de commande ou les données opérationnelles pourront être stockées dans une base relationnelle tandis que l'on choisira une base NoSQL pour les données de télémétrie, comme nous allons le voir dans la suite.

D'autres experts du secteur conseillent de privilégier une base de donnée unique comme TimeScaleDB qui permet de faire du SQL avec une base optimisée pour les données de télémétrie. Là encore, nous l'aborderons plus loin.

5.2 Base de données orientées séries temporelles

Comme nous l'avons vu, les données de télémétrie et les données opérationnelles sont envoyées à intervalles réguliers. Cela peut être toutes les minutes, toutes les heures, toutes les dix secondes ou tout autre intervalle de temps. Ces données sont horodatées. On dit qu'elles ont un *timestamp* et elles forment ce que l'on appelle une **série temporelle** ou *time series*. C'est donc une suite de valeurs correspondant à l'évolution d'une variable dans le temps.

L'exemple typique serait la collecte de l'évolution d'une température en fonction du temps. Le but étant de représenter graphiquement l'évolution de la grandeur en fonction du temps mais aussi faire de l'analyse de régression voire de la prévision.

Une *Time Series Database* (TSDB) est une base de données conçue spécialement pour stocker ces données chronologiques. Elles sont enregistrées dans l'ordre chronologique avec un horodatage associé à chaque enregistrement.

Pourquoi utiliser une TSDB au lieu d'une base relationnelle ?

- Flexibilité : on stocke des données à propos desquelles nous allons nous poser des questions au fil du temps. En général, il n'y a pas de schéma de base de données à définir avant l'utilisation.
- Évolutivité : elles peuvent s'étendre sur plusieurs serveurs pour gérer une quantité massive de données. Ceci dit, il en est de même pour les bases de données relationnelles mais leur architecture est différente et peut nécessiter une configuration plus complexe.
- Performance : elles sont conçues pour travailler avec des données chronologiques massives. Les opérations d'écriture et lecture des

enregistrement, de recherche et d'agrégation sont optimisées pour les données chronologiques. Cela peut les rendre plus rapides que les bases de données relationnelles pour les mêmes tâches même si ce n'est pas toujours le cas.

— Utilisabilité : elles comprennent généralement des fonctions et des opérations qui sont communes à l'analyse de données de séries temporelles. elles offrent souvent des API simples ainsi que parfois des outils de visualisation pour l'analyse des données.

— Stockage efficace : elles permettent d'éviter les redondances et les données inutiles. Elles intègrent aussi un mécanisme de gestion du cycle de vie des données.

Cela dit, les bases de données relationnelles sont utiles dans de nombreux cas, et peuvent être utilisée en conjonction avec des TSDB.

5.2.1 InfluxDB

InfluxDB est une base de données de séries temporelles parmi les plus utilisées actuellement [1]. C'est un logiciel libre sous licence MIT.

Elle est destinée à être utilisée comme support pour tout cas d'utilisation impliquant de grandes quantités de données horodatées et notamment les données des capteurs IoT. Nous traitons ici InfluxDB dans sa version 2 et supérieure.

InfluxDB utilise le langage de requête qui lui est propre. Au prix de quelques modifications dans la configuration, il est toutefois possible d'utiliser InfluxQL plus proche de SQL pour permettre aux utilisateurs venant de cet environnement d'y être familiarisé rapidement.

En pratique, nous n'aurons pas à écrire des requêtes complexes directement mais pourrons utiliser le *Query builder* via l'interface web d'InfluxDB. De plus un logiciel tiers comme Grafana permet d'accéder aux données de la base et faire des requêtes à notre place sans avoir à coder des requêtes en Flux.

Concepts clés d'InfluxDB

Dans InfluxDB, les données sont stockées dans des *buckets* qui sont simplement des regroupement logiques qui contiennent divers *measurement*. Un *bucket* peut être vu comme une base de bases de données. InfluxDB lui associe une « politique de rétention » de données. En effet, vu qu'il y a énormément de données, il va être difficile de toutes les conserver. Ainsi cette politique de rétention va décider à partir de quand on supprime les données, s'il faut en conserver un simple résumé, etc.

Le *measurement* est une structure de données de base qui stocke les enregistrements des séries chronologiques. On peut le voir comme une table dans une base de données relationnelle. Voir un exemple avec la table 5.7

1. `https://db-engines.com/en/ranking/time+series+dbms` pour une indication de classement

Par exemple, on peut définir le *bucket* « AM107 » qui contiendra les *measurements* température, humidité, etc.

Chaque enregistrement dans un *measurement* est composé des éléments suivants :

- ***timestamp*** : c'est la valeur de temps associée à la mesure. Les *timestamps* sont stockés en « epoch nanosecondes » soit le nombre de nanosecondes écoulées depuis le 1er janvier 1970. En pratique ils sont formatés sous la forme 2023-02-21T00 :00 :00.00Z. Cette valeur est utilisée pour trier et organiser les données chronologiquement ;
- ***tags*** : ce sont des paires clé-valeur utilisées pour indexer et filtrer les données. Les *tags* peuvent être utilisés pour identifier les différentes sources de données ou les différents contextes dans lesquels les mesures ont été prises ;
- ***fields*** : ce sont aussi des paires clé-valeur qui représentent les valeurs réelles de la mesure. Les *fields* peuvent être de différents types, tels que des nombres, des chaînes de caractères, des booléens, etc. Ils sont utilisés pour stocker les données que vous souhaitez collecter et analyser.

Il faut bien avoir en tête que les *fields* ne sont pas indexés. Une requête sur les *fields* va donc parcourir toutes les valeurs de ceux-ci pour être exécutée ! Les requêtes sur les *tags* sont donc bien plus perfomantes que celles sur les *fields*. Ainsi, il est conseillé de stocker les métadonnées couramment appelées dans des *tags*.

Exemple concret

Par exemple, le flux MQTT nous donne un objet du type suivant :

```
[ {
  "temperature": 19.9,
  "humidity": 56.5,
  "activity": 0,
  "co2": 1403,
  "tvoc": 979,
  "illumination": 5,
  "infrared": 6,
  "infrared_and_visible":
  14,
  "pressure": 993,
  "DevEUI":
  "24e124128c016453",
  "floor": 1,
  "Building": "B"
},
{ "deviceName": "AM107-18",
  "devEUI": "24e124128c016453",
  "room": "B113"
```

```
} ]
```

Les *fields* seront donc constitués des couples comme `"temperature": 19.9` et les *tags* de ceux comme `"room": "B113"`.

Par exemple, si vous collectez des données de température à partir de plusieurs capteurs, vous pourriez stocker chaque lecture de température dans un *measurement* nommé « temperature ». Chaque enregistrement dans ce *measurement* pourrait avoir des balises pour identifier le capteur et le lieu où la mesure a été prise, ainsi qu'un champ pour stocker la valeur de la température mesurée. Les *timestamps* seraient utilisés pour organiser les enregistrements dans l'ordre chronologique.

Avec ce choix, le *measurement* aura la forme donnée dans la table 5.7.

_start	_stop	_time	_value	_field	_measurement	room
2023-02-24T13 :45 :36.256605902Z	2023-02-24T14 :45 :36.256605902Z	2023-02-24T13 :49 :00Z	21.8	temperature	temperature	B001
2023-02-24T13 :45 :36.256605902Z	2023-02-24T14 :45 :36.256605902Z	2023-02-24T13 :59 :00Z	22.1	temperature	temperature	B001
2023-02-24T13 :45 :36.256605902Z	2023-02-24T14 :45 :36.256605902Z	2023-02-24T14 :09 :00Z	22.3	temperature	temperature	B001
2023-02-24T13 :45 :36.256605902Z	2023-02-24T14 :45 :36.256605902Z	2023-02-24T14 :19 :00Z	22.5	temperature	temperature	B001
2023-02-24T13 :45 :36.256605902Z	2023-02-24T14 :45 :36.256605902Z	2023-02-24T14 :29 :00Z	22.7	temperature	temperature	B001
2023-02-24T13 :45 :36.256605902Z	2023-02-24T14 :45 :36.256605902Z	2023-02-24T14 :39 :00Z	22.9	temperature	temperature	B001

TABLE 5.7 – Extrait de la base InfluxDB pour la salle B001

Nous voyons ici les *fields* constitués de la paire (`_field, _value`). Le *tag* est ici `room`.

On remarque trois colonnes de type qui contiennent un *timestsamp* :

— **_start** et **_stop** définissent la plage de temps dans laquelle nous cherchons les données. Ici nous visualisons toutes les données enregistrées entre 13h45 et 14h15, soit un plage d'une heure.

— **_time** est le *timestamp* d'enregistrement de la donnée dans la base. À 14h19, il faisait 22,5°C dans la salle B001.

5.2.2 TimescaleDB

TimescaleDB est une base de données de séries temporelles sous licence libre Apache 2.0. Comme InfluxDB, elle est conçue pour stocker et interroger des données temporelles à grande échelle.

Cependant, elle est construite en tant qu'extension de PostgreSQL qui est une base de données relationnelle. Ainsi elle peut être utilisée avec le langage de requêtes SQL et comme nous l'avons vu en page 95 cela constitue un point fort pour son adoption dans la communauté IoT.

TimescaleDB introduit des hyperfonctions qui permettent d'accélerer les requêtes d'un facteur 10 à 100. Selon les éditeurs, elle supporte l'écriture de millions de points de données par seconde et embarque des algorithmes de compression pour réduire la taille des données stockées et ainsi réduire les coûts de stockage et améliorer les performances des requêtes.

Le fait qu'elle utilise SQL permet de faciliter le travail des développeurs. Par exemple, si l'on souhaite simplement lister les `room` dans notre exemple, la requête avec influxDB sera :

```
import "influxdata/influxdb/schema"

schema.measurementTagValues( bucket: "AM107", tag: "room",
measurement: "temperature" )
```

Alors qu'avec TimescaleDB, ce sera :

```
SELECT DISTINCT room FROM measurement
```

Concepts clés de TimescaleDB

Dans TimescaleDB, une hypertable est une table qui est conçue pour gérer des données temporelles massives.

C'est une abstraction qui permet à TimescaleDB d'utiliser un partitionnement temporel en partitionnant automatiquement les données en fonction de la valeur d'une colonne temporelle, telle que la date ou l'horodatage.

Chaque partition contient un ensemble de données pour une période de temps spécifique, ce qui permet d'optimiser les requêtes sur les données les plus récentes et d'archiver les données plus anciennes.

Une hypertable est ainsi construite sur une ou plusieurs tables sous-jacentes qui sont partitionnées automatiquement par intervalle de temps. On peut de plus faire des requêtes avec la langage standard SQL.

TimescaleDB offre une fonctionnalité d'agrégation en continu qui permet de calculer des statistiques sur les données en temps réel. Cette fonctionnalité est utile pour les applications qui ont besoin de calculer des statistiques en temps réel, telles que les applications IoT.

Exemples de requêtes SQL avec des TimeSeries

Comme vu, on interrogera la base TimescaleDB avec des requêtes SQL assez classiques. En voici quelques exemples dans le contexte IoT. La requête suivante renvoie le température sur les cinq dernières minutes.

```
 SELECT "temperature" FROM "capteurs"
 WHERE time > (NOW() - INTERVAL '5 MINUTES')
```

Si on souhaite avoir la température minimale, maximale ainsi que la moyenne d'un seul capteur sur les cinq dernières minutes, on pourra faire :

```
 SELECT min("temperature"), max("temperature"), avg("temperature") FROM
      "capteurs"
 WHERE time > (NOW() - INTERVAL '5 MINUTES')
 and
 sensor_id = 'AM107-15'
```

5.3 Docker, Node-RED, InfluxDB, Grafana

Nous travaillerons avec les données des capteurs AM107 déployés sur le campus de l'IUT de Blagnac. Ils émettent des données via le protocole LoRaWAN toutes les dix minutes environ. En plus d'influxDB présenté ci-dessus, nous utiliserons les logiciels suivants :

— **Node-RED** (*Low-code programming for event-driven applications*) qui est un logiciel libre sous licence Apache. C'est un outil de développement *low-code* basé sur des flux et de la programmation visuelle (par blocs appelés ici palettes). Il permet de connecter entre eux divers flux et effectuer divers traitement. Par exemple, un flux MQTT ou HTTP peut être injecté dans une fonction Javascript (ou encore d'autres briques), puis envoyé dans un ou plusieurs flux de sortie : écriture dans une base de données, envoyer un mail, SMS, message sur un réseau social, etc ;

— **Grafana** (*Operational dashboards for your data here, there, or anywhere*) est un logiciel libre sous licence GNU Affero GPL qui permet la visualisation de données. Il permet de réaliser des tableaux de bord (*dashboard*) et des graphiques depuis plusieurs sources, dont des bases de données temporelles comme InfluxDB ou TimescaleDB.

L'objectif de ce projet est donc de récupérer les données d'un flux MQTT, les traiter avec Node-RED puis les stocker dans une base InfluxDB avant de les représenter graphiquement avec Grafana.

5.3.1 Docker

Docker est une plateforme sous licence libre Apache 2.0 permettant de virtualiser des conteneurs, créer, déployer et exécuter des applications dans ces conteneurs. Un conteneur sera plus rapide, plus simple à utiliser et plus portable qu'une machine virtuelle. C'est pour cela que nous avons fait ce choix ici, vous pourrez ainsi tester toute la chaîne par vous-même.

Un conteneur est un environnement d'exécution léger et isolé qui encapsule l'application et ses dépendances. On peut considérer par exemple un conteneur `nodered` qui contiendra Node-RED et ses dépendances.

On peut ainsi orchestrer plusieurs applications dans leurs conteneurs respectifs. Nous souhaitons utiliser Node-RED, InfluxDB et Grafana afin que toutes ces applications communiquent entre elles. Nous allons donc décrire tout ceci un fichier `docker-compose.yml`.

5.3.2 docker-compose.yml

Dans un fichier `docker-compose.yml`, vous pouvez définir plusieurs services qui composent votre application, chacun avec ses propres options de configuration, telles que le nom de l'image Docker à utiliser, les ports exposés, les variables d'environnement, les volumes Docker, les réseaux, etc. Docker utilise ces informations pour créer et exécuter les conteneurs nécessaires à votre application.

Voici un exemple de fichier `docker-compose.yml` pour déployer `Grafana`, `InfluxDB` et `Node-RED` :

```
version: ’3’

services:
  influxdb:
    container_name: influxdb_iot # nom du container
    image: influxdb:latest # image Docker pour le service influxdb, dernière version disponible sur Docker Hub
    environment: # variables d’environnement pour configurer le service
      - INFLUXDB_DB=iot # nom de la base de données utilisée pour stocker les données
      - INFLUXDB_ADMIN_USER=admin # nom de l’utilisateur admin pour influxdb
      - INFLUXDB_ADMIN_PASSWORD=secret # mot de passe de l’utilisateur admin
      - INFLUXDB_USER=grafana # nom de l’utilisateur pour le service influxdb (utilisé par Grafana)
      - INFLUXDB_USER_PASSWORD=secret # mot de passe de l’utilisateur pour influxdb (utilisé par Grafana)
    ports:
      - "8086:8086" # port utilisé pour accéder au service influxdb depuis l’hôte
    #volumes:
    # - ./influxdb_data:/var/lib/influxdb # volume utilisé pour stocker les données de la base influxdb

  grafana:
    container_name: grafana_iot
    image: grafana/grafana:latest # image utilisée Grafana
    ports:
      - "3000:3000" # port utilisé pour accéder à Grafana depuis l’hôte
    depends_on:
      - influxdb # dépendance du service Grafana vis-à-vis du service influxdb (Grafana a besoin de la base de données influxdb pour fonctionner)
    #volumes:
    # - ./grafana_data:/var/lib/grafana # volume utilisé pour stocker les données de Grafana

  nodered:
    container_name: nodered_iot
    image: nodered/node-red:latest # image pour Node-RED
    ports:
      - "1880:1880" # port utilisé pour accéder à Node-RED depuis l’hôte
    #volumes:
    # - ./nodered_data:/data # volume pour stocker les données de Node-RED
```

La première ligne indique la version du format de fichier docker-compose utilisée pour ce fichier.

Ensuite, la section services décrit les conteneurs Docker que nous voulons exécuter à l'aide de la commande `docker-compose`. Ici, nous avons nos trois services : influxdb, grafana et nodered.

Pour chaque service, nous avons les sections suivantes :

- image : indique l'image Docker à utiliser pour le service. L'image est téléchargée depuis Docker Hub ou un autre registre de conteneurs.
- environment : définit les variables d'environnement qui sont utilisées par le service. Elles peuvent être utilisées pour configurer le service en fonction des besoins.
- ports : indique les ports qui doivent être exposés pour le service, afin de permettre un accès depuis votre ordinateur. Dans ce cas, nous avons des ports pour accéder à influxdb, Grafana et Node-RED.
- depends_on : cette section indique les dépendances du service vis-à-vis d'autres services. Ici Grafana a besoin de la base de données InfluxDB pour fonctionner.

Pour exécuter ces services, placez le fichier docker-compose.yml dans un répertoire de votre choix et exécutez la commande `docker-compose up`. Cela va construire les images Docker et démarrer les services spécifiés dans le fichier `docker-compose.yml`.

Vous pourrez ainsi accéder avec un navigateur web à :

- Node-RED via l'adresse : `http://localhost:1880`
- Grafana via l'adresse : `http://localhost:3000`
- InfluxDB via l'adresse : `http://localhost:8086`

5.3.3 Node-Red

Nous allons utiliser Node-RED pour nous abonner aux flux MQTT des capteurs, les formater pour ensuite les écrire dans la base influxDB.

S'abonner au flux MQTT

Via Node-RED, ajouter la palette `mqtt-in` et la configurer avec les informations suivantes :

- serveur : `chirpstack.iut-blagnac.fr`
- port : 1883
- topic : `AM107/by-room/#`

Ne pas oublier de déployer le *flow* et vérifier que *connected* s'affiche sous la palette MQTT. Ajouter une palette *debug* pour afficher les données dans la fenêtre de débogage.

FIGURE 5.1 – Flow Node-RED avec MQTT

5.3.4 Formater pour influxDB

Comme vu, c'est une bonne pratique de différencier les *field* des *tags*. Plus précisément les données fréquemment requetée doivent être mis dans des *tags*.

Selon la documentation de la palette `influxdb out` (à installer via node-RED si nécessaire), notre enregistrement sera un tableau dont le premier élément sera l'ensemble des *fields* et le second, l'ensemble des *tags*.

Pour faire ce pré-traitement, on ajoutera alors une palette *function* dans laquelle on ajoutera un code analogue au suivant :

```
var data = [msg.payload, {"deviceName" : msg.deviceName, "devEUI" : msg.
    devEUI}];
msg.payload = data;
return msg;
```

dans lequel `msg.payload` est un dictionnaire JSON de la forme suivante que l'on aura extrait du flux MQTT :

```
{"activity":13,
  "co2":647,
  "humidity":39.5,
  "illumination":21,
  "infrared":39,
  "infrared_and_visible":136,
  "pressure":999.8,
  "temperature":19.8,
  "tvoc":49}
```

Ainsi chaque enregistrement contiendra dans les *fields* les données mesurées et sera affecté des *tags* correspondant au nom de l'objet (*deviceName)* et à son identifiant unique (*devEUI*).

5.3.5 Grafana

Dans Grafana, accessible sur `http://localhost:3000`, ajouter une nouvelle *Data Source* en choisissant la base InfluxDB. Préciser *Flux* dans le champ *Query Language*. Puis paramétrer comme suit :

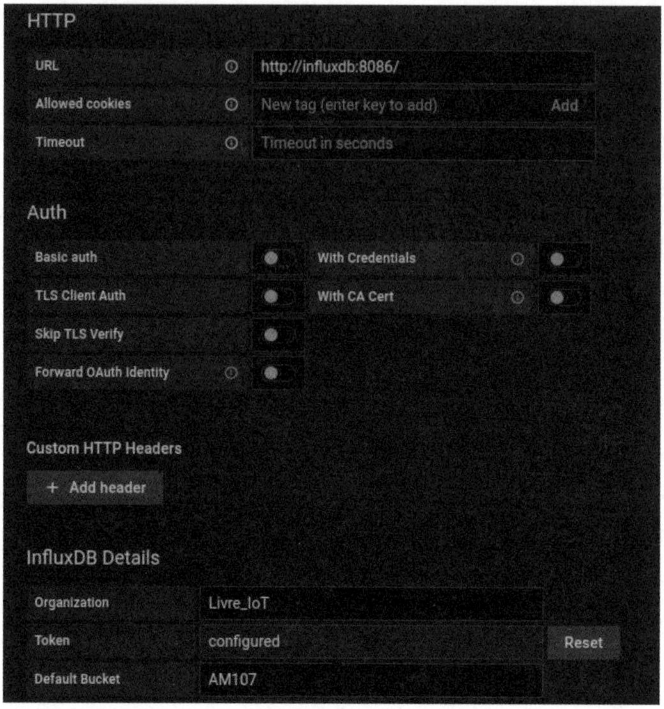

FIGURE 5.2 – Configuration Grafana

Une fois cela fait, avec l'interface web de Grafana, vous pourrez tester diverses requêtes sur la base et représenter graphiquement l'évolution des données de votre choix.

5.4 Exercices

Les exercices suivants sont à traiter dans l'ordre. L'objectif est d'arriver à déployer et configurer les applications nécessaires pour collecter, traiter et représenter graphiquement les données des capteurs en utilisant la base de données TimescaleDB.

Toutefois, à l'aide des corrigés, vous pourrez directement aller à l'exercice de votre choix.

5.4.1 Docker et NodeRED-UI

Exercice 1 : Écrire une fichier `docker-compose.yml` qui instancie les services Node-RED, Grafana et TimescaleDB dans un conteneur Docker avec les paramètres suivants :

1. On souhaite que Node-RED soit en version 3.0.2 et accessible sur le port 8080.
2. Grafana le sera en version 9.1.7 et disponible sur le port 8081.
3. On prendra la dernière version de TimescaleDB basée sur PostgreSQL 14.
4. Le couple login et le password par défaut pour TimescaleDB sera timescale et password.

☆ Solution

Voici un exemple de fichier `docker-compose.yml` qui convient :

```
version: "3"

services:
  nodered:
    image: nodered/node-red:3.0.2
    ports:
      - 8080:1880

  grafana:
    image: grafana/grafana:9.1.7
    ports:
      - 8081:3000

  timescaledb:
    image: timescale/timescaledb:latest-pg14
    environment:
      - POSTGRES_USER=timescale
      - POSTGRES_PASSWORD=password
```

Exercice 2 : Ici nous allons nous abonner à un flux MQTT, extraire des grandeurs et les représenter graphiquement directement dans Node-RED.

1. Dans le conteneur Docker précédent, lancer Node-RED, ajouter la palette `mqtt-in` et la configurer avec les informations suivantes :
   — serveur : `chirpstack.iut-blagnac.fr`
   — port : 1883
   — topic : `AM107/by-room/#`
2. Ajouter la palette `change` et la configurer pour qu'elle ne renvoie que la température. Vous le vérifierez à l'aide la palette `debug`.
3. Ajouter la palette `node-red-dahsboard` (via Menu/Manage palette, onglet Install). Ajouter la palette `gauge` (jauge en français) pour avoir une représentation de la température. Elle sera visible directement sur `http://127.0.0.1:8080/ui/`

4. De même, ajouter l'information de taux d'humidité et de CO2 ainsi que les courbes. Vous devriez arriver à un graphique analogue à celui de la figure 5.3.

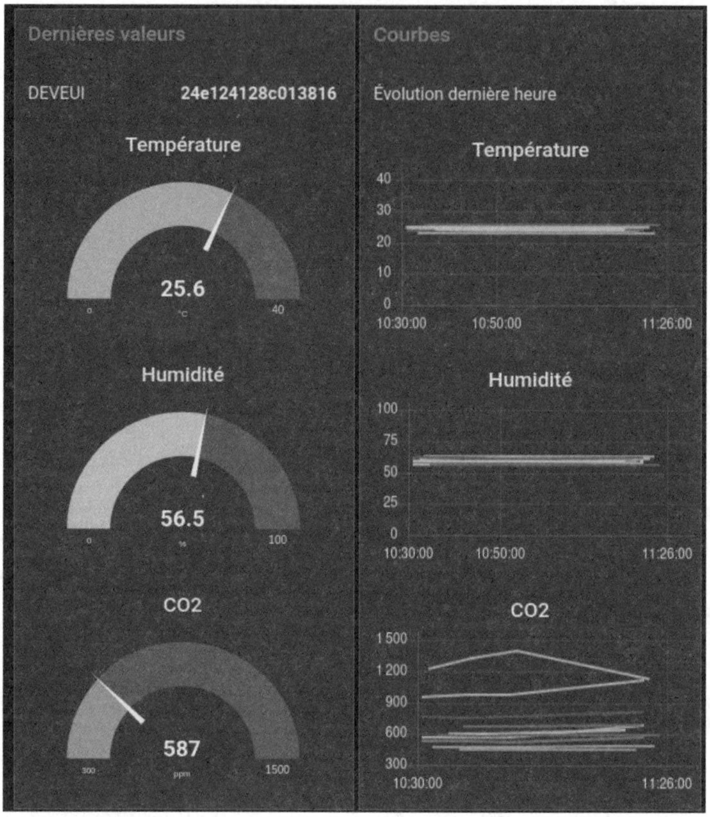

FIGURE 5.3 – Exemple de réalisation avec Node-RED UI

☆ Solution

Il n'y a pas de difficultés particulières ici. Un conseil est d'ajouter une palette `inject` connectée à la palette `mqtt-in` et de lui donner comme paramètre le contenu complet d'un message MQTT. Vous en récupérerez un par copier-coller directement depuis la partie droite de l'interface de Node-RED. Cela vous permettra ainsi d'injecter un « faux » message MQTT pour tester à volonté sans avoir à attendre l'arrivée un nouveau message.

5.4.2 TimescaleDB

Exercice 3 : Dans cet exercice, nous allons faire en sorte de pousser nos données dans la base TimescaleDB avant de les représenter graphiquement dans Grafana.

1. Dans Node-RED, installez la palette `node-red-contrib-postgresql` via la menu « Manage palette ».
2. Ajouter une palette `node-red-contrib-postgresql` et créer une hyper-table avec les colonnes `timestamp, deveui, temperature, humidity`.
3. Dans node-RED toujours, faire en sorte de pousser les données collectées via MQTT dans la base nouvellement créée.
4. Dans Grafana, faire afficher un graphique représentant l'évolution des grandeurs en fonction du temps.

Solution

Les requêtes SQL de création de l'hypertable pourront avoir la forme suivante :

```
CREATE TABLE {{{ msg.table }}} ( ts TIMESTAMPTZ NOT NULL, deveui CHAR(16) NOT NULL, temperature double precision NULL, humidity int NULL, co2 int NULL);
SELECT create_hypertable('{{{ msg.table }}}','ts');
```

La propriété `msg.table` pourra prendre la valeur « biblIoT » ou tout nom de votre choix.
Dans la palette `node-red-contrib-postgresql`, on pourra ensuite mettre la requête suivante :

```
INSERT INTO biblIoT VALUES(now(),'{{{msg.deveui}}}',{{{ msg.payload.temperature }}},{{{ msg.payload.humidity }}},{{{ msg.payload.co2 }}});
```

Dans Grafana, ajouter la source de donnée venant de TimescaleDB et utiliser l'interface graphique pour représenter graphiquement les données de votre choix. On pourra paramétrer Grafana comme dans la figure 5.4.
On mettra dans les champs « User » et « Password » les valeurs définies dans le fichier `docker-compose.yml`.

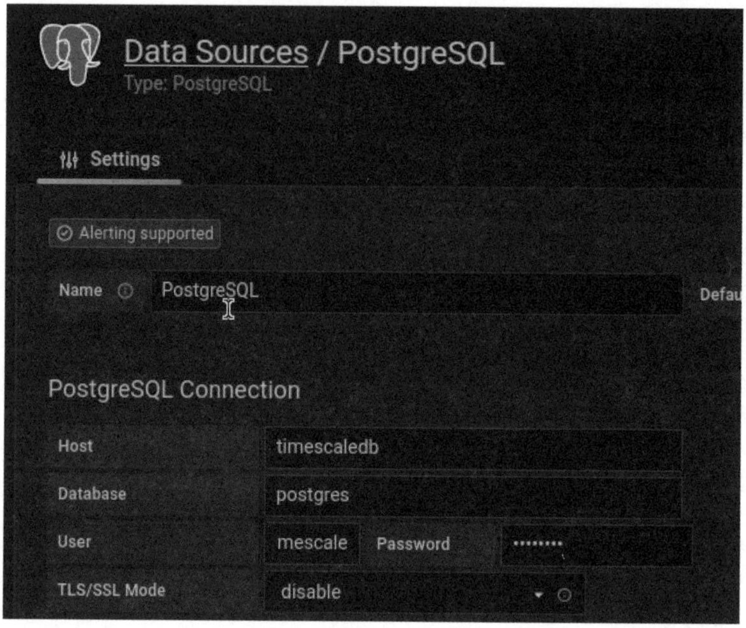

FIGURE 5.4 – Ajout d'une nouvelle source de données dans Grafana

6

Analyse des données

Ce chapitre présente des éléments de traitement statistique des données, de test d'hypothèse, d'ajustement des données et de calcul des incertitudes, outils essentiels pour traiter des informations chiffrées disponibles en grandes quantités.

Sommaire

6.1 Statistiques élémentaires

6.1.1 Série statistique à une variable

On définit une série statistique comme l'ensemble des valeurs prises par un caractère (ou variable statistique).

On définit l'effectif d'une valeur comme le nombre de fois où cette valeur est atteinte dans la série. La fréquence f d'une valeur sera le rapport de l'effectif de la valeur considérée sur l'effectif de la population totale de la série. Elle sera souvent exprimée en pourcentage.

On définit le mode d'une série statistique comme la valeur de la variable statistique dont l'effectif est le plus important. La moyenne arithmétique d'une série de n nombres $x_1, x_2, ..., x_n$ est définie comme :

$$\overline{x} = \frac{1}{n}\sum_{i=1}^{n} x_i$$

On définit la médiane comme la valeur qui sépare la population de la série en deux parties égales :

— si pour une variable discrète, l'effectif total est impair, alors la médiane est la valeur centrale ;

— si pour une variable discrète, l'effectif total est pair, alors la médiane est la demi somme des deux valeurs centrales.

On définit l'étendue d'une série statistique comme la différence entre la plus grande et la plus petite valeur d'une variable statistique : E=Maximum-Minimum.

La variance $V(x)$ mesure le carré de la dispersion d'une série :

$$V(X) = \frac{1}{n}\sum_{i=1}^{n}(x_i - \overline{x})^2$$

Autrement dit, la variance est la moyenne des écarts à la moyenne. Si la variance est nulle, cela signifie que toutes les valeurs x_i sont égales.

La dispersion se mesure grâce à l'écart-type qui est simplement la racine carrée de la variance :

$$\sigma_X = \sqrt{\frac{1}{n}\sum_{i=1}^{n}(x_i - x_m)^2}$$

De nombreux environnements de programmation permettent d'effectuer ces calculs statistiques. Dans cet ouvrage nous verrons plus spécifiquement des applications en Python et R.

On résume souvent une série statistique à une variable par une boîte à moustaches (ou *boxplot*), comme sur la figure 6.1 : on positionne les quartiles Q_1, Q_2 et Q_3 [1] sur un rectangle de taille arbitraire, en ajoutant des moustaches :

- au plus égales à $1,5 \times (Q_3 - Q_1)$;
- si la plus petite (ou la plus grande des valeurs de la série) se trouve dans l'intervalle précédent on raccourcit la moustache correspondante ;
- si la plus petite (ou la plus grande des valeurs de la série) se trouve à l'extérieur de l'intervalle on positionne à part ces valeurs extrêmes (par des ronds en général).

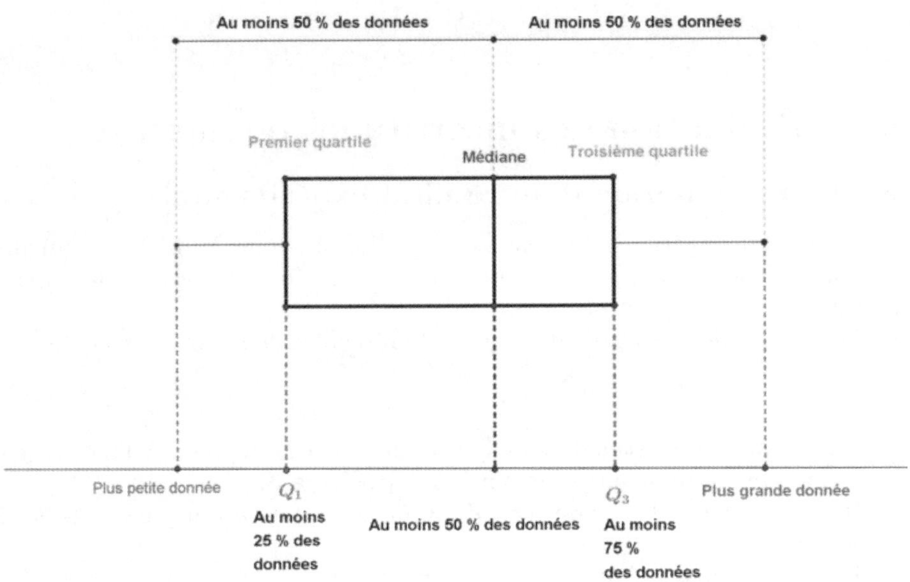

FIGURE 6.1 – Boîte à moustaches et quartiles Q_1, Q_3

6.1.2 Série statistique à deux variables

On dispose parfois d'une série de n couples de données (x_i, y_i), c'est-à-dire d'une série statistique de deux variables, que l'on peut représenter par un nuage de n points.

1. Rappelons que les trois quartiles divisent les données en quatre parts égales

On commence par définir le point moyen G de coordonnées :

$$\overline{x} = \frac{1}{n}\sum_{i=1}^{n} x_i \; ; \; \overline{y} = \frac{1}{n}\sum_{i=1}^{n} y_i$$

La covariance entre les deux variables X et Y se définit comme :

$$C_{XY} = \mathrm{Cov}(X, Y) = \frac{1}{n}\sum_{i=1}^{n}(x_i - \overline{x}) \times (y_i - \overline{y})$$

On admettra ici que cette quantité s'exprime aussi comme :

$$C_{XY} = -\overline{x} \times \overline{y} + \frac{1}{n}\sum_{i=1}^{n} x_i \times y_i$$

On définit à partir de la covariance le coefficient de corrélation linéaire normalisé r :

$$r_{XY} = \frac{\mathrm{Cov}(X, Y)}{\sigma_X \times \sigma_Y}$$

6.2 Évaluation des incertitudes de mesures

6.2.1 Présentation d'un résultat expérimental

On mesure expérimentalement une quantité physique X. Elle est toujours entachée d'une incertitude dépendant des conditions de mesure, de l'appareillage mais aussi de l'observateur.

Le résultat des mesures est en général présenté sous la forme suivante :

$$X = x \pm \delta x$$

x est la meilleure estimation de la variable X, et δx représente l'incertitude sur la mesure (cette quantité est **toujours positive**).

Remarquons que la vraie valeur de X (si cette notion a un sens) restera à jamais inconnue.

Le résultat final indique seulement que la valeur correcte de X est probablement contenue dans l'intervalle :

$$[x - \delta x \; ; \; x + \delta x]$$

sans que l'on connaisse cette valeur exactement.

En réalité, se cache souvent derrière cette interprétation une loi gaussienne, dont l'écart-type est relié à l'incertitude.

On peut présenter l'incertitude de deux façons différentes :

— lorsque l'incertitude est donnée sous la forme δx elle est homogène à la dimension de la grandeur X ; On dit aussi que δx est l'**incertitude absolue** sur la quantité X.

— lorsque l'incertitude est donnée sous une forme fractionnaire $\frac{\delta x}{x}$ on parle alors d'**incertitude relative** (précision assimilable à un pourcentage), il s'agit alors d'une quantité sans dimension (toujours positive, au besoin on prendra la valeur absolue de x).

Il faut bien distinguer la mesure finale et sa présentation, des calculs intermédiaires. En effet, donner par exemple un résultat avec 25 chiffres significatifs n'est pas bien sérieux, car cela implique une précision à la 24e décimale (en notation scientifique).

En règle générale on se contente de deux ou trois chiffres significatifs (précision de 1 % à 10 %), dans l'affichage de la valeur finale.

On applique les règles suivantes :

1. présentation du résultat avec une incertitude comportant deux chiffres significatifs, trois au maximum ;
2. le dernier chiffre significatif du résultat doit se trouver à la même position que le dernier chiffre de l'incertitude ;
3. utiliser si possible l'écriture scientifique ;
4. faire les calculs intermédiaires avec plus de chiffres significatifs que le nombre retenu pour le résultat (pour éviter des erreurs d'arrondis trop importantes).

Exemple de présentation

Un afficheur numérique donne une mesure de résistance $R = 88{,}468\ \Omega$, la documentation indiquant une précision de 5 % sur la mesure de R. On donne le résultat final sous la forme :

$$R = (88{,}5 \pm 4{,}4)\ \Omega$$

(deux chiffres significatifs pour l'incertitude).
Ou bien :

$$R = (88 \pm 4)\ \Omega$$

(un chiffre significatif pour l'incertitude).

Le dernier chiffre significatif du résultat final doit être du même ordre de grandeur que l'incertitude, et on arrondit la valeur correspondante.

On peut donner le résultat écrit sous forme scientifique, ce qui ici n'apporte pas grand chose :

$$R = (8{,}85 \pm 0{,}44) \times 10^1\ \Omega$$

6.2.2 La propagation des incertitudes

Le calcul en quadrature (propagation)

On dit qu'il y a propagation de l'incertitude quand on mesure un (ou des) paramètre(s) et son (ou leurs) incertitude(s), notés x et δx, mais que la quantité f qui nous intéresse réellement est fonction du ou des paramètres en question.

Dans ce cas, pour déterminer les incertitudes, on utilise le calcul en quadrature, basé sur des notions probabilistes sortant du cadre de cet ouvrage.

Nous donnons ici simplement les résultats les plus simples. On considère une variable F dépendant de deux autres, notées X et Y :

$$F = F(X, Y)$$

Les valeurs mesurées sont notées : x_m, y_m et les incertitudes $\delta f, \delta x, \delta y$. Les résultats à retenir sont les suivants :

— **cas de la somme/soustraction**

Soit la fonction $F = X \pm Y$, la valeur mesurée sera : $f_m = x_m \pm y_m$ et l'incertitude absolue (avec dimension), calculée en quadrature :

$$\delta f = \sqrt{\delta x^2 + \delta y^2}$$

Ce résultat est en général inférieur à $\delta x + \delta y$. L'incertitude obtenue est une incertitude absolue, c'est-à-dire une quantité dimensionnée.

— **cas du produit/quotient**

Soit $F = X \times Y$ ou bien encore : $F = \dfrac{X}{Y}$

on a alors l'incertitude relative sur F :

$$\frac{\delta f}{f} = \sqrt{\left(\frac{\delta x}{x}\right)^2 + \left(\frac{\delta y}{y}\right)^2}$$

Remarquons que l'incertitude obtenue dans cette formule est relative (sans dimension, donc assimilable à un pourcentage).

— **cas de la puissance** n

Soit $F = X^n \times Y$, l'incertitude relative sur F est alors :

$$\frac{\delta f}{f} = \sqrt{\left(\frac{n \times \delta x}{x}\right)^2 + \left(\frac{\delta y}{y}\right)^2}$$

Remarquons que l'incertitude obtenue dans cette formule est relative, c'est-à-dire sans dimension.

6.2.3 Les différentes incertitudes

Incertitude de type A

Si l'estimation de l'incertitude est basée sur des mesures répétées (dans les mêmes conditions), c'est-à-dire sur une série statistique, l'incertitude est dite de type A (ou **incertitude statistique**). Plus la statistique, c'est-à-dire le nombre de mesures, est grande, plus l'incertitude statistique est faible.

Pour calculer une incertitude de type A, on suppose que l'on effectue N mesures notées x_i (l'indice i varie de 1 à N) d'une grandeur physique X (à l'aide d'un appareil dépourvu de biais). La meilleure estimation de X est la moyenne arithmétique :

$$x_m = \bar{x} = \sum_{i=1}^{N} \frac{x_i}{N} = \frac{1}{N} \sum_{i=1}^{N} x_i$$

La mesure de la dispersion des données est représentée par l'écart-type :

$$\sigma_{N-1} = \sqrt{\frac{1}{N-1} \sum_{i=1}^{N} (\bar{x} - x_i)^2}$$

Les calculatrices disposent d'un mode statistique qui permet d'effectuer facilement ces calculs de moyenne et d'écart-type. On peut bien sûr aussi utiliser un tableur.

L'écart type σ_{N-1} mesure la dispersion des mesures, mais ne représente pas l'incertitude sur la série de mesures. C'est le rôle de l'écart-type de la moyenne δx_{stat} de représenter cette incertitude :

$$\delta x_{\text{stat}} = \frac{\sigma_{N-1}}{\sqrt{N}}$$

L'incertitude statistique sur les mesures s'écrit donc finalement :

$$X = \bar{x} \pm \delta x_{\text{stat}} = \bar{x} \pm \frac{\sigma_{N-1}}{\sqrt{N}}$$

Plus le nombre de mesures est important, plus l'incertitude statistique est petite (elle décroît lentement, comme l'inverse de la racine carrée de N).

En pratique, il arrive qu'on introduise un **intervalle de confiance** par l'intermédiaire du coefficient d'élargissement de Student noté t %. On peut retenir ici qu'on choisit généralement un intervalle de confiance de 95 % ou 99 %. L'incertitude statistique se présente alors sous la forme :

$$\delta x = t\% \frac{\sigma_{N-1}}{\sqrt{N}}$$

soit :

$$X_{t\%} = \bar{x} \pm t\% \frac{\sigma_{N-1}}{\sqrt{N}}$$

La table 6.1 donne, pour le nombre de mesures N, la valeur du coefficient d'élargissement pour 95 % et 99 % de confiance.

Par exemple, pour $N = 20$ mesures, l'intervalle de confiance à 95 % introduit un élargissement de 2,08 : $X_{95\%} = \bar{x} \pm 2,08 \times \dfrac{\sigma_{N-1}}{\sqrt{N}}$

N	2	3	4	5	6	7	8	9	10
t 95 %	12,7	4,3	3,18	2,78	2,57	2,45	2,37	2,31	2,26
t 99 %	63,7	9,93	5,84	4,6	4,03	3,71	3,5	3,36	3,25
N	11	15	20	30	50	100	∞		
t 95 %	2,23	2,12	2,08	2,04	2,01	1,984	1,960		
t 99 %	3,05	2,95	2,85	2,75	2,68	2,626	2,576		

TABLE 6.1 – Intervalle de confiance-coefficient d'élargissement de Student

Incertitude de type B

Il arrive fréquemment que l'on ne puisse pas effectuer une série de mesures, mais une unique mesure. Dans ce cas, l'incertitude statistique de type A n'a plus de sens, et on doit chercher à évaluer une incertitude dite de type B. On va distinguer les incertitudes systématiques et les incertitudes aléatoires.

Si l'appareil est mal calibré, les mesures sont affectées d'un biais, cela introduit sur la mesure une incertitude de type B **systématique** qui ne dépend pas du nombre de données, mais bien de l'appareil ou de l'opérateur lui-même (penser à l'erreur de parallaxe, au vieillissement des composants...).

Il faut en principe lire la documentation des appareils utilisés pour pouvoir calculer correctement l'incertitude systématique. Il est clair également que changer d'appareil va changer la valeur de l'incertitude systématique.

Il y a aussi des incertitudes aléatoires : erreurs de lecture ou à l'appareil lui-même, ou aux conditions extérieures (dilatation thermique, pression atmosphérique, humidité...). On doit en principe avoir recours au calcul des probabilités en disposant de lois adéquates (essentiellement des lois continues : gaussienne, uniforme ou triangulaire).

On retiendra le cas suivant : la mesure se fait sur une échelle graduée, on doit déterminer la précision Δ, qui correspond généralement à une demi-graduation. La probabilité d'effectuer une mesure à $\pm\Delta$ est considérée comme uniforme (voir la figure 6.2). Cette distribution uniforme permet de calculer l'incertitude-type δx_{syst} [2] comme : $\delta x = \dfrac{\Delta}{\sqrt{3}}$.

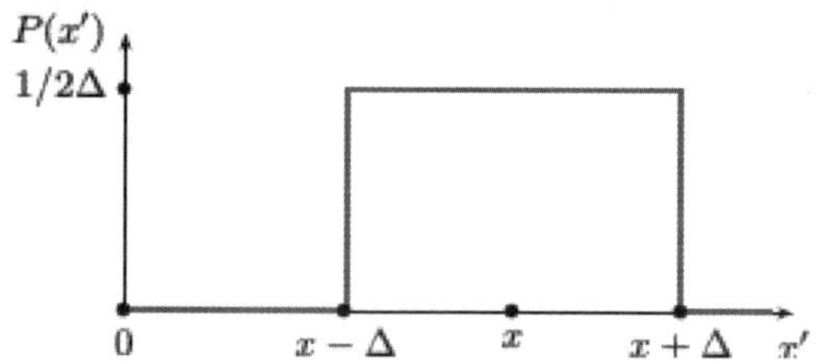

FIGURE 6.2 – Distribution de probabilité uniforme autour de la valeur x

2. On admet ici cette formule, qui provient du calcul intégral de la variance de cette distribution centrée sur x.

Conclusion : Lorsqu'on dispose d'une incertitude statistique (N mesures) de type A et d'une incertitude systématique de type B (biais de mesure), on présente le résultat final comme :

$$X = \bar{x} \pm \delta x_{\text{stat}} \pm \delta x_{\text{syst}}$$

6.2.4 Un peu plus sur les intervalles de confiance

On cherche, lors d'une mesure, à déterminer la valeur la plus probable d'une grandeur et son incertitude, mais aussi à l'assortir d'un seuil de confiance (généralement 95 % ou 99 %). On présente alors le résultat sous la forme (en indiquant le seuil de confiance) :

$$X_{95\%} = \bar{x} \pm \Delta$$

ou souvent :

$$X_{99\%} = \bar{x} \pm \Delta$$

Il s'agit en général de déterminer ce que l'on appelle l'incertitude (ou très souvent **l'incertitude type**) δx, puis en utilisant une table, de lire la valeur du coefficient k d'élargissement et enfin de calculer l'incertitude associée à son niveau de confiance :

$$\Delta = k \times \delta x$$

La notion d'intervalle de confiance est complexe, car liée à des notions probabilistes délicates. Nous retiendrons ici un seul cas : une distribution de mesures supposée gaussienne (courbe en cloche de moyenne et d'écart-type fixés) et un grand N nombre de mesures suivant cette loi.

Intervalles de confiance et loi normale - $N > 30$

On a vu dans le paragraphe consacré au calcul de l'incertitude statistique sur une série de N mesures qu'on définit la quantité écart-type de la moyenne (on l'appelle aussi incertitude type) :

$$\delta x_{\text{stat}} = \frac{\sigma_{N-1}}{\sqrt{N}}$$

Lorsque le nombre de mesures N est assez grand (**plus de 30**), et en considérant que la distribution des mesures est de **type gaussien**, de moyenne $\bar{x}$ et d'écart-type (de la moyenne) δx_{stat}, on peut raisonner à ± 1 ou ± 2 écart-types. La figure 6.3 rappelle que 68 % des données mesurées sont à moins de ± 1 écart-type de la moyenne et que 95 % des données mesurées sont à moins de ± 2 écart-types (en fait arrondi de la valeur 1,96) de la moyenne dans le cas gaussien.

De ce fait, la valeur vraie recherchée a 95 % de chance de se trouver dans l'intervalle de confiance :

$$[\bar{x} - 2\delta x_{\text{stat}}, \bar{x} + 2\delta x_{\text{stat}}]$$

De même, la valeur vraie recherchée a plus de 99 % (environ 99,7 %) de chance de se trouver dans l'intervalle de confiance :

$$[\bar{x} - 3\delta x_{\text{stat}} \ , \ \bar{x} + 3\delta x_{\text{stat}}]$$

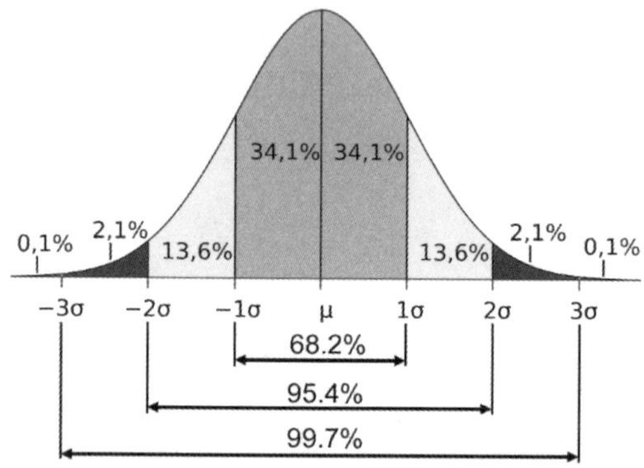

FIGURE 6.3 – Intervalles de confiance Gaussiens : à 1, 2 et 3 écart-types σ de μ

6.3 Ajustement de données

La figure 6.4 montre une situation standard lors d'une série de mesures : les points expérimentaux s'organisent en un nuage, avec une tendance linéaire assez nette. L'ajustement va s'écrire, en fonction des deux inconnues A et B :

$$y = A \times x + B$$

Pour obtenir cette équation on peut :

— utiliser la courbe de tendance d'un tableur standard, comme Excel ou LibreOffice Calc, voir aussi la figure 6.4 ;

— faire un calcul direct, en tenant compte de toutes les données mesurées,avec un logiciel de type R ou dans un langage de programmation de type Python.

Pour résoudre ce problème, nous disposons des informations suivantes :

— les mesures s'organisent en N couples de données $[x_i, y_i]$, avec l'indice i qui varie de 1 à N,

— on suppose connues les incertitudes sur les y_i, celles sur les x_i étant négligeables ;

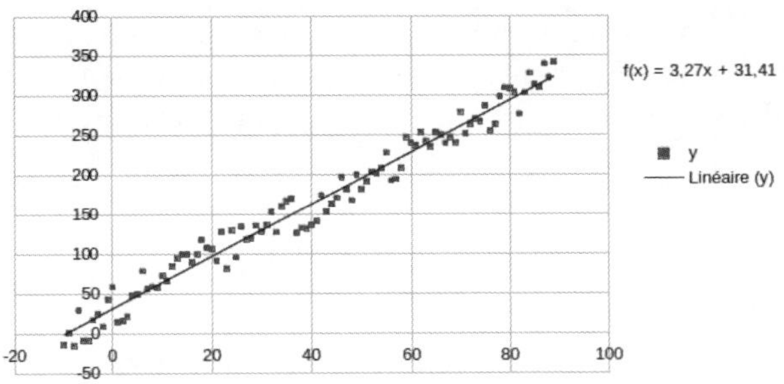

FIGURE 6.4 – Nuage de N points/ajustement linéaire

— les deux inconnues sont A et B ;

— les deux inconnues A et B sont affectées d'une incertitude notée δA et δB.

D'un point de vue mathématique, il s'agit d'écrire un système de deux équations dont les deux inconnues seront A et B. La résolution de ce système donnera les valeurs recherchées, avec leurs incertitudes respectives. Nous ne ferons pas les démonstrations ici, mais on peut les trouver dans tous les bons ouvrages de mathématiques statistiques.

6.3.1 Régression linéaire : méthode des moindres carrés

Un raisonnement basé sur la minimisation des distances entre les points expérimentaux et la meilleure droite $y = Ax + B$ au sens des moindres carrés conduit au système à deux inconnues A et B :

$$\begin{cases} A\Sigma x + N.B = \Sigma y \\ A\Sigma x^2 + B\Sigma x = \Sigma xy \end{cases}$$

ou bien sous forme matricielle, avec les inconnues A et B :

$$\begin{pmatrix} \Sigma x & N \\ \Sigma x^2 & \Sigma x \end{pmatrix} \begin{pmatrix} A \\ B \end{pmatrix} = \begin{pmatrix} \Sigma y \\ \Sigma xy \end{pmatrix}$$

On peut vérifier que la solution de ce système est :

$$\begin{cases} A = \dfrac{N.\Sigma xy - \Sigma x.\Sigma y}{N.\Sigma x^2 - (\Sigma x)^2} \\ B = \dfrac{\Sigma x^2.\Sigma y - \Sigma x.\Sigma xy}{N.\Sigma x^2 - (\Sigma x)^2} \end{cases}$$

6.3.2 Régression linéaire : la covariance

La notion de covariance entre deux variables permet aussi de déterminer l'équation de la droite d'ajustement (au sens des moindres carrés). On admettra ici que cette droite des moindres carrés, d'équation $y = A \times x + B$ a pour coefficients :

— le coefficient de régression : $A = \dfrac{\mathrm{Cov}(X,Y)}{V(X)}$

— la constante $B = y_m - A \times x_m$

— avec les valeurs du point moyen du nuage de points :

$$x_m = \frac{1}{N}\sum_{i=1}^{N} x_i \ ; \ y_m = \frac{1}{N}\sum_{i=1}^{N} y_i$$

Le coefficient de corrélation r est donné par l'expression :

$$-1 \leq r = \frac{\mathrm{Cov}(X,Y)}{\sigma_X \times \sigma_Y} \leq +1$$

On retiendra également que plus r est proche en valeur absolu de 1 meilleur est l'ajustement. Enfin si Var(X) < Var(Y) on commet une erreur moins grande en expliquant X par Y que Y par X.

6.3.3 Incertitudes sur A et B

Les deux paramètres de la droite de régression linéaire, A et B, sont entachés d'une certaine incertitude, dont on donne les formules sans démonstration :

$$\delta A = \sigma_y . \sqrt{\frac{N}{\Delta}}$$

et

$$\delta B = \sigma_y . \sqrt{\frac{\Sigma x^2}{\Delta}}$$

On a noté $\Delta = N.\Sigma x^2 - (\Sigma x)^2$, et avec le paramètre :

$$\sigma_y = \sqrt{\frac{1}{N-2}\sum_{i=1}^{N}(y_i - B - A.x_i)^2}$$

On peut donc désormais effectuer une régression linéaire (au sens des moindres carrés) et calculer les incertitudes associées :

$$A \pm \delta A \text{ et } B \pm \delta B$$

en n'oubliant pas que A et B ont en général une unité.

6.3.4 Ajustement exponentiel de données

Si le modèle associé au nuage de points M_i est de nature exponentielle, c'est-à-dire de la forme théorique :

$$Y = C.e^{D.X}$$

On peut ramener ce cas à un ajustement linéaire, en posant Z le logarithme de Y :

$$Z = \ln(Y) = \ln(C.\exp(D.X)) = \ln(C) + D.x = B + A.X$$

Il suffit alors de faire une régression linéaire au sens des moindres carrés (comme dans le paragraphe qui précède) entre les variables $Z = lnY$ et X, ce qui donnera :

$$\begin{cases} A = D \\ B = \ln(C) \end{cases}$$

Le calcul de A et B permet donc d'obtenir facilement C et D par identification.

Insistons donc sur le fait que l'ajustement exponentiel est un cas dérivé de l'ajustement linéaire.

6.3.5 Ajustement quadratique de données

Les données expérimentales peuvent s'organiser en un nuage parabolique de points plutôt que linéaire. Certaines lois théoriques peuvent avoir cette structure. On cherche alors à déterminer, au sens des moindres carrés, les trois coefficients A, B et C tels que :

$$y = A \times x^2 + B \times x + C$$

On admet que le système de trois équations à trois inconnues (A, B et C) à résoudre, de façon assez similaire au cas linéaire, est :

$$\begin{pmatrix} \Sigma x^2 & \Sigma x & N \\ \Sigma x^3 & \Sigma x^2 & \Sigma x \\ \Sigma x^4 & \Sigma x^3 & \Sigma x^2 \end{pmatrix} \begin{pmatrix} A \\ B \\ C \end{pmatrix} = \begin{pmatrix} \Sigma y \\ \Sigma xy \\ \Sigma x^2 y \end{pmatrix}$$

Un tableur donne les sommes recherchées, vous trouverez ensuite les trois inconnues avec les méthodes habituelles de résolution ou d'inversion de matrices.

6.4 Le test du χ^2

6.4.1 Principe

Le test du χ^2 permet de tester l'adéquation d'une série de données expérimentales à une loi de probabilité théorique. On nomme **hypothèse nulle** H_0, l'hypothèse testée ici : **adéquation des données à une loi théorique précise**.

On dispose de N mesures expérimentales, que l'on répartit en n classes, comportant chacune n_i entrées :

$$\sum_{i=1}^{n} n_i = N$$

Il convient ensuite d'estimer le nombre de degrés de liberté du test, qui dépend du nombre de classe n, mais aussi d'autres paramètres (nombre total de données N, moyenne, variance de la loi théorique s'il y a lieu) **inconnus lors du test**. En notant d le nombre de degrés de liberté, on a :

$$d < n$$

ou, avec c nombre[3] de contraintes : $d = n - c$. On calcule ensuite la quantité positive du χ_0^2 :

$$\chi_0^2 = \sum_{i=1}^{n} \frac{(n_i - a_i)^2}{a_i} > 0$$

où les n valeurs a_i sont les valeurs de classe attendues **théoriquement**. Le nombre de classes doit être suffisamment grand (en pratique au moins quatre) et elles doivent être toutes suffisamment remplies. On s'accorde en général sur **la valeur minimale de cinq entrées attendues par classe** (ce qui peut amener à fusionner des classes).

Seuil de risque et χ^2

On choisit un seuil de risque α (souvent pris à 5 %), et il reste à contrôler dans la table 6.20 du χ^2 si :

$$P(\chi^2 > \chi_0^2) > \alpha$$

auquel cas on considère qu'il y a accord entre la distribution théorique et les données expérimentales. Dans le cas inverse, l'hypothèse d'adéquation est rejetée.

6.4.2 Hypothèse nulle et p-valeur

L'hypothèse nulle notée H_0 est celle que l'on décide de considérer vraie a priori, et dont on veut tester la véracité. L'hypothèse H_0 est donc privilégiée et il faut des observations très éloignées de cette hypothèse pour la rejeter. Le but d'un test d'hypothèse, par exemple le χ^2, est de décider si H_0 est crédible.

3. On prendra $c = 3$ contraintes pour une loi Gaussienne (N, moyenne + variance), c=1 pour une loi binomiale (N), $c = 2$ pour une loi de Poisson (N + moyenne = variance) et $c = 1$ pour une loi uniforme.

L'hypothèse alternative notée H_1 est l'hypothèse complémentaire à H_0. Notons que H_0 et H_1 ne sont pas symétriques. H_1 est choisie si H_0 n'est pas crédible, H_0 étant l'hypothèse dont le rejet à tort est le plus préjudiciable.

En supposant H_0 vraie, on teste une valeur contre la valeur critique (donnée par la table de la loi statistique choisie, par exemple le χ^2). Elle peut être rejetée ou non avec un risque α (risque de première espèce).

Notion de p-valeur

Dans un test statistique, la p-valeur (en anglais p-value), est la probabilité, pour un modèle statistique donné, sous l'hypothèse nulle H_0, d'obtenir une valeur au moins aussi extrême que celle observée.

De ce fait, la p-valeur représente la probabilité d'un résultat au moins aussi rare que le résultat observé, sachant l'hypothèse nulle, ou, en utilisant les probabilités conditionnelles :

$$p = P(\text{observations}/H_0)$$

Remarquons que la p-valeur ne doit pas être assimilée à cette autre probabilité :

$$p = P(H_0/\text{observations})$$

En général, on se donne une probabilité seuil, par exemple $\alpha = 5$ %, on calcule ensuite (voir par exemple les exercices du paragraphe 6.5.4) la valeur p, et si on a : p-valeur $< \alpha$, on rejette l'hypothèse H_0 au profit de H_1. Dans le cas contraire, étant donné les mesures, on ne rejette pas H_0.

Les logiciels de traitement statistique, comme RStudio, permettent d'accéder très facilement à la p-valeur. Insistons sur le fait que le principe des tests statistiques présentés ici permet de rejeter ou de soutenir une hypothèse, mais pas de *"prouver"* une hypothèse !

6.5 Exercices

Les exercices qui suivent nécessitent de maîtriser le cours théorique mais aussi des environnements informatiques comme les logiciels R ou RStudio ainsi que certaines fonctions des tableurs Excel ou LibreOffice. Nous supposons ici que le lecteur est familier des ces environnements ou bien qu'il cherchera l'information disponible sur internet à leurs sujets.

6.5.1 Séries statistiques

Exercice 1 : Série à une variable et utilisation de R

On donne la série de données, rangée en ordre croissant :
S = (0,0,1,1,1,5,5,5,5,6,6,8,8,10,15,20)

1. En utilisant le logiciel R (ou RStudio) déterminer les valeurs de la moyenne, de la médiane, des quartiles, de la variance et de l'écart-type de la série S.
2. Représenter ces données à l'aide d'un boîte à moustaches (boxplot) avec et sans valeurs aberrantes (outliers).

☆ Solution

1. On donne ci-dessous les commandes RStudio (ou R) qui permettent de déterminer les valeurs statistiques demandées :

```
#Exercice 1
#definition de S
> S<-c(0,0,1,1,1,5,5,5,5,6,6,8,8,10,15,20)
#moyenne
> mean(S)
[1] 6
#mediane
> median(S)
[1] 5
#quartiles
> quantile(S)
0% 25% 50% 75% 100%
0   1   5   8   20
#variance
> var(S)
[1] 30.13333
#ecart-type
> sd(S)
[1] 5.489384
#resultats resume
> summary(S)
Min. 1st Qu. Median  Mean 3rd Qu.  Max.
0      1       5       6      8      20
```

2. Les graphiques sont obtenus avec les instructions :

```
#avec outlier
> boxplot(S)
#sans outlier
> boxplot(S,outline=FALSE)
```

La figure 6.5 rend compte de la représentation des données en boîte à moustaches, correspondant à l'instruction **boxplot(S)**.

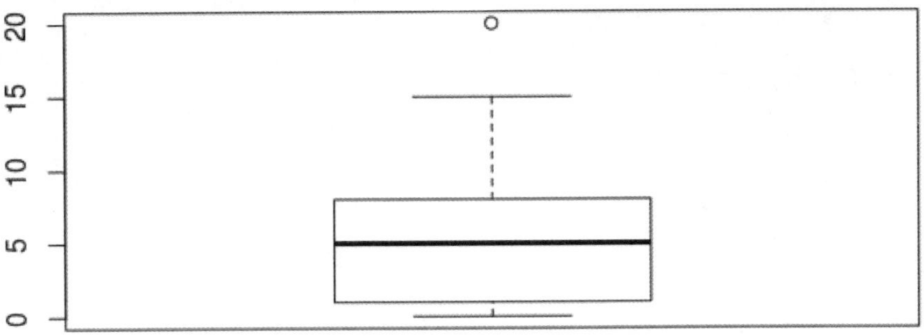

FIGURE 6.5 – Exercice 1 : boîte à moustaches correspondant à la liste S avec un point aberrant (outlier) représenté par un petit cercle

Exercice 2 : Série à deux variables, covariance et utilisation de R
On donne les deux séries de données, rangée en ordre croissant :

— A = (-2,0,1,2,4,5,7,8,12,15,20,30)

— B = (-6.3,0.2,2.9,5.8,13.1,14.7,21.9,26.2,34.3,44.3,60.5,100.1)

1. En utilisant le logiciel R (ou RStudio) déterminer les valeurs de la moyenne, de la médiane, des quartiles, de la variance, et de l'écart-type des deux séries.
2. Déterminer les coordonnées du point moyen G du nuage de points.
3. Calculer la covariance Cov(A,B) et le coefficient de corrélation r.
4. Déterminer la droite de régression (une loi affine $y = c_1 \times x + c_2$) en utilisant la fonction **lm()** (méthode des moindres carrés) de R et donner le résultat. Représenter graphiquement les données.

☆ Solution

1. Les instructions simples ci-dessous permettent de répondre à la première question. On pourra aussi consulter l'exercice précédent.

```
#Exercice 2
#definition des deux listes
> A<-c(-2,0,1,2,4,5,7,8,12,15,20,30)
> B<-c
    (-6.3,0.2,2.9,5.8,13.1,14.7,21.9,26.2,34.3,44.3,60.5,100.1)
#quelques valeurs
> summary(A)
Min. 1st Qu. Median  Mean 3rd Qu.  Max.
-2.00   1.75   6.00   8.50  12.75  30.00
> summary(B)
```

```
Min. 1st Qu. Median   Mean 3rd Qu.   Max.
-6.300  5.075 18.300 26.475 36.800 100.100
#variance et ecart-type
> var(A)
[1] 87.72727
> var(B)
[1] 913.0602
> sd(A)
[1] 9.366284
> sd(B)
[1] 30.21689
```

2. Le point moyen G du nuage de point a pour coordonnées $G(x_m, y_m)$ soit d'après la question précédente :

```
> mean(A)
[1] 8.5
> mean(B)
[1] 26.475
```

3. La covariance et le coefficient de corrélation r se calculent simplement avec R :

```
> cov(A,B)
[1] 282.2318
#coeff de correlation :
> cov(A,B)/(sd(A)*sd(B))
[1] 0.9972153
#coeff de correlation version R
> cor(A,B)
[1] 0.9972153
```

4. On trouve facilement l'équation de la droite de régression grâce à l'instruction **lm()** :

```
#Exercice 2
>donnees <- data.frame(A,B)
#relation affine B = cA +d avec lm()
> modele <- lm(B~A, donnees)
> print(modele)
Call:
lm(formula = B ~ A, data = donnees)
Coefficients:
(Intercept)           A
-0.8708        3.2172
> summary(modele)
Call:
lm(formula = B ~ A, data = donnees)
Residuals:
```

```
Min      1Q Median      3Q      Max
-3.4350 -1.1293 0.4022 1.0786 4.4563
Coefficients:
Estimate Std. Error t value Pr(>|t|)
(Intercept) -0.87078 0.94006 -0.926   0.376
A           3.21715  0.07608 42.285 1.31e-12 ***
---
Signif. codes: 0 '***' 0.001 '**' 0.01 '*' 0.05 '.' 0.1 ' ' 1
Residual standard error: 2.363 on 10 degrees of freedom
Multiple R-squared: 0.9944, Adjusted R-squared: 0.9939
F-statistic: 1788 on 1 and 10 DF, p-value: 1.313e-12
#affichage graphique
> plot(A,B)
> abline(modele)
#affichage texte equation
> cf <- round(coef(modele), 4)
> eq <- paste0("B = ", cf[1],
+            ifelse(sign(cf[2])==1, " + ", " - "), abs(cf[2]), " A ")
> mtext(eq, 3, line=-2)
```

La figure obtenue pour la régression est la figure 6.6.

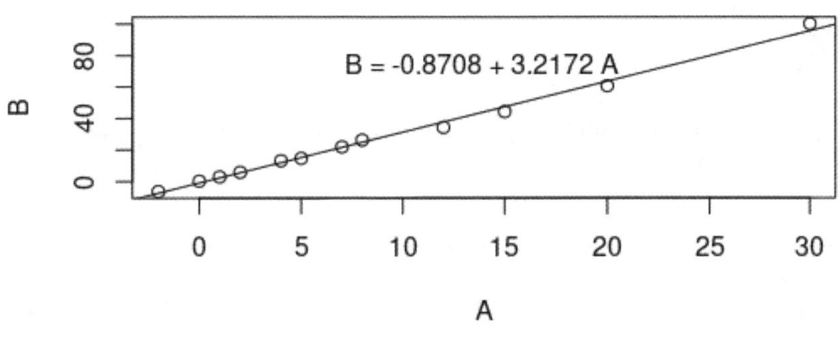

FIGURE 6.6 – Exercice 2 : Ajustement linéaire des données des listes A et B avec la méthode **lm()** de RStudio

Exercice 3 : Fichier CSV, droite de régression et RStudio

Le fichier de données est disponible sur le site www.dunod.com en trois exemplaires : **c6exo3.csv**, **c6exo3.xls** et **c6exo3.ods**. Ils contiennent les mêmes 600 couples de données.

1. En utilisant directement le fichier xls ou le fichier ods avec un tableur, représenter les 600 couples de données sous forme d'un nuage de points, et obtenir l'équation de la droite de régression (au sens des moindres carrés), l'afficher sur la figure avec trois chiffres significatifs après la virgule.

2. Importer le fichier de données xls directement dans l'environnement RStudio (aller dans fichiers puis Import Dataset), représenter les données sous forme d'un nuage de points et obtenir la droite de régression, avec quatre chiffres significatifs après la virgule. Comparer à la question précédente.
3. Importer le fichier de données CSV directement dans RStudio (aller dans fichiers puis Import Dataset), représenter les données sous forme d'un nuage de points et obtenir la droite de régression, avec quatre chiffres significatifs après la virgule. Comparer à la question précédente.

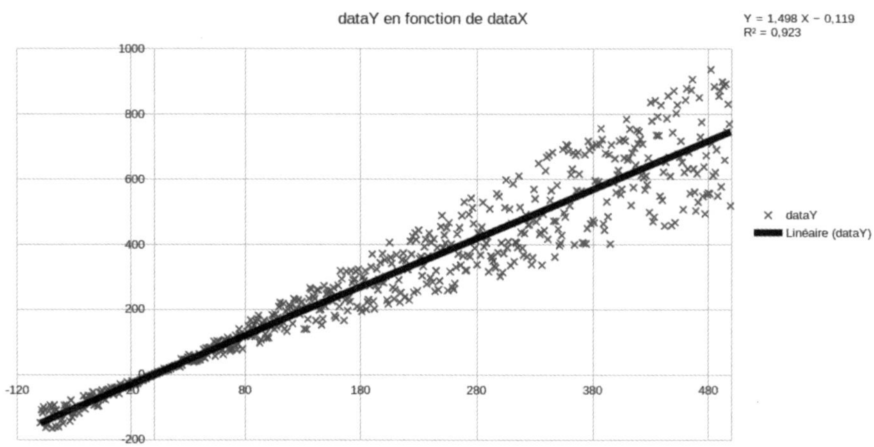

FIGURE 6.7 – Nuage de 600 couples de données et droite de régression obtenue via le tableur CALC

☆ Solution

1. On obtient facilement, avec le tableur Excel ou LibreOffice, le nuage de points et la droite de régression (voir la figure 6.7), avec trois chiffres significatifs après la virgule :

$$Y = 1,498 \times X - 0,119$$

2. On utilise RStudio avec le code ci-dessous, après avoir importé les données incluses dans le fichier xls.

```
# Exercice 3
# il faut importer le fichier c6exo3.xls dans RStudio via file-
    Import Dataset

#affichage resume
```

```
summary(c6exo3)
c6exo3$dataX[1:5]
c6exo3$dataY[1:5]

#nuage de points
plot(x=c6exo3$dataX,y=c6exo3$dataY,pch=20,xlab="dataX",ylab="
    dataY")

#ajustement lineaire
donnees<-data.frame(c6exo3$dataX,c6exo3$dataY)
modele<- lm(c6exo3$dataY~c6exo3$dataX,donnees)
print(modele)
summary(modele)

#affichage droite ajustement
abline(modele)
#affichage equation droite ajustement
cf<-round(coef(modele),4)
eq<-paste0("Y=-",cf[1],"+",cf[2],"X")
mtext(eq,3,line=-2)
```

On obtient la figure 6.8, avec quatre chiffres significatifs après la virgule. Ce résultat est équivalent à celui de la question précédente, puisqu'on obtient :

$$Y = 1,4978 \times X - 0,1193$$

3. On utilise RStudio avec le même code que précédemment, après avoir importé les données incluses dans le fichier CSV. Le résultat obtenu est le même que la question précédente :

$$Y = 1,4978 \times X - 0,1193$$

```
#affichage resume
> summary(c6exo3)
dataX            dataY
Min.   :-100.00  Min.   :-165.68
1st Qu.: 49.75   1st Qu.: 72.75
Median : 199.50  Median : 281.57
Mean   : 199.50  Mean   : 298.70
3rd Qu.: 349.25  3rd Qu.: 494.98
Max.   : 499.00  Max.   : 937.22
> c6exo3$dataX[1:5]
[1] -100 -99 -98 -97 -96
> c6exo3$dataY[1:5]
[1] -148.8867 -108.3694 -118.1600 -100.0265 -109.3661
> #nuage de points
> plot(x=c6exo3$dataX,y=c6exo3$dataY,pch=20,xlab="dataX",ylab="dataY")
```

```
> #ajustement lineaire
> donnees<-data.frame(c6exo3$dataX,c6exo3$dataY)
> modele<- lm(c6exo3$dataY~c6exo3$dataX,donnees)
> print(modele)
Call:
lm(formula = c6exo3$dataY ~ c6exo3$dataX, data = donnees)
Coefficients:
(Intercept) c6exo3$dataX
-0.1193       1.4978
> summary(modele)
Call:
lm(formula = c6exo3$dataY ~ c6exo3$dataX, data = donnees)
Residuals:
Min       1Q  Median      3Q     Max
-228.262 -34.182   0.096  30.326 215.387
Coefficients:
Estimate Std. Error t value Pr(>|t|)
(Intercept) -0.11926   4.66266 -0.026    0.98
c6exo3$dataX 1.49783   0.01765 84.870  <2e-16 ***
Residual standard error: 74.88 on 598 degrees of freedom
Multiple R-squared: 0.9233, Adjusted R-squared: 0.9232
F-statistic: 7203 on 1 and 598 DF, p-value: < 2.2e-16
> #affichage droite ajustement
> abline(modele)
> #affichage equation droite ajustement
> cf<-round(coef(modele),4)
> eq<-paste0("Y=-",cf[1],"+",cf[2],"X")
> mtext(eq,3,line=-2)
```

Remarquons que le coefficient r^2 vaut 0,9232, soit 92,32 %. Rappelons que si r^2 (le coefficient de détermination linéaire de Pearson) est proche de 1 il y a une forte adéquation entre les données expérimentales et la droite de régression, au contraire si r^2 est proche de 0 l'ajustement doit être considéré comme mauvais. On peut aussi dire que la variable que l'on cherche à expliquer (en ordonnée) en fonction d'une autre (en abscisse) peut être dissociée en 2 parties : ce qui est expliqué par le modèle et ce qui ne l'est pas (erreurs de mesures par exemple). La dispersion des observations est alors décomposée en une variance expliquée par la régression linéaire et en une variance résiduelle inexpliquée. La variance totale est alors la somme des deux parties. Le r^2 est la proportion de variance expliquée par le modèle sur la variance totale.

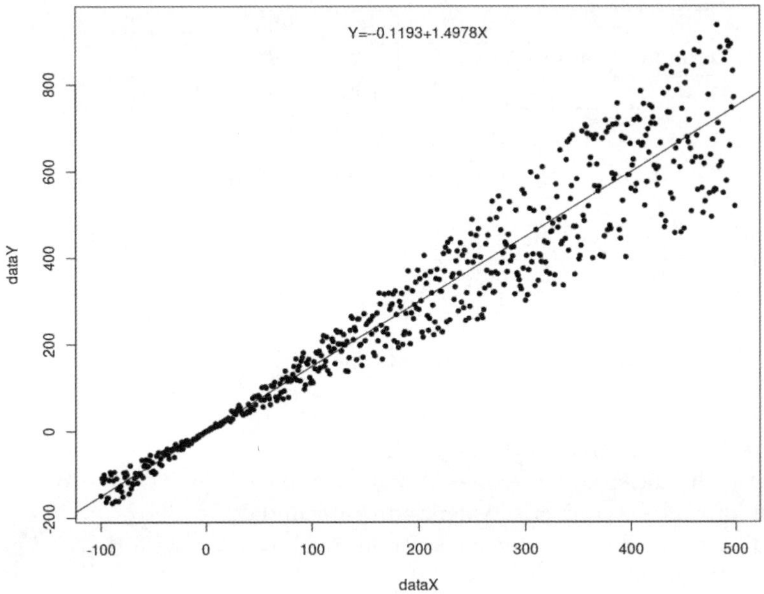

FIGURE 6.8 – Nuage de 600 couples de données et droite de régression obtenue via RStudio

6.5.2 Calcul des incertitudes de mesures

Exercice 4 : Propagation des incertitudes
On mesure l'intensité du courant $I = 110 \pm 12$ mA traversant un conducteur ohmique de résistance $R = 1000\ \Omega$ (valeur connue à 5 %).

1. Déterminer la puissance $P = RI^2$ dissipée par effet Joule ainsi que l'incertitude δP.

Solution

1. La valeur de P est $P = R \times I^2 = 12,1$ W. L'incertitude δP se calcule alors par propagation :

$$\frac{\delta P}{P} = \sqrt{\left(\frac{\delta R}{R}\right)^2 + \left(\frac{2 \times \delta I}{I}\right)^2} = \sqrt{(0,05)^2 + (0,218)^2} \approx 22,4\%$$

Ce qui donne :

$$\delta P \approx 2,7 \text{ W}$$

Soit finalement :

$$P = 12,1 \pm 2,7 \text{ W}$$

numéro mesure i	1	2	3	4	5
R	1042	994	999	1021	998
numéro mesure i	6	7	8	9	10
R	1011	1006	991	1024	990

TABLE 6.2 – Exercice sur l'incertitude type A

moyenne	écart-type	incertitude	incertitude 95 %	incertitude 99 %
1 007,6	16,94	5,36	12,11	17,41

TABLE 6.3 – Résultats incertitude type A

Exercice 5 : Incertitude de type A
On effectue dix mesures successives d'une résistance R (en Ω) pour un conducteur ohmique, et on trouve les valeurs du tableau 6.2.
Calculer la valeur de R et son incertitude, puis avec un seuil de confiance de 95 % et enfin de 99 %.

Solution

L'usage du tableur Calc (LibreOffice) nous donne les résultats du tableau 6.3. Pour l'obtenir, on a aussi utilisé le tableau 6.1 qui donne, en fonction du nombre de mesures N, le facteur d'élargissement t % à utiliser, selon le seuil de confiance choisi.
On calcule R en faisant la moyenne des valeurs précédentes, et l'incertitude-type avec $N = 10$:

$$\frac{\sigma_{N-1}}{\sqrt{N}}$$

On peut résumer les résultats obtenus (avec l'incertitude type) :

$$R = (1\,008 \pm 5)\ \Omega$$

ou bien avec 95 % de certitude :

$$R = (1\,008 \pm 12)\ \Omega\ (95\ \%)$$

avec $t = 2,26$.
ou avec 99 % de certitude :

$$R = (1\,008 \pm 17)\ \Omega\ (99\ \%)$$

avec $t = 3,25$.

Calibre R	Précision	Calibre intensité	Précision
400 Ω	0,2 % L + 2UR	0,4 mA	0,7 % L + 1 UR
4 kΩ	0,2 % L + 2UR	4 mA	0,7 % L + 1 UR
40 kΩ	0,2 % L + 3UR	40 mA	0,7 % L + 1 UR
400 kΩ	0,2 % L + 3UR	400 mA	0,7 % L + 3 UR
4 MΩ	0,2 % L + 3UR	4 A	0,8 % L + 5 UR

TABLE 6.4 – Tableau données - incertitude type B

Exercice 6 : Incertitude de type B - documentation technique
On trouve dans la documentation technique d'un multimètre les informations résumées dans le tableau 6.4.
Le paramètre L est la valeur affichée par le multimètre et la quantité UR (ou « digit ») est l'unité de représentation. UR est en fait l'unité de la plus petite valeur affichable. Voici un exemple d'application, dans le cas d'une mesure de résistance R et d'intensité I.

1. Les valeurs affichées sont $R = 30{,}40$ Ω et $I = 195{,}6$ mA avec ce multimètre. Quels sont les calibres les plus adaptés ?
2. Calculer les incertitudes sur R et I et présenter les résultats.
3. Calculer la puissance dissipée par effet Joule et son incertitude systématique de type B.

Solution

1. On choisit les calibres de 400 Ω pour R et 400 mA pour I, de façon à être au maximum de précision.
2. Dans ce cas, l'incertitude sur R sera donnée par : 0,2 % $L + 2\ UR$ (l'unité du dernier chiffre affiché pour R est le 1/100) et celle sur I par : 0,7 % + 3 UR (l'unité du dernier chiffre affiché pour I est le 1/10).
   On calcule $\delta R = 0{,}2\ \%\ R + 2 \times 0{,}01 \approx 0{,}08$ Ω et $\delta I = 0{,}7\ \%\ I + 3 \times 0{,}1 \approx 1{,}7$ mA. On obtient donc :
   $$R \approx (30{,}40 \pm 0{,}08)\ \Omega$$
   et
   $$I = (195{,}6 \pm 1{,}7) \approx (196 \pm 2)\ \text{mA}$$
3. On utilise la formule de propagation des incertitudes avec $P = R.I^2 = 1{,}163$ W :

$$\frac{\delta P}{P} = \sqrt{\left(\frac{\delta R}{R}\right)^2 + \left(\frac{2.\delta I}{I}\right)^2} = \sqrt{(\frac{0{,}263}{100})^2 + (\frac{2 \times 1{,}02}{100})^2} \approx 1{,}73\ \%$$

d'où le résultat :

$$P = (1{,}163 \pm 0{,}020)\ \mathrm{W}$$

ou

$$P \approx (1{,}16 \pm 0{,}02)\ \mathrm{W}$$

Exercice 7 : Incertitude de type B - appareil à graduations

On installe sur un banc optique une source lumineuse et un écran fixés, et une lentille convergente mobile. La position de chaque élément est repérée sur un réglet. On recherche x, la position de la lentille qui donne une image nette. On constate que l'image peut être considérée comme nette dans l'intervalle : $x_{\min} = 20{,}17$ cm $< x < x_{\max} = 20{,}45$ cm.

1. Donner la valeur x la plus probable de la position de la lentille sur le réglet.
2. On suppose que toutes les valeurs dans l'intervalle $[x_{\min}, x_{\max}]$ sont équiprobables (loi uniforme). Calculer l'incertitude de type B associée à la mesure.
3. Présenter le résultat.

Solution

1. On obtient la valeur la plus probable comme le milieu de la distribution uniforme :
$$x = \frac{x_{\min} + x_{\max}}{2} = 20{,}31\ \mathrm{cm}$$
2. On pose $\Delta = \dfrac{x_{\max} - x_{\min}}{2}$, on sait que dans ce cas l'incertitude sera :
$$\delta x = \frac{\Delta}{\sqrt{3}} = 0{,}080\,8\ \mathrm{cm}$$
3. Finalement on obtient la mesure :
$$X = (20{,}31 \pm 0{,}08)\ \mathrm{cm}$$

'=

P en mm Hg	45	65	75	85	95	105
T en ° C	−100	−20	17	48	94	127

TABLE 6.5 – Étalonnage du thermomètre à gaz

6.5.3 Ajustements linéaires et non linéaires

Exercice 8 : étalonnage d'un capteur linéaire de température

On mesure la température (en °C) en fonction de la pression P (en mm de mercure) à l'aide d'un thermomètre à gaz. La relation linéaire entre les deux paramètres, pression P et température T est :

$$T = A \times P + B$$

Le volume de gaz est supposé constant et la pression atmosphérique normale est donnée pour 760 mm de Hg.

La valeur acceptée (théorique) de B est -273, 15°C : c'est la valeur acceptée pour zéro absolu.

On effectue une série de mesures sur un large domaine de valeurs (dans le tableau 6.5).

1. Déterminer les valeurs de A et de B et les incertitudes δA et δB.
2. Donner l'expression de la relation $T = T(P)$ et représenter la courbe de l'ajustement.
3. Cette relation montre-t-elle que le thermomètre est correctement étalonné (compatible avec le zéro absolu) ?

☆ Solution

1. Pour obtenir les valeurs de A et B et leurs incertitudes, on doit résoudre le système :

$$\begin{pmatrix} 470 & 6 \\ 39\,150 & 470 \end{pmatrix} \begin{pmatrix} A \\ B \end{pmatrix} = \begin{pmatrix} 166 \\ 21\,820 \end{pmatrix}$$

En utilisant une méthode matricielle (ou une simple méthode de substitution), on obtient les résultats suivants (voir aussi la figure 6.9) :

$$A = (3,78 \pm 0,07)°C/mm$$

et

$$B = (-268 \pm 6)°C$$

Les incertitudes sur A et B sont calculées comme indiqué dans le paragraphe 3.

2. On obtient la courbe d'ajustement de la figure 6.9, en utilisant le tableur CALC de LibreOffice.

   C'est-à-dire encore :

$$T = (3,78 \times P - 268)°C$$

3. L'incertitude sur B montre que l'étalonnage est compatible avec le zéro absolu :

$$B = (-268 \pm 6)°C$$

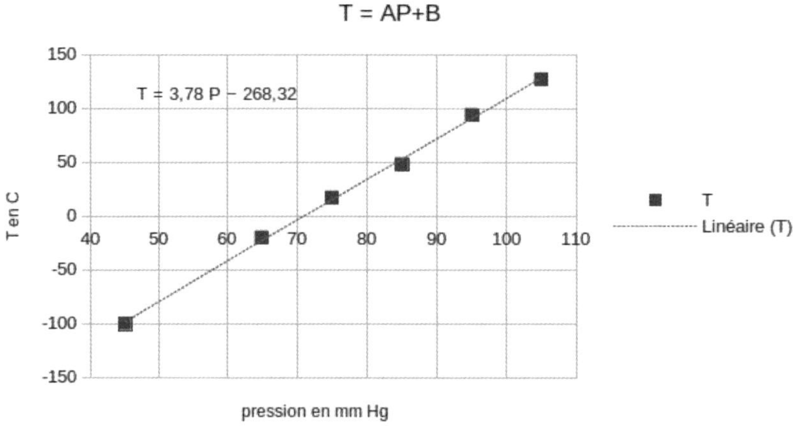

FIGURE 6.9 – Ajustement linéaire - thermomètre à gaz. Les valeurs affichées sur la figure sont obtenues directement par le tableur CALC. L'équation est : $T = 3,78P - 268,32$.

x	1	2	3	4	5	6	7	
y	20,16	30,63	51,04	79,18	108,17	141,44	180,65	
x	8	9	10	11	12	13	14	15
y	232,49	294,36	355,07	420,64	500,66	584,0	665,86	764,39

TABLE 6.6 – Nuage parabolique

Exercice 9 : Ajustement parabolique
On dispose des 15 mesures du tableau 6.6.

1. En utilisant un tableur, obtenir les valeurs des trois paramètres A, B et C de la meilleure équation d'ajustement parabolique : $y = A\times x^2+B\times x+C$
2. Représenter ce résultat sur un graphique.

Solution

1. En utilisant les rappels de cours du chapitre, on est amené à résoudre le système suivant :

$$\begin{pmatrix} 1\,240 & 120 & 15 \\ 14\,400 & 1\,240 & 120 \\ 178\,312 & 14\,400 & 1\,240 \end{pmatrix} \begin{pmatrix} A \\ B \\ C \end{pmatrix} = \begin{pmatrix} 4\,428{,}74 \\ 50\,280{,}01 \\ 616\,931{,}17 \end{pmatrix}$$

On peut résoudre ce système de trois équations à trois inconnues A, B, C par substitution classique ou par des méthodes matricielles vues en mathématiques. Par exemple, la méthode des déterminants, permet de calculer A, B et C (ou l'usage des courbes de tendance d'un tableur, ou l'usage de R) :

$$A \approx 3,2 \ , \ B \approx 1,8 \text{ et } C \approx 16,2$$

2. La figure 6.10 représente les points expérimentaux et on a tracé aussi l'ajustement parabolique (polynôme de degré 2).

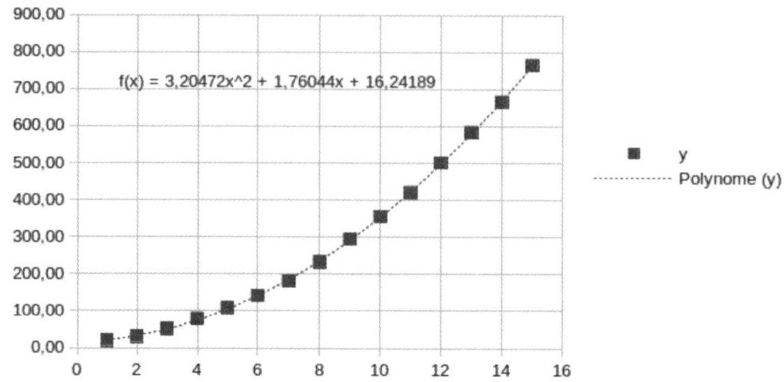

FIGURE 6.10 – Ajustement parabolique - courbe. L'équation retenue (arrondie à 3 chiffres) est : $y = 3,20 \times x^2 + 1,76 \times x + 16,2$

6.5.4 Test du χ^2

Exercice 10 : Générateur aléatoire et test de conformité
On dispose d'un programme qui génère des nombres flottants indépendants dans l'intervalle [0,1[.
On veut savoir si ce générateur de nombres aléatoires suit une **loi uniforme** (ce sera notre hypothèse H_0). Nous faisons donc ici un test de conformité entre les données expérimentales et une loi théorique.
On dispose expérimentalement d'une série de $N = 10\,000$ valeurs comprises dans l'intervalle [0 ; 1[. On les répartit en 10 classes de même largeur $L = 0,1$ qui divisent donc l'intervalle [0 ; 1[en 10 sous-intervalles : [0 ; 0,01[... jusqu'à [0,9 ; 1[.
Les valeurs attendues (théoriques) dans chaque sous-intervalles valent donc **toutes 1 000.**
On forme le tableau 6.7 des valeurs n_i (mesurées) et a_i (attendue), qui résume nos données expérimentales.

1. Représenter sous forme d'un histogramme les données expérimentales du générateur.
2. Calculer le nombre de degrés de liberté et la valeur du χ_0^2 dans l'hypothèse d'un générateur uniforme.
3. En utilisant la table 6.20 calculer la probabilité $P(\chi^2 > \chi_0^2)$ et conclure sur l'hypothèse de l'uniformité.
4. Reprendre le problème en utilisant l'environnement RStudio et en particulier l'instruction **chisq.test()** qui permet d'obtenir la p-valeur recherchée (on cherche à réaliser un χ^2 de conformité).

n	1	2	3	4	5	6	7	8	9	10
a_i	1000	1000	1000	1000	1000	1000	1000	1000	1000	1000
n_i	980	965	1025	1020	1015	1019	995	972	992	1017

TABLE 6.7 – Générateur uniforme : On dispose de $n = 10$ classes. Les a_i sont les valeurs attendues, les n_i les valeurs observées expérimentalement.

Solution

1. On obtient l'histogramme 6.11.
2. Le calcul du χ^2 à $d = 10 - 1 = 9$ degrés de liberté donne (la seule contrainte est la valeur de N) :

$$\chi_0^2 = \frac{(1\,000 - 980)^2}{1\,000} + ... + \frac{(1\,017 - 1\,000)^2}{1\,000} \approx 4,398$$

3. Avec un seuil de $\alpha = 5$ % la lecture des valeurs de la figure 6.20 confirme qu'on peut retenir l'hypothèse de l'uniformité de la distribution :

$$P(\chi^2 > 4,4) \approx 88\ \% \gg 5\ \%$$

(la valeur exacte est entre 75 % et 90 % d'après les valeurs de la table de la figure 6.20). Le générateur de nombres aléatoires est donc compatible avec un générateur uniforme.

4. Les commandes R sont les suivantes :

```
> observations<- c(980,965,1025,1020,1015,1019,995,972,992,1017)
> proba<- c(0.1,0.1,0.1,0.1,0.1,0.1,0.1,0.1,0.1,0.1)
> chisq.test(observations,p=proba)

Chi-squared test for given probabilities

data: observations
X-squared = 4.398, df = 9, p-value = 0.8833
```

On retrouve bien avec l'environnement R les résultats précédents, notons le calcul de la p-valeur qui est effectué avec 9 ddl. On obtient bien $p \approx 88$ %.

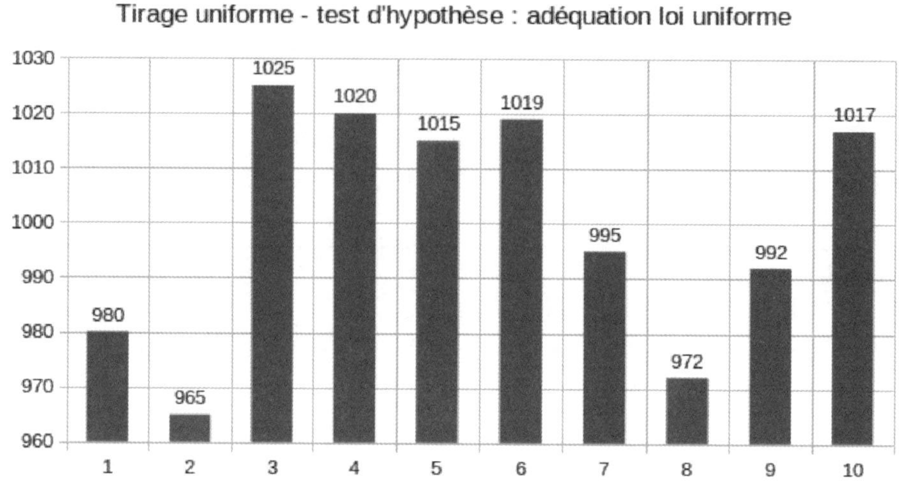

FIGURE 6.11 – Test χ^2 - adéquation entre la loi uniforme et les données expérimentales

Exercice 11 : Données expérimentales et loi normale
On dispose de 1 000 données expérimentales qui représentent une distance (donnée dans l'exercice en mètres) parcourue par un projectile. Chaque expérience de lancer est censée être identique à toutes les autres, ce qui permet de supposer que la distribution de données est gaussienne.
On classe ces 1 000 valeurs dans neuf intervalles différents. Le tableau 6.8 et la figure 6.12 résument les données expérimentales et la mise en classes.
On fait l'hypothèse H_0 que les données expérimentales se répartissent selon une loi gaussienne de moyenne m et d'écart-type σ. Expérimentalement, on obtient les valeurs (moyennées sur les 1 000 entrées) :

$$m = 199,3 \text{ m et } \sigma = 12,1 \text{ m}$$

1. Avant de faire le test du χ^2, il est nécessaire de faire une manipulation de classes. Laquelle ? Pourquoi ?
2. Une fois cette opération faite, déterminer le nombre de degrés de liberté et calculer la valeur du χ^2.
3. Faire le test du χ^2 sur l'hypothèse H_0 avec un seuil de 5 %, puis 1 %.
4. Refaire la même étude avec RStudio et obtenir la p-valeur, puis conclure.

classe	1	2	3	4	5
n_i	2	18	97	246	307
intervalle	< 165	[165,175[	[175,185[	[185,195[	[195,205[
classe	6	7	8	9	
n_i	229	85	16	0	
intervalle	[205,215[	[215,225[	[225,235[	[235,245[	

TABLE 6.8 – Nombre de données observées n_i, de répartition supposée gaussienne, réparties en neuf classes.
Il y a 1 000 données en tout. Les valeurs données dans les intervalles sont en mètres. On indique dans chaque classe le nombre de données incluses dans l'intervalle de distance.

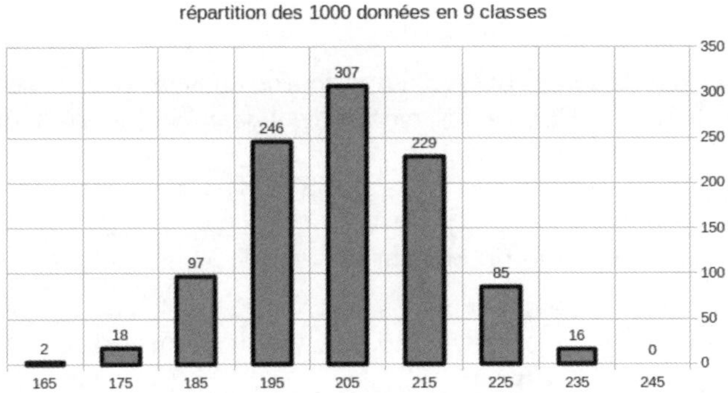

FIGURE 6.12 – Données en répartition supposée gaussienne : représentation en neuf classes. En abscisse on donne la valeur maximale de la classe, en ordonnée le nombre d'occurrences n_i observé.

Solution

1. Les deux classes extrêmes contiennent trop peu de données pour faire un test du $\chi 2$ satisfaisant. On va donc fusionner ces deux classes avec leur plus proche voisine. Cela va réduire le nombre de classes à sept et nous aurons plus de cinq entrées par classe.
2. Avec sept classes, l'hypothèse H_0 étant de supposer que les données se répartissent de façon gaussienne, avec une moyenne m et un écart-type σ, le nombre d de degrés de liberté est donc :

$$d = 7 - 2 - 1 = 5$$

Le tableau 6.9 résume les calculs effectués. La figure 6.13 permet de comparer les données issues de l'observation et théoriques, réparties en sept classes.

On obtient finalement

$$\chi_0^2 = \frac{(20-22,2)^2}{22,2} + ... + \frac{(16-16,9)^2}{16,9} \approx 1,3033$$

3. La lecture de la table nous donne :
   — Pour $\alpha = 5$ %, χ^2 =11,07
   — Pour $\alpha = 1$ %, χ^2 =15,09

   On peut conclure qu'au risque de 1 % ou de 5 %, l'hypothèse H_0 est validée, la distribution des données est gaussienne, de moyenne m et d'écart-type σ.

   On peut conclure de la même manière en lisant autrement la table (pour $d = 5$) :

$$90\ \% < P(\chi^2 > 1,3033) < 95\ \%$$

   Ce sont des probabilités très supérieures au seuil de 5 %, ce qui valide l'hypothèse H_0. En faisant une interpolation simple, on trouve aussi :

$$P(\chi^2 > 1,3033) \approx 93\ \%$$

4. En utilisant RStudio on obtient :

```
> obs<- c(20,97,246,307,229,85,16)
> prob<- c(0.0222,0.096,0.242,0.320,0.2221,0.0808,0.0169)
> chisq.test(obs,p=prob)

Chi-squared test for given probabilities

data: obs
X-squared = 1.3033, df = 6, p-value = 0.9715
```

   On remarque que le nombre de degrés de liberté (df = 6) n'est pas le bon, car il est calculé automatiquement par **chisq.test** en faisant df $= (r-1) \times (r-1) = 6 \times 1 = 6$ (r est le nombre de colonne de la matrice soit 7 et c le nombre de lignes, soit 2).

   Il vaut donc mieux donner le nombre de degrés de liberté pour trouver la p-valeur :

```
#on calcule directement la p-value:
> pchisq(1.3033, df=5, lower.tail=FALSE)
[1] 0.9345917
```

   On retrouve ainsi une p-valeur de 93 %.

classe	1	2	3	4	5
n_i	20	97	246	307	229
intervalle	< 175	[175,185[	[185,195[	[195,205[	[205,215[
a_i	22,2	96	242	320	222,1
classe	6	7			
n_i	85	16			
intervalle	[215,225[	[225,245[			
a_i	80,8	16,9			

TABLE 6.9 – Tableau des valeurs expérimentales et attendues, après la fusion de certaines classes. Les n_i sont les valeurs observées, les a_i les valeurs attendues. On a calculé les a_i en calculant d'abord la probabilité gaussienne associée à chaque intervalle puis en multipliant par 1000 (nombre de données).

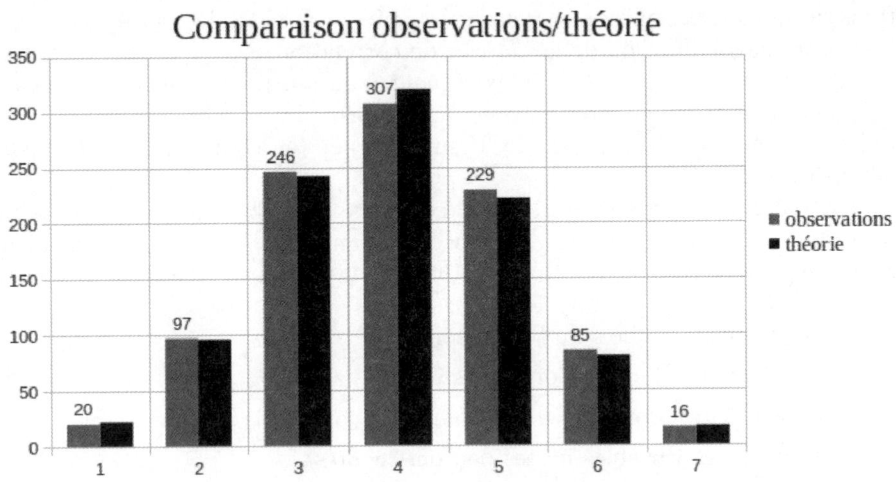

FIGURE 6.13 – Données en répartition gaussienne : représentation en sept classes

6.6 Quelques éléments sur l'analyse en composantes principales

6.6.1 Des éléments clés

L'analyse des composantes principales, ou ACP en français et PCA (Principal Components Analysis) en anglais, est une méthode de réduction des dimensions qui permet de transformer un grand ensemble de variables en un ensemble plus petit, tout en conservant l'essentiel de l'information initiale (malgré une perte). On parle parfois de méthode statistique multivariée.

L'ACP permet de transformer une série de variables corrélées en (nouvelles) variables décorrélées. Pour cela les données sont projetées selon les valeurs de variances préalablement calculées. Les variables de variances (appelées parfois inerties) maximales sont les **composantes principales** de la projection, ce sont des combinaisons linéaires des variables de départ.

L'ACP permet de simplifier un ensemble de données, d'en donner une interprétation et d'en tirer d'éventuelles régressions. Elle permet aussi la visualisation de données pertinentes dans des espaces réduits à deux ou trois dimensions.

L'ACP est très utile lorsque les variables initiales sont fortement corrélées, car cette corrélation indique une redondance dans les données. L'ACP peut permettre de réduire cette redondance.

Sans entrer dans les détails mathématiques, on peut quand même dire que pour faire une ACP, on doit écrire matriciellement les N variables, chacune mesurée K fois (réalisation), sous forme d'une matrice à K lignes et N colonnes.

L'échantillon est ensuite transformé, on calcule les covariances et corrélations sur la matrice, puis on cherche des valeurs propres (reliées à des variances) lors de la diagonalisation de la matrice de corrélation.

Les vecteurs propres associés expliquent d'autant mieux l'inertie du nuage de points que la valeur propre associée est forte. De nombreuses sources détaillent les mathématiques de l'ACP sur Internet (en commençant par le site Wikipédia).

Les environnements R et RStudio sont des outils bien adaptés à la réalisation des ACP, à condition de maîtriser un tant soit peu l'environnement de programmation. Nous supposons que le lecteur est au moins initié aux rudiments de R.

Les principaux emplois de l'ACP sont :

— visualiser des données complexes ;

— décorréler des données en cherchant des combinaisons de variables ;

— éliminer des variables jugées peu pertinentes ;

— réduire la dimension d'un nuage de données à plusieurs variables.

Nous proposons dans cette dernière partie, non pas des exercices, mais une application de type cours-TP.

6.6.2 Un exemple d'ACP avec RStudio

Le fichier de données CSV est disponible sur le site de www.dunod.com : **dataACP3.csv**. On l'importe facilement dans RStudio (fichier puis Import-Dataset) et on affiche un résumé qui indique les six items pour chaque individu (cinq variables quantitatives et une qualitative) : âge, revenu annuel, patrimoine total, consommation électrique, le nombre de cheveux et enfin la classe d'âge, répartie de 1 à 4 (variable qualitative, 1 de 1 à 25 ans, jusqu'à 4 de 75 à 100 ans). Les unités sont arbitraires, et permettent de représenter les quatre items quantitatifs sur une même figure 6.14 en fonction de l'âge (item 1).

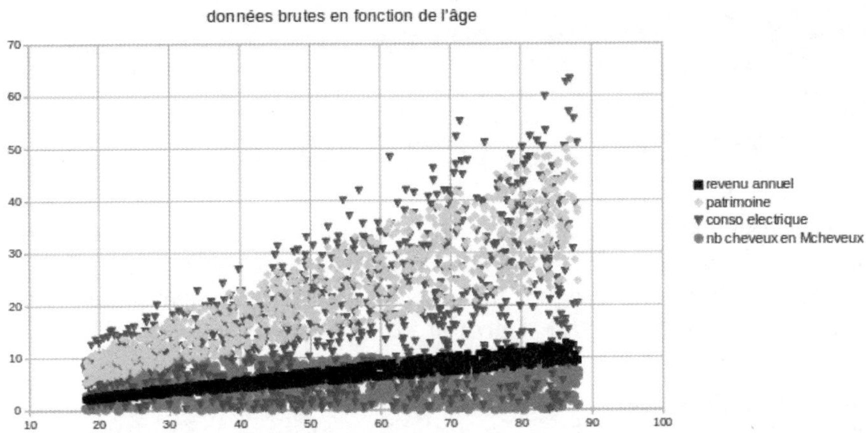

FIGURE 6.14 – Ensemble des données (pour quatre items) représentées en fonction de l'âge en abscisse

Dans l'environnement RStudio on commence par afficher des statistiques (**summary**) sur les données, ainsi que les premières lignes (**head**) :

```
#statistiques sur le contenu CSV
> summary(dataACP3)
age.an      revenu.annuel    patrimoine   conso.electrique
Min.   :18.00  Min.   : 2.000  Min.   : 5.00  Min.   : 0.00
1st Qu.:36.00  1st Qu.: 4.000  1st Qu.:14.00  1st Qu.: 7.00
Median :53.00  Median : 7.000  Median :21.00  Median :13.00
Mean   :52.63  Mean   : 6.592  Mean   :22.08  Mean   :16.33
3rd Qu.:69.00  3rd Qu.: 9.000  3rd Qu.:28.00  3rd Qu.:23.00
Max.   :88.00  Max.   :13.000  Max.   :49.00  Max.   :56.00
nb.cheveux.en.Mcheveux classe.age
Min.   : 0.000         Min.   :1.000
1st Qu.: 2.000         1st Qu.:2.000
Median : 5.000         Median :3.000
Mean   : 4.963         Mean   :2.608
3rd Qu.: 7.000         3rd Qu.:3.000
Max.   :10.000         Max.   :4.000
#affichage de premieres lignes :

> head(dataACP3)
age.an revenu.annuel patrimoine conso.electrique nb.cheveux.en.Mcheveux
     classe.age
1    41             4        21                 7                      1
                2
2    59             7        17                19                      3
                3
3    66             7        20                11                      9
```

```
          3
4   86          11      27          14          8
          4
5   38           5      18          11          7
          2
6   83          10      36           3          5
          4
```

On réalise ensuite le calcul des valeurs propres dans la matrice des corrélations, sur les cinq premières variables (mais pas sur la classe d'age qui est une grandeur qualitative). La figure 6.15 montre le carré des écart-types calculés par **sdev** (le carré de 22,6 est d'environ 510 par exemple). Les deux premières variances contribuent pour 95,698 %.

```
> pca=prcomp(dataACP3[,1:5])
> pca$rotation
                             PC1         PC2         PC3          PC4
                     PC5
age.an                0.853912656  0.34767665  0.37030522 -0.008871627
    -0.11291349
revenu.annuel         0.108934174  0.03364150  0.01981260 -0.010715518
    0.99322416
patrimoine            0.375369081  0.05543724 -0.92409093  0.038668545
    -0.02419647
conso.electrique      0.343587742 -0.93535614  0.08337537 -0.006709977
    -0.00773788
nb.cheveux.en.Mcheveux -0.003469639 -0.00497927 0.03982475 0.999132720
    0.01053404
#affichage des ecartTypes
> pca$sdev
[1] 22.5970385 10.2139662 4.3106458 2.8861986 0.8535429
#proportion relative des variances en %
> 100*pca$sdev^2/sum(pca$sdev^2)
[1] 79.4635581 16.2350559 2.8916760 1.2963354 0.1133746
#contribution des 2 premieres variances en %
> sum(100*(pca$sdev^2)[1:2]/sum(pca$sdev^2))
[1] 95.69861
> plot(pca)
```

On donne sur la figure 6.16 la répartition des données selon l'axe PC1 uniquement, avec une nuance de gris dépendant de la classe d'âge. On constate que les données apparaissent bien séparées. La figure 6.17 donne une répartition semblable selon les deux axes PC1 et PC2.

```
 #selon PC1 : nuances de gris selon colonne 6
> plot(pca$x[,1],rep(0,nrow(dataACP3)),col=dataACP3[,6])
#selon PC1 et PC2 : nuances de gris selon colonne 6
> plot(pca$x[,1:2], col=dataACP3[,6])
```

Pour étudier les corrélations, il est utile d'installer la librairie **factominer** que l'on peut utiliser directement dans R. L'environnement **RStudio** permet

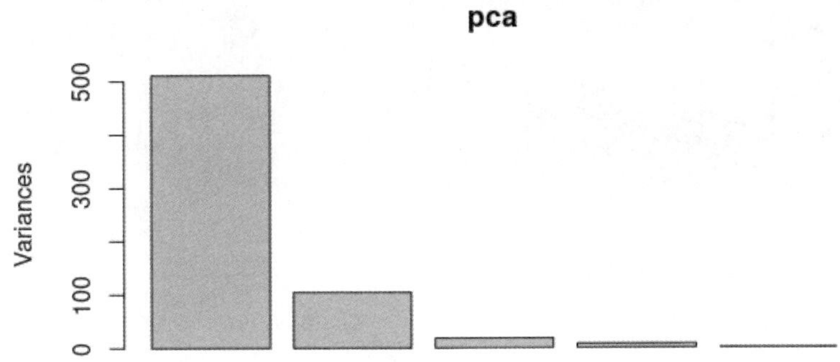

FIGURE 6.15 – Comparaison des variances de chaque composante principale : seules les deux premières composantes PC1 et PC2 semblent contribuer de façon importante, autour de 95 %.

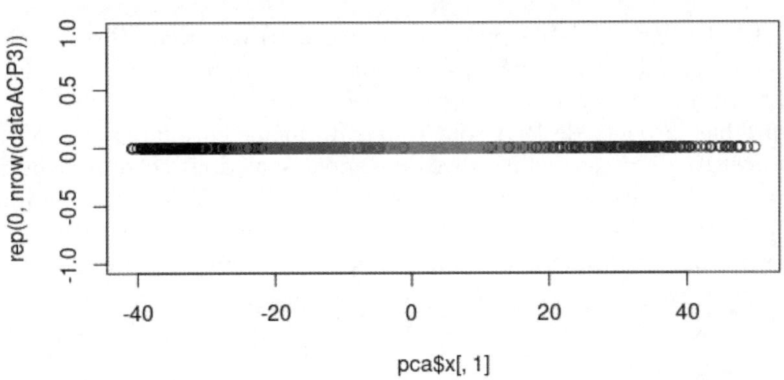

FIGURE 6.16 – Projection selon la composante principale PC1 : les variables apparaissent assez bien groupées, la nuance de gris est en fonction de la classe d'âge

d'appeler cette librairie spécifique. Nous renvoyons le lecteur à une recherche internet pour une vision plus claire de tout le potentiel de cette librairie.

On représente le cercle des corrélations (cercle de rayon unité) sur la figure 6.18. L'axe des abscisses représente PC1 (premier axe d'inertie ou DIM1) et l'axe des ordonnées représente PC2 (DIM2) (orthogonal à PC1). Les flèches associées à chaque variables initiales sont plus moins longues (on ne doit retenir et interpréter que les flèches **relativement proches** du cercle) et plutôt proches d'un des deux axes.

Il est clair que quatre variables sont proches de PC1 (DIM1) : âge, patrimoine, consommation, revenu, qui sont donc groupées (on dit aussi synthé-

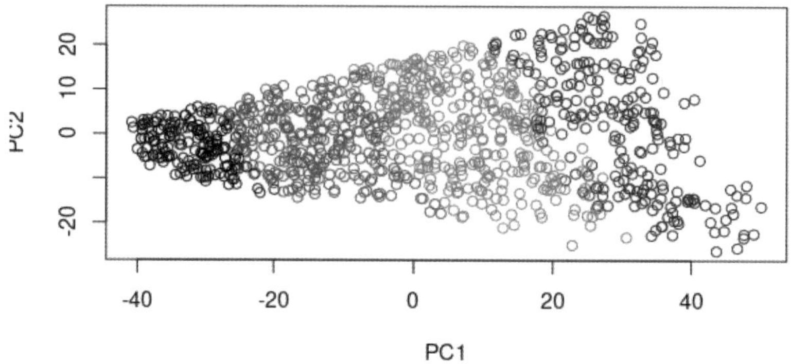

FIGURE 6.17 – Projection selon les deux composantes principales PC1 et PC2 : la nuance de gris est en fonction de la classe d'âge. Les données semblent assez bien groupées

tisables). La dernière variable (nombre de cheveux) est décorrélée des précédentes, car proche de PC2 (DIM2) et de longueur environ une unité (dans le cercle). La variable qualitative n'apparaît pas.

Les variables proches de PC1 sont toutes du même côté de l'axe, elles sont corrélées positivement (en réalité elles dépendent sans doute étroitement de la variable **age**). Si deux variables proches de PC1 étaient de sens opposé, on aurait pu les considérer comme anticorrélées (variation en sens inverse). Les instructions utilisées, en incluant l'appel à la librairie **FactomineR** sont :

```
#Representation des variables - cercle de correlations
#appel librairie
>library(FactoMineR)
#chargement fichier data
> dataACP3 <- read.csv("~/Dropbox/IOT projet DUN/chap6 data analyse/
    dataACP3.csv", sep=";")
> View(dataACP3)
#traitement ACP
> res=PCA(dataACP3[,1:5])
> summary(dataACP3)
```

On conclut en disant que les variables âge, revenu annuel et patrimoine sont très fortement corrélées (axe PC1 (DIM1) commun). La consommation électrique semblent plus faiblement corrélées avec l'âge, car de longueur plus faible que les autres. Le nombre de cheveux est une variable non corrélée avec l'âge, puisque plutôt orientée selon PC2 (DIM2).

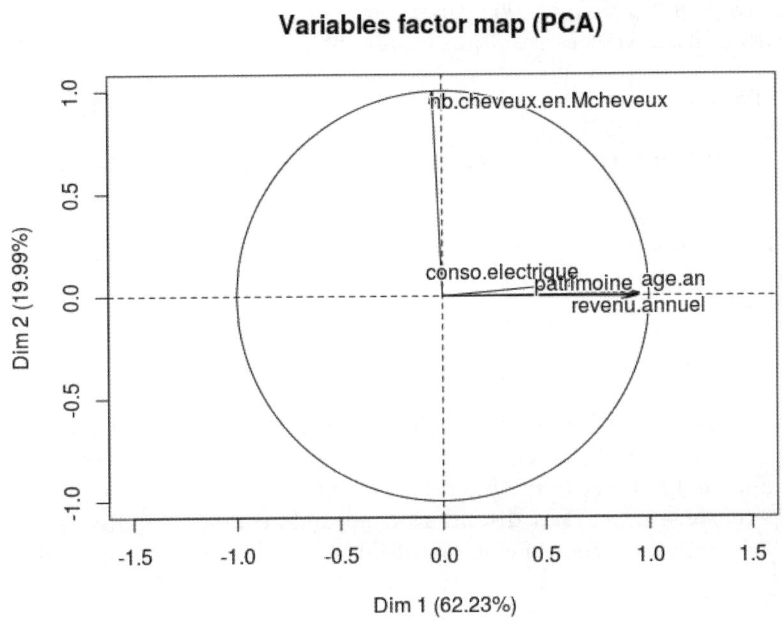

FIGURE 6.18 – Diagramme de corrélations : le nombre de cheveux n'apparaît pas corrélé par rapport aux autres variables, sa flèche est du côté de l'axe PC2 (DIM2) avec une longueur proche de 1, les autres variables sont proches de l'axe PC1 (DIM1)

6.7 Les tables

Loi normale centrée réduite

La table de la loi normale centrée réduite (figure 6.19) correspond à une gaussienne de moyenne 0 et d'écart-type 1. La table est symétrique, c'est pour cela que l'on commence à la la valeur $z = 0$:

$$P(z \leq 0) = 0,5000$$

Les valeurs de z négatives ne sont pas dans la table, mais par symétrie on a :

$$P(z \leq -t) = 1 - P(z \leq +t)$$

Si on veut calculer la probabilité que $-1,96 \leq z \leq +1,96$, on fait :

$$P(-1,96 \leq z \leq +1,96) = P(z \leq +1,96) - (1 - P(z \leq +1,96))$$

soit encore :

$$P(-1,96 \leq z \leq +1,96) = 2 \times P(z \leq +1,96) - 1 = 2 \times 0,9750 - 1 = 0,95$$

On retrouve bien 95 % à $\pm 1,96$ écart-types.

On arrondit souvent ce résultat en prenant :

95 % dans un intervalle de $\pm$ 2 autour de la valeur moyenne.

Par un raisonnement similaire, si on se place dans un intervalle à ± 1 écart-type :

$$P(-1,00 \leq z \leq +1,00) = P(z \leq +1,00) - (1 - P(z \leq +1,00))$$

soit encore :

$$P(-1,00 \leq z \leq +1,00) = 2 \times P(z \leq +1,00) - 1 = 2 \times 0,84134 - 1 \approx 0,683$$

On retrouve bien 68 % dans un intervalle à ± 1 écart-type autour de la moyenne.

Dans la pratique, les données expérimentales se répartissent souvent selon une loi gaussienne de moyenne m et d'écart-type σ.

On peut se ramener à la distribution normale centrée réduite de la table 6.19 en effectuant le changement de variable, sur les valeurs expérimentales notées x :

$$z = \frac{x - m}{\sigma}$$

Table du χ^2 dans le cas du test d'hypothèse

Pour faire un test du χ^2, (voir la figure 6.20 pour les valeurs) on doit choisir un seuil a priori α (souvent 5 ou 1 %), calculer la valeur du χ_0^2 du problème et déterminer le nombre de degrés de liberté.

Ce que l'on teste est, par exemple, l'adéquation de données expérimentales avec une loi de probabilité. On nomme cette hypothèse d'adéquation l'hypothèse nulle H_0. Il reste à lire dans cette table la probabilité que le χ^2 **dépasse** la valeur χ_0^2.

Si $P(\chi^2 > \chi_0^2) > \alpha$, on considère que l'hypothèse faite H_0 est acceptée (avec un seuil de α).

Si $P(\chi^2 > \chi_0^2) < \alpha$, on considère que l'hypothèse faite H_0 est rejetée.

z	0	0,01	0,02	0,03	0,04	0,05	0,06	0,07	0,08	0,09
0	0,50000	0,50399	0,50798	0,51197	0,51595	0,51994	0,52392	0,52790	0,53188	0,53586
0,1	0,53983	0,54380	0,54776	0,55172	0,55567	0,55962	0,56356	0,56749	0,57142	0,57535
0,2	0,57926	0,58317	0,58706	0,59095	0,59483	0,59871	0,60257	0,60642	0,61026	0,61409
0,3	0,61791	0,62172	0,62552	0,62930	0,63307	0,63683	0,64058	0,64431	0,64803	0,65173
0,4	0,65542	0,65910	0,66276	0,66640	0,67003	0,67364	0,67724	0,68082	0,68439	0,68793
0,5	0,69146	0,69497	0,69847	0,70194	0,70540	0,70884	0,71226	0,71566	0,71904	0,72240
0,6	0,72575	0,72907	0,73237	0,73565	0,73891	0,74215	0,74537	0,74857	0,75175	0,75490
0,7	0,75804	0,76115	0,76424	0,76730	0,77035	0,77337	0,77637	0,77935	0,78230	0,78524
0,8	0,78814	0,79103	0,79389	0,79673	0,79955	0,80234	0,80511	0,80785	0,81057	0,81327
0,9	0,81594	0,81859	0,82121	0,82381	0,82639	0,82894	0,83147	0,83398	0,83646	0,83891
1	0,84134	0,84375	0,84614	0,84849	0,85083	0,85314	0,85543	0,85769	0,85993	0,86214
1,1	0,86433	0,86650	0,86864	0,87076	0,87286	0,87493	0,87698	0,87900	0,88100	0,88298
1,2	0,88493	0,88686	0,88877	0,89065	0,89251	0,89435	0,89617	0,89796	0,89973	0,90147
1,3	0,90320	0,90490	0,90658	0,90824	0,90988	0,91149	0,91309	0,91466	0,91621	0,91774
1,4	0,91924	0,92073	0,92220	0,92364	0,92507	0,92647	0,92785	0,92922	0,93056	0,93189
1,5	0,93319	0,93448	0,93574	0,93699	0,93822	0,93943	0,94062	0,94179	0,94295	0,94408
1,6	0,94520	0,94630	0,94738	0,94845	0,94950	0,95053	0,95154	0,95254	0,95352	0,95449
1,7	0,95543	0,95637	0,95728	0,95818	0,95907	0,95994	0,96080	0,96164	0,96246	0,96327
1,8	0,96407	0,96485	0,96562	0,96638	0,96712	0,96784	0,96856	0,96926	0,96995	0,97062
1,9	0,97128	0,97193	0,97257	0,97320	0,97381	0,97441	0,97500	0,97558	0,97615	0,97670
2	0,97725	0,97778	0,97831	0,97882	0,97932	0,97982	0,98030	0,98077	0,98124	0,98169
2,1	0,98214	0,98257	0,98300	0,98341	0,98382	0,98422	0,98461	0,98500	0,98537	0,98574
2,2	0,98610	0,98645	0,98679	0,98713	0,98745	0,98778	0,98809	0,98840	0,98870	0,98899
2,3	0,98928	0,98956	0,98983	0,99010	0,99036	0,99061	0,99086	0,99111	0,99134	0,99158
2,4	0,99180	0,99202	0,99224	0,99245	0,99266	0,99286	0,99305	0,99324	0,99343	0,99361
2,5	0,99379	0,99396	0,99413	0,99430	0,99446	0,99461	0,99477	0,99492	0,99506	0,99520
2,6	0,99534	0,99547	0,99560	0,99573	0,99585	0,99598	0,99609	0,99621	0,99632	0,99643
2,7	0,99653	0,99664	0,99674	0,99683	0,99693	0,99702	0,99711	0,99720	0,99728	0,99736
2,8	0,99744	0,99752	0,99760	0,99767	0,99774	0,99781	0,99788	0,99795	0,99801	0,99807
2,9	0,99813	0,99819	0,99825	0,99831	0,99836	0,99841	0,99846	0,99851	0,99856	0,99861
3	0,99865	0,99869	0,99874	0,99878	0,99882	0,99886	0,99889	0,99893	0,99896	0,99900
3,1	0,99903	0,99906	0,99910	0,99913	0,99916	0,99918	0,99921	0,99924	0,99926	0,99929
3,2	0,99931	0,99934	0,99936	0,99938	0,99940	0,99942	0,99944	0,99946	0,99948	0,99950
3,3	0,99952	0,99953	0,99955	0,99957	0,99958	0,99960	0,99961	0,99962	0,99964	0,99965
3,4	0,99966	0,99968	0,99969	0,99970	0,99971	0,99972	0,99973	0,99974	0,99975	0,99976
3,5	0,99977	0,99978	0,99978	0,99979	0,99980	0,99981	0,99981	0,99982	0,99983	0,99983
3,6	0,99984	0,99985	0,99985	0,99986	0,99986	0,99987	0,99987	0,99988	0,99988	0,99989
3,7	0,99989	0,99990	0,99990	0,99990	0,99991	0,99991	0,99992	0,99992	0,99992	0,99992
3,8	0,99993	0,99993	0,99993	0,99994	0,99994	0,99994	0,99994	0,99995	0,99995	0,99995
3,9	0,99995	0,99995	0,99996	0,99996	0,99996	0,99996	0,99996	0,99996	0,99997	0,99997
4	0,99997	0,99997	0,99997	0,99997	0,99997	0,99997	0,99998	0,99998	0,99998	0,99998
4,1	0,99998	0,99998	0,99998	0,99998	0,99998	0,99998	0,99998	0,99998	0,99999	0,99999
4,2	0,99999	0,99999	0,99999	0,99999	0,99999	0,99999	0,99999	0,99999	0,99999	0,99999
4,3	0,99999	0,99999	0,99999	0,99999	0,99999	0,99999	0,99999	0,99999	0,99999	0,99999
4,4	0,99999	0,99999	1,00000	1,00000	1,00000	1,00000	1,00000	1,00000	1,00000	1,00000
4,5	1,00000	1,00000	1,00000	1,00000	1,00000	1,00000	1,00000	1,00000	1,00000	1,00000

FIGURE 6.19 – Table de la loi normale centrée réduite. En fonction de la valeur z_0 choisie, on lit la probabilité $\mathrm{P}(z \leq z_0)$. Par exemple, si on choisit la valeur $z_0 = 0,22$ la valeur lue sur la table est $P(z \leq 0,22) = 0,58706$.

ddl	0,995	0,99	0,975	0,95	0,9	0,75	0,5	0,25	0,1	0,05	0,025	0,01
1	0,00	0,00	0,00	0,00	0,02	0,10	0,45	1,32	2,71	3,84	5,02	6,63
2	0,01	0,02	0,05	0,10	0,21	0,58	1,39	2,77	4,61	5,99	7,38	9,21
3	0,07	0,11	0,22	0,35	0,58	1,21	2,37	4,11	6,25	7,81	9,35	11,34
4	0,21	0,30	0,48	0,71	1,06	1,92	3,36	5,39	7,78	9,49	11,14	13,28
5	0,41	0,55	0,83	1,15	1,61	2,67	4,35	6,63	9,24	11,07	12,83	15,09
6	0,68	0,87	1,24	1,64	2,20	3,45	5,35	7,84	10,64	12,59	14,45	16,81
7	0,99	1,24	1,69	2,17	2,83	4,25	6,35	9,04	12,02	14,07	16,01	18,48
8	1,34	1,65	2,18	2,73	3,49	5,07	7,34	10,22	13,36	15,51	17,53	20,09
9	1,73	2,09	2,70	3,33	4,17	5,90	8,34	11,39	14,68	16,92	19,02	21,67
10	2,16	2,56	3,25	3,94	4,87	6,74	9,34	12,55	15,99	18,31	20,48	23,21
11	2,60	3,05	3,82	4,57	5,58	7,58	10,34	13,70	17,28	19,68	21,92	24,72
12	3,07	3,57	4,40	5,23	6,30	8,44	11,34	14,85	18,55	21,03	23,34	26,22
13	3,57	4,11	5,01	5,89	7,04	9,30	12,34	15,98	19,81	22,36	24,74	27,69
14	4,07	4,66	5,63	6,57	7,79	10,17	13,34	17,12	21,06	23,68	26,12	29,14
15	4,60	5,23	6,26	7,26	8,55	11,04	14,34	18,25	22,31	25,00	27,49	30,58
16	5,14	5,81	6,91	7,96	9,31	11,91	15,34	19,37	23,54	26,30	28,85	32,00
17	5,70	6,41	7,56	8,67	10,09	12,79	16,34	20,49	24,77	27,59	30,19	33,41
18	6,26	7,01	8,23	9,39	10,86	13,68	17,34	21,60	25,99	28,87	31,53	34,81
19	6,84	7,63	8,91	10,12	11,65	14,56	18,34	22,72	27,20	30,14	32,85	36,19
20	7,43	8,26	9,59	10,85	12,44	15,45	19,34	23,83	28,41	31,41	34,17	37,57
21	8,03	8,90	10,28	11,59	13,24	16,34	20,34	24,93	29,62	32,67	35,48	38,93
22	8,64	9,54	10,98	12,34	14,04	17,24	21,34	26,04	30,81	33,92	36,78	40,29
23	9,26	10,20	11,69	13,09	14,85	18,14	22,34	27,14	32,01	35,17	38,08	41,64
24	9,89	10,86	12,40	13,85	15,66	19,04	23,34	28,24	33,20	36,42	39,36	42,98
25	10,52	11,52	13,12	14,61	16,47	19,94	24,34	29,34	34,38	37,65	40,65	44,31
26	11,16	12,20	13,84	15,38	17,29	20,84	25,34	30,43	35,56	38,89	41,92	45,64
27	11,81	12,88	14,57	16,15	18,11	21,75	26,34	31,53	36,74	40,11	43,19	46,96
28	12,46	13,56	15,31	16,93	18,94	22,66	27,34	32,62	37,92	41,34	44,46	48,28
29	13,12	14,26	16,05	17,71	19,77	23,57	28,34	33,71	39,09	42,56	45,72	49,59
30	13,79	14,95	16,79	18,49	20,60	24,48	29,34	34,80	40,26	43,77	46,98	50,89
40	20,71	22,16	24,43	26,51	29,05	33,66	39,34	45,62	51,81	55,76	59,34	63,69
50	27,99	29,71	32,36	34,76	37,69	42,94	49,33	56,33	63,17	67,50	71,42	76,15
60	35,53	37,48	40,48	43,19	46,46	52,29	59,33	66,98	74,40	79,08	83,30	88,38
70	43,28	45,44	48,76	51,74	55,33	61,70	69,33	77,58	85,53	90,53	95,02	100,43
80	51,17	53,54	57,15	60,39	64,28	71,14	79,33	88,13	96,58	101,88	106,63	112,33
90	59,20	61,75	65,65	69,13	73,29	80,62	89,33	98,65	107,57	113,15	118,14	124,12
100	67,33	70,06	74,22	77,93	82,36	90,13	99,33	109,14	118,50	124,34	129,56	135,81

FIGURE 6.20 – Table du χ^2, on donne le nombre de degrés de liberté en première colonne, la valeur du risque α en première ligne. Par exemple, pour d = 5 degrés de liberté, avec un risque d'erreur de 5 % (soit aussi 95 % de confiance), la valeur du χ_0^2 est de 11,07. Si le χ^2 expérimental est inférieur à 11,07 (pour 5 ddl), H_0 est acceptée, rejetée autrement.

7

Cryptographie et sécurité

Le mot « cryptographie » vient du grec ancien kruptos *qui signifie « caché » et de* graphein *qui signifie « écrire ». L'objectif principal est de permettre la communication entre deux entités via un canal non sécurisé sans qu'une tierce partie puisse comprendre le message.*

Sommaire

Le but de la cryptographie est d'assurer au moins les trois points suivants :

— Intégrité : pas d'altération frauduleuse ou accidentelle lors de la transmission. Dans le domaine de l'IoT, un attaquant ne doit pas pouvoir changer les valeurs transmises par un capteur ;
— Confidentialité : qui peut accéder aux données ? Les données des capteurs ne peuvent pas être lues par un tiers non autorisé (espionnage, déterminer si un bâtiment est occupé et à quelles heures) ;
— Authenticité : par une signature ou un code d'identification numérique, on sait qui a envoyé le message. Un attaquant ne doit pas pouvoir émettre de faux messages en se faisant passer pour un membre du réseau.

D'un point de vue **cybersécurité**, les objets connectés peuvent aussi constituer des passerelles de choix pour un attaquant. En effet, souvent développés avec des contraintes importantes : peu de mémoire, systèmes souvent hétérogènes, basse consommation, mises à jour moins fréquentes... Ils peuvent constituer des cibles privilégiées à partir desquelles construire de nouvelles attaques.

En 2015, des chercheurs ont réussi à prendre le contrôle à distance d'une Jeep Cherokee [1] y compris l'autoradio, l'accélérateur et le système de freinage.

En 2016, des attaquants ont pu identifier en masse des objets IoT vulnérables pour s'y connecter et y installer un logiciel malveillant. C'est l'attaque du Mirai Botnet [2] qui a causé de nombreuses difficultés d'accès à des sites comme Twitter ou Airbnb par exemple.

En 2018, une faille a permis à des attaquants de s'introduire dans le réseau d'un casino et d'accéder aux données des clients, et ce, par le biais d'un thermomètre connecté installé dans l'aquarium [3].

En 2020, ce sont des sonnettes connectées qui permettaient à des pirates de s'infiltrer sur le réseau local des maisons [4].

1. `https://www.wired.com/2015/07/hackers-remotely-kill-jeep-highway/`
2. `https://fr.wikipedia.org/wiki/Mirai_(logiciel_malveillant)`
3. `https://internetofbusiness.com/casino-aquarium-breach-iot-security-analogy/`
4. `https://threatpost.com/smart-doorbell-vulnerable-to-attack/162527/`

Nous voyons donc que dans l'univers des objets connectés de nombreuses menaces planent. Cela peut être sur nos données personnelles (données des capteurs domotiques, montres connectées qui collectent notre rythme cardiaque, notre tension, nos déplacements...) ou sur nos systèmes informatiques (véhicules, services web divers, etc.).

Le législateur veille et en 2018, le Parlement européen a adopté le règlement général sur la protection des données (RGPD) qui précise que la collecte des données à caractère personnel par les objets connectés doit être « vertueuse » [5]. Ce texte inscrit également la notion de *privacy by design.*

Il donc crucial d'intégrer la sécurité dans tout projet IoT. Nous ne pouvons que conseiller de l'intégrer même dès la phase de prototypage et bien sûr jusqu'à l'industrialisation.

Comme on l'a vu, les objets IoT sont contraints du point de vue de la mémoire disponible et de leur puissance, il va falloir développer et utiliser une **cryptographie légère** à la fois proche et éloignée de celle que nous pouvons utiliser au quotidien sur des machines plus performantes.

La cryptographie légère (en anglais *lightweight cryptography for IoT*) est ainsi un domaine de la cryptographie qui vise à créer des algorithmes de chiffrement et de sécurité pour les appareils de l'Internet des Objets (IoT). Ces appareils ont souvent des contraintes de puissance et de mémoire limitées, ce qui rend difficile l'utilisation d'algorithmes de cryptographie classiques.

Dans ce chapitre, après avoir introduit les bases de la cryptographie classique et le vocabulaire associé, nous présenterons justement un tel exemple de cryptographie légère utilisée dans le protocole LoRaWAN. Nous terminerons par quelques explications sur d'autres protocoles cryptographiques adaptés au monde de l'IoT.

7.1 Cryptographie classique

Pour garantir la confidentialité d'un message, l'expéditeur (ici un objet connecté) **chiffre** ce que nous appellerons le **texte clair** avec une clé k et une fonction de chiffrement. Il obtient un **texte chiffré**. Dans ce cas, on dit bien chiffrer et non pas crypter.

Le destinataire **déchiffre** le texte chiffré avec une clé k' et une fonction de déchiffrement pour retrouver le texte clair (ici le message transmis par un objet connecté).

Tenter de retrouver le texte clair à l'aide du texte chiffré et sans la clé s'appelle **décrypter** [6].

Lorsque la clé de chiffrement est la même que pour déchiffrer, on parle de cryptographie symétrique. Sinon, il s'agit de cryptographie asymétrique.

5. `https://donnees-rgpd.fr/traitement-donnees/securisation-iot-rgpd/`
6. `https://chiffrer.info/`

7.1.1 César

Pour sa correspondance, Jules César utilisait un système de chiffrement très simple. Chaque lettre de l'alphabet était décalée de trois dans l'ordre alphabétique. Ce système s'appelle **chiffre de César**.

C'est un chiffre dit par substitution mono-alphabétique (chaque lettre est remplacée par une autre mais cela pourrait être n'importe quel symbole).

Ainsi, avec un décalage de trois, A donne D, B donne E, ... , W donne Z, X donne A. Cela revient à ajouter la lettre C à notre texte clair. Pour déchiffrer, il suffit d'opérer le décalage inverse.

La valeur de décalage est la **clé de chiffrement**. Ici la clé pour chiffrer est la même que pour déchiffrer. On parlera de **chiffrement symétrique à clé privée**.

Congruences

On dit que a **est congru à** b modulo n, si n divise $b - a$. Cela signifie qu'il existe $k \in \mathbb{Z}$ tel que $a = b + kn$.
C'est équivalent de dire que a et b ont le **même reste dans la division euclidienne par** n.
On notera $a \equiv b\ [n]$.
Par exemple $5 \equiv 31\ [26]$ ou encore $17 \equiv 95\ [26]$.

Ensemble quotient $\dfrac{\mathbb{Z}}{nZ}$

- Les nombres congrus à 5 modulo 26 sont 31, 57, 83 ... mais aussi -26, -47 .... L'ensemble de tous les entiers congrus à 5 modulo 26 forme la **classe d'équivalence** de 5 modulo 26.
- L'ensemble de toutes les classes d'équivalence pour tous les entiers modulo n sera noté $\dfrac{\mathbb{Z}}{nZ}$. On l'appelle l'**ensemble quotient**.
- La classe d'équivalence d'un entier k pour la congruence modulo n est donc constituée de tous les entiers congrus à k modulo n.

Ainsi, avec ces notations, si on code chaque lettre de l'alphabet par leur position avec $A = 0$, $B = 1$... $Z = 25$, le chiffrement de César avec la clé k revient à faire :

$$e_k(x) \equiv x + k\ [26]$$

Pour déchiffrer, ce sera :

$$d_k(y) \equiv y - k\ [26]$$

Par exemple, pour $k = 3$, la lettre Y sera chiffrée par B. En effet, on code Y par 24 qui est sa position dans l'ordre alphabétique et $24 + 3 = 27 = 1\ [26]$ correspond à la lettre B.

Nous voyons une première faiblesse, une lettre donnée aura toujours le même chiffré. Ainsi le A sera toujours chiffré par D. Or, en français, la lettre la plus utilisée est le E. La table 7.1 donne le pourcentage moyen d'apparition des lettres pour les textes en français.

Lettre	Fréquence	Lettre	Fréquence
A	8,40 %	N	7,13 %
B	1,06 %	O	5,26 %
C	3,03 %	P	3,01 %
D	4,18 %	Q	0,99 %
E	17,26 %	R	6,55 %
F	1,12 %	S	8,08 %
G	1,27 %	T	7,07 %
H	0,92 %	U	5,74 %
I	7,35 %	V	1,32 %
J	0,31 %	W	0,04 %
K	0,05 %	X	0,47 %
L	6,01 %	Y	0,30 %
M	2,96 %	Z	0,12 %

TABLE 7.1 – Table des fréquences des lettres en français

On peut donc mener une **attaque par fréquence**. Ainsi, en observant le texte chiffré, si la lettre qui apparaît le plus est le H, on peut en déduire qu'il s'agit du chiffré du E. On en déduit alors facilement la clé de chiffrement.

7.1.2 Vigenère

Apparu au XVIe siècle, le chiffre de Vigenère consiste à ajouter un mot-clé (la clé privée) à un texte clair. C'est finalement une amélioration du système de César où on se contentait d'ajouter le « mot » C à toutes les lettres du texte clair pour obtenir un décalage de trois.

La table 7.2 donne un exemple de chiffrement avec la clé secrète INTERNET.

Texte clair	C	R	Y	P	T	O	G	R	A	P	H	I	E
Clé	I	N	T	E	R	N	E	T	I	N	T	E	R
Texte chiffré	K	E	R	T	K	B	K	K	I	C	A	M	V

TABLE 7.2 – Exemple de chiffrement avec Vigenère

Comme on peut le voir, une lettre peut avoir différents chiffrés. Par exemple, le R est chiffré par E mais aussi, suivant sa position, par K. De même, le K du texte chiffré peut représenter le chiffré du C, du G ou encore du R. Tout cela peut sembler très satisfaisant.

Cependant, comme la clé est de longueur 9, toutes les lettres dont la position est un multiple de 9 auront été chiffrées par la même lettre ! C'est à dire avec le I. De même, toutes les lettres dont la position a pour reste 1 dans la division euclidienne par 9, seront chiffrées avec le N, celles dont la position a un reste 2 dans la division euclidienne par 9, seront chiffrées par le T, etc.

Ainsi toutes les lettres en position 0 modulo 9 seront chiffrées avec un chiffrement de César de clé I. De même, les lettres en position 1 modulo 9 seront chiffrées par le N, etc...

Nous voyons qu'il est possible de mener une **attaque par fréquence** très simplement.

Pour cela, on découpe le texte chiffré en neuf sous-textes. Le premier sera la liste des lettres en position 0 modulo 9. Le deuxième sera celle des lettres en position 1 modulo 9, etc. On mène ensuite notre attaque par fréquence sur chacun des neuf sous-textes comme vu ci-dessus.

7.1.3 Quel bilan ?

Si on sait que le contenu d'un message a été chiffré avec César ou Vigenère alors il est de nos jours immédiat de le casser. Même si on pense bien cacher notre fonction de chiffrement, de l'espionnage ou une fuite quelconque finiront toujours par indiquer l'algorithme utilisé.

C'est par exemple ce qui a permis de casser le chiffrement des machines Enigma durant la Seconde Guerre mondiale.

Ainsi, la sécurité d'un système de chiffrement doit reposer sur le moins de paramètres possibles. Le seul paramètre que l'on doive impérativement cacher est la clé de chiffrement. Ainsi, on va considérer que la sécurité d'un système de chiffrement ne va reposer que sur le secret de la clé et non pas, même en partie, sur le secret de la fonction de chiffrement. C'est le **principe de Kerckhoffs**.

On peut même imaginer qu'un attaquant ait un accès total au système de chiffrement et qu'il peut chiffrer, déchiffrer et étudier le tout à sa convenance.

Si le secret de l'algorithme n'est pas important alors la fuite d'une clé entraînera relativement peu de problèmes. Si cela arrive, il suffira alors d'en créer une nouvelle.

En allant plus loin un système cryptographique solide devra même être totalement public, voire entièrement documenté et normalisé à l'issue de débats publics. C'est ce qui s'est produit avec le système AES que nous verrons plus loin. En cryptographie moderne, on considérera donc que **tout est public**.

De plus, comme vu, le message chiffré ne doit pas comporter de répétitions ou de régularités quelconques qui pourraient permettre de déduire des propriétés, voire des parties de la clé via une attaque par **analyse fréquentielle**. Il faut donc que les éventuelles répétitions dans le texte clair ne se traduisent pas par des motifs dans le texte chiffré.

Ce principe a été formalisé et complété par Shannon avec deux notions clés pour garantir la qualité d'un système de chiffrement :

— **diffusion** : une différence, même minime, entre deux textes clairs doit entraîner une très grande différence entre les textes chiffrés correspondants. Chaque bit du texte clair doit contribuer au calcul de tous les bits du texte chiffré ;

— **confusion** : il ne doit pas exister de relations simples entre les bits du texte clair et ceux du texte chiffré. Certes chaque bit du texte chiffré dépend des bits du texte clair et de la clef mais cette relation doit être la moins linéaire possible.

Autre enseignement de cette approche historique : le nombre de clés possibles. Sur César, il n'y a que 26 clés possibles. Une attaque par *brute force* où on essaye les unes après les autres toutes les clés possibles est immédiate. Casser Vigenère est aussi immédiat. Avec les puissances de calcul actuelles, casser un chiffrement comme celui des machines Enigma utilisées durant la Seconde Guerre mondiale l'est aussi.

Ainsi, pour qu'un cryptosystème soit solide, on considérera que le nombre de clés possibles doit être au moins égal au nombre de messages possibles.

7.2 Cryptographie symétrique

La cryptographie symétrique, dite à clé secrète, permet de chiffrer et de déchiffrer des messages avec la même clé.

On distingue deux familles d'algorithmes de chiffrement symétriques :

— le **chiffrement par blocs** où le texte clair est découpé en blocs de longueur fixe avant d'être chiffré. En pratique, il va être souvent découpé en blocs de 128 bits. Chaque bloc sera ensuite chiffré. Dans le domaine de l'IoT, ce type de chiffrement est utilisé en ZigBee ou en LoRaWAN ;

— le **chiffrement par flot** où le texte est chiffré bit par bit. Il est basé sur un générateur de nombres pseudo-aléatoires dont les bits sont ajoutés par un XOR au fur et à mesure avec les bits du texte clair. C'est ce type de chiffrement qui est utilisé pour chiffrer les communications en Wi-Fi ou Bluetooth.

Nous allons étudier un chiffrement de la première famille qu'est AES.

7.2.1 AES

AES (*Advanced Encryption Standard*) est un algorithme de chiffrement symétrique par blocs de type permutation-substitution. Il traite des blocs de 128 bits avec des longueurs de clés de 128, 192 ou 256 bits.

? Qu'est ce qu'un bloc ?

Un bloc est un nombre fixe de bits ou d'octets qui représente n'importe quel type de données. Le chiffrement AES prend en entrée un bloc pour en produire un autre. Ici nous étudierons la variante d'AES la plus courante qui opère sur des blocs de 128 bits (16 octets) avec un clé de 128 bits appelée AES-128 dans la suite.

Conformément aux principes vus ci-dessus, il a été normalisé à la suite d'un concours international et public lancé en 1997 par le NIST (*National Institute of Standards and Technology*). Approuvé depuis par la NSA (*National Security Agency*), cet algorithme est entièrement documenté dans le document FIPS 197 qui est librement disponible [7].

Comme évoqué, un système de chiffrement propriétaire a toutes les chances d'être beaucoup moins sûr : des pirates avertis sauront le reconstituer, des fuites de l'entreprise peuvent se produire et l'absence d'études publiques sérieuses à son sujet fait que, le risque de failles y est très supérieur.

? Est-ce qu'AES-128 est sécurisé ?

Un algorithme est dit sécurisé si un attaquant ne peut pas différencier la sortie de l'algorithme d'une suite pseudo-aléatoire de bits. Autrement dit, il ne doit pas y avoir de meilleures façons de le casser que l'**attaque par force brute** qui consiste en tester toutes les clés possibles. Si on trouve une attaque significativement plus rapide que la *brute force*, on dira que l'algorithme est cassé.

Pour AES, imaginons que l'on prenne la puissance de calcul mondiale actuelle du réseau bitcoin. Elle est de l'ordre de 350 millions de térahash par seconde [a]. On peut supposer que le temps nécessaire pour calculer un hash soit similaire à celui pour tester une clé AES-128. Cela fait approximativement $3,5^{20} \approx 2^{68}$ hash par seconde.

Pour tester toutes les clés AES-128 possibles, il faudrait donc $\frac{2^{128}}{2^{68}} = 2^{60}$ secondes. Ce qui ferait environ 3×10^{10} années, soit environ l'âge de l'univers...

a. https://www.blockchain.com/explorer/charts/hash-rate

Pré-requis mathématiques pour AES

L'unité de base du chiffrement dans AES est l'octet. Ces octets sont regroupés par blocs de 16 octets soit 128 bits avant d'être chiffrés.

Tous les octets avant chiffrement sont vus comme des éléments d'un ensemble particulier. Par exemple, dans RSA, que nous verrons en page 170, le

7. https://nvlpubs.nist.gov/nistpubs/FIPS/NIST.FIPS.197.pdf

texte clair est vu comme un nombre dans l'ensemble $\frac{\mathbb{Z}}{\varphi(n)\mathbb{Z}}$ où $\varphi(n)$ est un nombre entier que nous verrons plus loin.

Ici, à chaque octet on associe un polynôme dont les coefficients sont dans $\frac{\mathbb{Z}}{2\mathbb{Z}}$ modulo le polynôme $x^8 + x^4 + x^3 + x + 1$.

Par exemple, l'octet en binaire valant 0b01100011 sera codé par le polynôme $x^6 + x^5 + x + 1$. Par soucis de commodité, nous utiliserons aussi une représentation en hexadécimal. Ainsi l'octet codé en binaire par 0b01100011 sera aussi codé en hexadécimal par 0x63. Rappelons que le préfixe « 0b » signifie que ce qui suit est codé en binaire (donc en base 2). Si c'est « 0x », cela signifie que c'est de l'hexadécimal donc base 16.

De façon générale, l'octet $\{b_7, b_6, b_5, b_4, b_3, b_2, b_1, b_0\}$ est vu comme le polynôme $\sum_{i=0}^{7} b_i x^i$.

L'ensemble des polynômes à coefficient dans $\frac{\mathbb{Z}}{2\mathbb{Z}}$ modulo le polynôme AES $x^8 + x^4 + x^3 + x + 1$ sera noté GF(2^8) dans la suite.

En binaire, le polynôme AES se note $0b100011011$ qui est de longueur 9 bits. On le notera aussi $\{01\}\{1b\}$ en hexadécimal.

? Pourquoi ce polynôme et pas un autre ?

Il y a trente polynômes irréductibles dans $GF(2^8)$. Le polynôme AES a été choisi ainsi car c'est celui qui a le plus petit nombre de termes et parmi ceux-là, celui qui a les plus petits exposants. C'est aussi le premier de ces trente classés dans l'ordre lexicographique. Un autre polynôme irréductible aurait tout à fait convenu.

Division euclidienne de polynômes

Avant de faire des congruences sur les polynômes, il faut savoir diviser des polynômes entre eux. La division euclidienne de polynômes se fait exactement sur le même principe que la division euclidienne sur les nombres entiers.

Étant donnés deux polynômes $(F, G) \in \mathbb{R}[X] \times \mathbb{R}[X] \setminus \{0\}$, il existe un unique couple $(Q, R) \in \mathbb{R}[X] \times \mathbb{R}[X]$ tel que :

$$F(X) = G(X) \times Q(X) + R(X) \text{ avec : } \deg(R) < \deg(G)$$

Rappelons que $\mathbb{R}[X]$ désigne l'ensemble des polynômes à coefficients réels.

? Comment diviser des polynômes en pratique ?

Par exemple, nous allons effectuer la division euclidienne de $x^3 + x^2 - 1$ par $x - 1$:

$$
\begin{array}{rrr|l}
X^3 & +X^2 & -1 & X-1 \\
\cline{4-4}
-X^3 & +X^2 & & X^2+2X+2 \\
\cline{1-2}
& 2X^2 & & \\
& -2X^2 & +2X & \\
\cline{2-3}
& & 2X-1 & \\
& & -2X+2 & \\
\cline{3-3}
& & 1 &
\end{array}
$$

Ainsi le reste de $x^3 + x^2 - 1$ par $x - 1$ est 1. On dira que $x^3 + x^2 - 1$ est congru à 1 modulo $x - 1$.

Opérations usuelles dans GF(2^8)

Addition : pour ajouter deux éléments de GF(2^8), il suffit d'ajouter leurs coefficients termes à termes. Comme ces polynômes sont à coefficients dans $\frac{\mathbb{Z}}{2\mathbb{Z}}$, l'addition s'effectue modulo 2. Il n'y a donc pas de retenues. Une table d'addition est : $0 + 0 = 0, 0 + 1 = 1$ et $1 + 1 = 0$. C'est donc un simple XOR (noté $\oplus$) et c'est une opération extrêmement rapide à faire pour un ordinateur.

Multiplication : la multiplication est celle habituelle des polynômes. Le résultat est réduit modulo le polynôme AES : $x^8 + x^4 + x^3 + x + 1$. Pour cela, il suffit de faire la division euclidienne des polynômes comme vu ci-dessus.

Par exemple :

$$
\begin{aligned}
\left(x^6 + x^4 + x^2 + x + 1\right)\left(x^7 + x + 1\right) =& x^{13} + x^{11} + x^9 + x^8 + x^7 + \\
& x^7 + x^5 + x^3 + x^2 + x + \\
& x^6 + x^4 + x^2 + x + 1 \\
=& x^{13} + x^{11} + x^9 + \\
& x^8 + x^6 + x^5 + x^4 + x^3 + 1
\end{aligned}
$$

et : $x^{13} + x^{11} + x^9 + x^8 + x^6 + x^5 + x^4 + x^3 + 1$ est congru à $x^7 + x^6 + 1$ modulo $x^8 + x^4 + x^3 + x + 1$.

Inverse : dans GF(2^8), tout élément non nul est inversible. On dit que cet ensemble est un corps. Comme il y a 255 polynômes différents non nuls. On peut trouver l'inverse de chacun en testant toutes les valeurs possibles (seulement 255 valeurs à tester).

Inverse d'un polynôme ?

Rappelons que dans $\mathbb{R}$, l'inverse d'un nombre non nul x est le nombre qui multiplié par x, donne 1. Qu'en est-il si on travaille non plus dans $\mathbb{R}$ mais dans l'ensemble GF(2^8) ? L'inverse d'un polynôme de GF(2^8) est de même un polynôme tel que le produit des deux fasse 1.

La table 7.3 donne les inverses de tous les polynômes de GF(2^8) sauf pour le polynôme nul qui n'est pas inversible et à qui, par convention, nous avons associé 0.

	0	1	2	3	4	5	6	7	8	9	10	11	12	13	14	15
0	0x0	0x1	0x8d	0xf6	0xcb	0x52	0x7b	0xd1	0xe8	0x4f	0x29	0xc0	0xb0	0xe1	0xe5	0xc7
1	0x74	0xb4	0xaa	0x4b	0x99	0x2b	0x60	0x5f	0x58	0x3f	0xfd	0xcc	0xff	0x40	0xee	0xb2
2	0x3a	0x6e	0x5a	0xf1	0x55	0x4d	0xa8	0xc9	0xc1	0xa	0x98	0x15	0x30	0x44	0xa2	0xc2
3	0x2c	0x45	0x92	0x6c	0xf3	0x39	0x66	0x42	0xf2	0x35	0x20	0x6f	0x77	0xbb	0x59	0x19
4	0x1d	0xfe	0x37	0x67	0x2d	0x31	0xf5	0x69	0xa7	0x64	0xab	0x13	0x54	0x25	0xe9	0x9
5	0xed	0x5c	0x5	0xca	0x4c	0x24	0x87	0xbf	0x18	0x3e	0x22	0xf0	0x51	0xec	0x61	0x17
6	0x16	0x5e	0xaf	0xd3	0x49	0xa6	0x36	0x43	0xf4	0x47	0x91	0xdf	0x33	0x93	0x21	0x3b
7	0x79	0xb7	0x97	0x85	0x10	0xb5	0xba	0x3c	0xb6	0x70	0xd0	0x6	0xa1	0xfa	0x81	0x82
8	0x83	0x7e	0x7f	0x80	0x96	0x73	0xbe	0x56	0x9b	0x9e	0x95	0xd9	0xf7	0x2	0xb9	0xa4
9	0xde	0x6a	0x32	0x6d	0xd8	0x8a	0x84	0x72	0x2a	0x14	0x9f	0x88	0xf9	0xdc	0x89	0x9a
10	0xfb	0x7c	0x2e	0xc3	0x8f	0xb8	0x65	0x48	0x26	0xc8	0x12	0x4a	0xce	0xe7	0xd2	0x62
11	0xc	0xe0	0x1f	0xef	0x11	0x75	0x78	0x71	0xa5	0x8e	0x76	0x3d	0xbd	0xbc	0x86	0x57
12	0xb	0x28	0x2f	0xa3	0xda	0xd4	0xe4	0xf	0xa9	0x27	0x53	0x4	0x1b	0xfc	0xac	0xe6
13	0x7a	0x7	0xae	0x63	0xc5	0xdb	0xe2	0xea	0x94	0x8b	0xc4	0xd5	0x9d	0xf8	0x90	0x6b
14	0xb1	0xd	0xd6	0xeb	0xc6	0xe	0xcf	0xad	0x8	0x4e	0xd7	0xe3	0x5d	0x50	0x1e	0xb3
15	0x5b	0x23	0x38	0x34	0x68	0x46	0x3	0x8c	0xdd	0x9c	0x7d	0xa0	0xcd	0x1a	0x41	0x1c

TABLE 7.3 – Table des inverses dans GF(2^8)

Dans la table 7.3, les polynômes sont codés en hexadécimal. La première colonne donne les quatre premiers bits du polynômes et la première ligne donne les quatre derniers. À l'intersection on lit la représentation en hexadécimal de l'inverse.

Par exemple, la ligne 12 et la colonne 3 correspond au polynômes 0xc3. En effet 12 est codé par la lettre « c » en hexadécimal et 3 reste 3 en hexadécimal. Le codage en binaire de ce polynôme est 0b11000011 qui correspond au polynôme $x^7 + x^6 + x + 1$. D'après la table, son inverse est 0xa3 qui donne en binaire 0b10100011, soit le polynôme $x^7 + x^5 + x + 1$.

Autre exemple, le polynôme 0x42 a pour inverse le polynôme 0x37. En effet, 0x42 correspond à 0b1000010 soit le polynôme $x^6 + x$ et 0x37 correspond à 0b110111 soit $x^5 + x^4 + x^2 + x + 1$.

7.2.2 S-box AES

AES utilise une transformation non-linéaire nommée SubBytes() qui opère sur chaque octet. Elle utilise une table de substitution (S-box). Il s'agit simplement d'un dictionnaire de substitution. Nous allons remplacer un octet par un autre. On peut donc imaginer que n'importe quelle table de substitution conviendrait.

Cependant, comme nous l'avons vu, il ne doit pas exister de relations simples entre les bits du texte clair et ceux du texte chiffré. La relation doit être la moins linéaire possible. C'est le principe de **confusion**.

La norme AES donne un moyen mathématique permettant de générer cette table de substitution tout en respectant cette propriété :

— calculer l'inverse de l'octet (voir 7.3) ;

— appliquer la **transformation affine** suivante :

$$b'_i = b_i \oplus b_{i+4mod8} \oplus b_{i+5mod8} \oplus b_{i+6mod8} \oplus b_{i+7mod8} \oplus c_i$$

pour $0 \leqslant i < 8$ avec b_i le i-ème bit de l'octet en entrée et c_i, le i-ème bit de l'octet 0x63 ou, en binaire 01100011.

Ces choix permettent de n'avoir aucun élément qui s'envoie sur lui-même et casse toute linéarité : l'image du double d'un élément n'est pas le double de l'image ou encore l'image de la somme de deux élèments n'est pas la somme des images par exemple. Les données complètes sont dans la table 7.4.

	0	1	2	3	4	5	6	7	8	9	10	11	12	13	14	15
0	0x63	0x7c	0x77	0x7b	0xf2	0x6b	0x6f	0xc5	0x30	0x1	0x67	0x2b	0xfe	0xd7	0xab	0x76
1	0xca	0x82	0xc9	0x7d	0xfa	0x59	0x47	0xf0	0xad	0xd4	0xa2	0xaf	0x9c	0xa4	0x72	0xc0
2	0xb7	0xfd	0x93	0x26	0x36	0x3f	0xf7	0xcc	0x34	0xa5	0xe5	0xf1	0x71	0xd8	0x31	0x15
3	0x4	0xc7	0x23	0xc3	0x18	0x96	0x5	0x9a	0x7	0x12	0x80	0xe2	0xeb	0x27	0xb2	0x75
4	0x9	0x83	0x2c	0x1a	0x1b	0x6e	0x5a	0xa0	0x52	0x3b	0xd6	0xb3	0x29	0xe3	0x2f	0x84
5	0x53	0xd1	0x0	0xed	0x20	0xfc	0xb1	0x5b	0x6a	0xcb	0xbe	0x39	0x4a	0x4c	0x58	0xcf
6	0xd0	0xef	0xaa	0xfb	0x43	0x4d	0x33	0x85	0x45	0xf9	0x2	0x7f	0x50	0x3c	0x9f	0xa8
7	0x51	0xa3	0x40	0x8f	0x92	0x9d	0x38	0xf5	0xbc	0xb6	0xda	0x21	0x10	0xff	0xf3	0xd2
8	0xcd	0xc	0x13	0xec	0x5f	0x97	0x44	0x17	0xc4	0xa7	0x7e	0x3d	0x64	0x5d	0x19	0x73
9	0x60	0x81	0x4f	0xdc	0x22	0x2a	0x90	0x88	0x46	0xee	0xb8	0x14	0xde	0x5e	0xb	0xdb
10	0xe0	0x32	0x3a	0xa	0x49	0x6	0x24	0x5c	0xc2	0xd3	0xac	0x62	0x91	0x95	0xe4	0x79
11	0xe7	0xc8	0x37	0x6d	0x8d	0xd5	0x4e	0xa9	0x6c	0x56	0xf4	0xea	0x65	0x7a	0xae	0x8
12	0xba	0x78	0x25	0x2e	0x1c	0xa6	0xb4	0xc6	0xe8	0xdd	0x74	0x1f	0x4b	0xbd	0x8b	0x8a
13	0x70	0x3e	0xb5	0x66	0x48	0x3	0xf6	0xe	0x61	0x35	0x57	0xb9	0x86	0xc1	0x1d	0x9e
14	0xe1	0xf8	0x98	0x11	0x69	0xd9	0x8e	0x94	0x9b	0x1e	0x87	0xe9	0xce	0x55	0x28	0xdf
15	0x8c	0xa1	0x89	0xd	0xbf	0xe6	0x42	0x68	0x41	0x99	0x2d	0xf	0xb0	0x54	0xbb	0x16

TABLE 7.4 – Table de substitution AES

Par exemple, à l'aide de la table 7.4, l'octet 0x53 sera remplacé par l'octet à l'intersection de la ligne 5 et de la colonne 3. Cela donnera l'octet 0xed.

7.2.3 Chiffrement

Nous présenterons ici AES ave une clé de 128 bits et 10 tours. Le texte clair est stocké dans un tableau nommé *state* de quatre lignes et quatre colonnes. Chaque cellule du tableau contient donc un octet. À cette table d'états sont appliquées les opérations suivantes :

— tour 0 : ajout de la clé initiale K par un XOR $\oplus$;
— tour 1 : il y a quatre étapes :
  — substitution non linéaire (**SubBytes** avec la Sbox). Chaque octet de la matrice *state* est remplacé par l'octet correpondant de la Sbox ;
  — permutation circulaire des octets des lignes du tableau (**ShiftRows**). La ligne 0 est inchangée, la ligne 1 subit une permutation cyclique d'une case, la ligne 2 de deux cases, etc. ;
  — une transformaton est appliquée à chaque colonne à l'aide des autres (**MixColumns**) ;
  — ajout de la clé de tour (**AddRoundKey**) par un XOR. Pour chaque tour une clé différente est génrée à partir de la clé initiale cela un algorithme de diversification de la clé.

On répète ensuite neuf fois le tour un. Le dernier tour est le même que les précédents un sauf qu'il n'y a pas d'opération MixColumns.

Nous ne détaillerons par davantage le détail de chaque opération mais la figure 7.1 permet d'avoir un vision synthétique du chiffrement AES.

7.2.4 Déchiffrement

Pour le déchiffrement, les clés de tour sont utilisées dans l'ordre inverse. Il suffit d'appliquer les étapes de chiffrement dans l'ordre inverse mais en inversant chaque opération.

Notons que nous avons finalement deux algorithmes différents, un pour chiffrer et un pour déchiffrer. Ce constat simple sera important pour l'utilisation d'AES dans le protocole LoRaWAN que nous verrons plus loin.

7.2.5 Modes de chiffrement

Comme nous l'avons vu AES est un chiffrement par blocs. Le texte clair est découpé en blocs de 128 bits et chaque bloc est ensuite chiffré.

Mais comment s'opère en pratique le chiffrement sur ces blocs ? Est-ce que chaque bloc est chiffré indépendamment ou le chiffré d'un bloc dépend du bloc précédent ? Et de quelle manière ? Comme nous allons le voir, il y a différents modes de chiffrement. Nous en présentons deux dans la suite.

Mode ECB

ECB signifie *Electronic Codebook* (livre de codes électronique). Il s'agit d'un mode de chiffrement dans lequel un message est divisé en blocs de taille fixe,

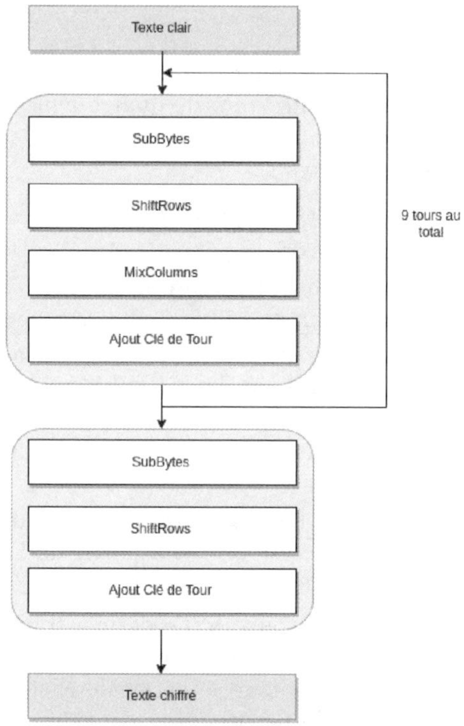

FIGURE 7.1 – Chiffrement AES

chacun d'entre eux étant chiffré indépendamment des autres avec la même clé comme on peut le voir sur la figure 7.2.

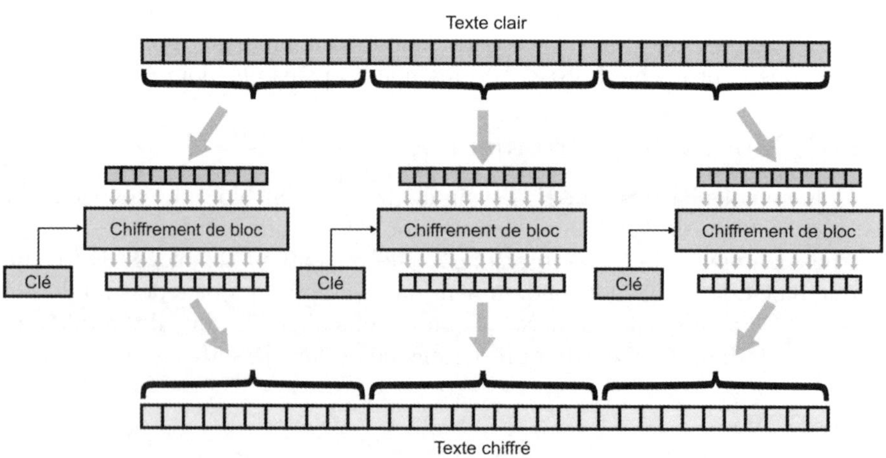

FIGURE 7.2 – Mode ECB (source : Wikipédia Commons)

Ce mode est très simple d'utilisation. Il est possible de modifier une partie des données sans que cela ne modifie l'ensemble du chiffré. Pour gagner en rapidité, on peut même pré-calculer les chiffrés des blocs les plus courants et en générer un dictionnaire.

Les inconvénients sont finalement la contrepartie des avantages mentionnés ci-dessus. Un attaquant peut de même se constituer un dictionnaire des chiffrés. De plus, si deux blocs du texte clair sont identiques, leurs chiffrés seront aussi identiques. De même si deux parties de deux blocs sont identiques, elles auront le même chiffré.

La propriété de **diffusion** que doit caractériser un bon chiffrement est aussi mise à mal comme on peut le voir avec les figures 7.3 qui représentent une image en clair avec son chiffré en AES 128 en mode ECB. Nous y voyons clairement que des motifs restent largement visibles dans le chiffré. Ils correspondent à des parties de l'image identiques, c'est-à-dire des blocs ou des parties de blocs identiques.

FIGURE 7.3 – Image initiale et son chiffré AES en mode ECB

Le mode ECB est donc considéré comme peu sécurisé et il n'est pas recommandé de l'utiliser sauf si ce manque de diffusion n'est pas problématique.

Enfin, il ne garantit pas l'intégrité du message. En effet, un attaquant peut modifier des blocs chiffrés sans que cela n'ait de répercussion sur les autres blocs.

Cependant, la plupart des modes de chiffrement ne garantissent pas l'intégrité. On leur adjoint donc un code MAC pour attester l'intégrité.

Un code MAC est une courte suite de données de taille fixe analogue à un *hash* qui permet d'attester que le message n'a pas été modifié mais aussi d'authentifier l'expéditeur. C'est la différence avec un *hash* car ce bloc dépend d'une clé secrète.

Mode CBC

CBC signifie *Cipher Block Chaining*. C'est une technique de chiffrement symétrique qui utilise un XOR pour combiner chaque bloc de données avec le chiffré du bloc précédent, créant ainsi une « chaîne » de blocs chiffrés comme on peut le voir sur la figure 7.4. Le premier bloc est combiné avec un vecteur d'initialisation unique. Il s'agit d'un bloc de même longueur que les blocs de texte clair souvent obtenu par un générateur de nombres pseudo-aléatoires.

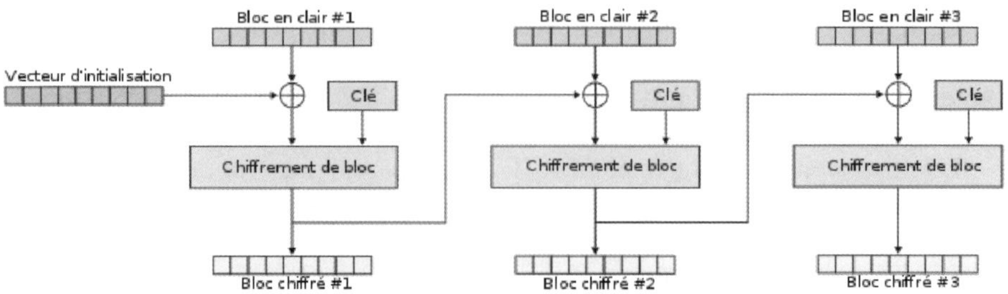

FIGURE 7.4 – Mode CBC (source : Wikipédia Commons)

7.3 Cryptographie asymétrique

7.3.1 Forces et faiblesses de la cryptographie symétrique

Bien que très rapide d'exécution, la cryptographie symétrique présente de nombreuses limitations.

La plus grande est qu'il nécessite la communication préalable de la clé secrète entre les parties qui souhaitent communiquer de manière sécurisée. Il faut qu'elles soient certaines de disposer d'un canal de communication sûr. Cela peut être difficile à gérer dans les situations où il y a de nombreuses parties impliquées ou lorsque les parties se trouvent à des emplacements éloignés.

De plus, le chiffrement symétrique ne garantit pas automatiquement l'authentification des parties qui communiquent. Cela signifie qu'une personne malveillante pourrait potentiellement se faire passer pour une autre partie et envoyer des messages chiffrés à une autre partie sans être détectée. Il est aussi vulnérable aux attaques de type *man-in-the-middle* dans lesquelles une personne intercède dans la communication entre deux parties et tente de découvrir la clé secrète en analysant les messages chiffrés.

7.3.2 Comment s'échanger une clé ?

La sécurité des chiffres symétriques repose sur le fait que le texte chiffré a suffisamment été complexifié pour qu'il soit très difficile voire impossible en temps de calcul raisonnable de le décrypter si on ne connaît pas la clé secrète.

Il demeure le problème de l'échange de clés. Comment procéder, surtout si on suppose qu'aucun canal de communication n'est sécurisé ?

En 1976, Whitfield Diffie et Martin Hellman, dans *New Directions in Cryptography* décrivent le premier mécanisme d'échange de clés qui a donné les bases de la cryptographie asymétrique. Voici le fonctionnement simplifié :

— Alice et Bob choisissent un nombre public a.

— Alice choisit un nombre secret x_1 connu d'elle seule. Elle calcule a^{x_1} et l'envoie à Bob. Tout le monde voit cette dernière valeur.

— Bob choisit aussi un nombre secret x_2 connu de lui seul. Il calcule a^{x_2} et l'envoie à Alice. Tout le monde voit aussi cette valeur.
— Bob calcule $k = (a^{x_1})^{x_2}$.
— Alice calcule $k = (a^{x_2})^{x_1}$.

Prenons un exemple avec $a = 7$. Alice choisit $x_1 = 5$ et elle envoie $a^{x_1} = 16807$. Bob choisit $x_2 = 3$, envoie $a^{x_2} = 343$ à Alice. Là encore, tout le monde voit cette valeur. Alice calcule alors $k = a^{x_2})^{x_1} = 343^5 = 4747561509943$. De même, Bob calcule $(a^{x_1})^{x_2} = 16807^3 = 4747561509943$. Ils ont ainsi pu s'échanger un secret partagé, une clé commune, sur un canal non sécurisé !

Ceci dit dans l'explication précédente, on voit qu'il suffit de calculer le logarithme népérien de a^{x_1} et a^{x_2} pour retrouver x_1, x_2. Comme a est connu, on en déduit la valeur de k.

Logarithme népérien

Le logarithme népérien est une fonction définie sur $\mathbb{R}_+^*$ prenant ses valeurs dans $\mathbb{R}$. Sur son ensemble de définition, elle vérifie : $\ln(ab) = \ln(a) + \ln(b)$ et donc $\ln(a^x) = x \times \ln(a)$.

Ici il s'agit de logarithme en base e, ce qui signifie que $\ln(e) = 1$.

Toujours avec les valeurs de l'exemple ci-dessus, un attaquant connaît $a = 7$ et sait que 16 807 est le résultat de $a^{x_1} = 7^{x_1}$. Il lui suffit de résoudre l'équation d'inconnue x_1 :

$$\begin{aligned}
7^{x_1} &= 16807 \\
\ln(7^{x_1}) &= \ln(16807) \\
x_1 \times \ln(7) &= \ln(16807) \\
x_1 &= \frac{\ln(16807)}{\ln(7)} \\
x_1 &= 5
\end{aligned}$$

On procède de même pour x_2 et on trouve alors le secret partagé. Il nous a suffi d'inverser l'exponentiation. Ce qui est simple si on calcule dans $\mathbb{R}$ avec le logarithme népérien.

Notons cependant que l'algorithme d'échange de clé de Diffie-Hellman ne se déroule pas dans $\mathbb{R}$ mais dans un corps fini comme $\frac{\mathbb{Z}}{pZ}$ où p est un nombre premier. C'est-à-dire que tous les calculs se font modulo p.

Dans un corps fini, i nverser l 'exponentiation, s 'appelle c alculer u n **logarithme discret** et c'est un problème difficile.

Problème du logarithme discret

Soit $\dfrac{\mathbb{Z}}{pZ}$ un corps fini et g un de ses générateurs. Cela signifie que tout élément de $\dfrac{\mathbb{Z}}{pZ}$ peut être obtenu via une puissance de g.

Pour un élément y dans ce corps, trouver $x \in \mathbb{Z}$ tel que $g^x = y$ est le problème du logarithme discret en base g.

Notons qu'il existe plusieurs algorithmes pour le logarithme discret qui peuvent être plus efficaces que la recherche exhaustive, mais on n'en connaît aucun en temps polynomial.

La méthode de Diffie et Hellman contient une idée essentielle pour la suite : les notions de **clé publique** et de **clé privée**. Elle montre comment deux personnes disposant chacune d'une paire de clés peuvent fixer un secret partagé qui pourra être utilisé comme clé pour un chiffrement symétrique.

Cela va donner naissance à la cryptographie asymétrique où la clé pour chiffrer n'est pas la même que pour déchiffrer. On parle aussi de **cryptographie à clé publique**.

7.3.3 Cryptographie à clé publique

La cryptographie à clé publique est basée sur des fonctions à sens unique avec trappe secrète. Calculer l'image d'un élément est facile et rapide. Trouver l'antécédent, si on ne dispose pas d'une information secrète (la clé privée), est difficile comme on peut le voir sur la figure 7.5.

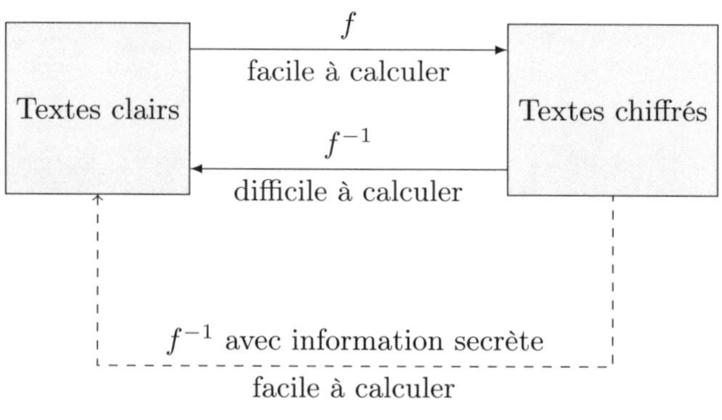

FIGURE 7.5 – Fonction à sens unique

7.3.4 RSA

RSA est un exemple d'un tel chiffrement *asymétrique*. Il a été décrit par les mathématiciens Ronald Rivest, Adi Shamir et Leonard Adleman en 1978 dans l'article « A Method for Obtaining Digital Signatures and Public-key Cryptosystems »[8].

La fonction à sens unique et à trappe secrète utilisée est basée sur la décomposition d'un grand nombre en produit de facteurs premiers qui est un problème mathématique difficile à résoudre. Par exemple, on sait que 21 se décompose en 3×7 qui sont deux nombres premiers. De même, on trouve assez vite que 667 se décompose en 29×23. On constate cependant que cela peut vite devenir difficile lorsque la taille du nombre augmente.

Pour chiffrer et déchiffrer, RSA utilise des calculs d'arithmétique modulaire que nous avons déjà vus en page 156. Le modulo public n est le produit de deux grands nombres premiers p et q secrets.

À titre d'exemple, un module RSA de 512 bits seulement est un nombre de plus de 150 chiffres comme :

$n =$ 10 287 348 222 053 960 094 432 443 562 734 435 157 122 326 453 884 667 845 618 308 875 349 621 256 004 464 919 905 685 192 568 307 615 262 275 836 212 950 610 667 525 073 350 215 105 102 326 700 659 845 227

Ce nombre est le produit des deux nombres premiers suivants :

$p =$ 104 392 977 014 251 642 284 356 743 553 107 348 066 812 368 034 800 462 793 923 703 846 312 175 735 207

$q =$ 98 544 447 301 752 299 700 948 519 599 673 163 318 776 205 106 400 118 102 287 058 529 081 502 376 861

Actuellement, il est recommandé que la taille des clés RSA soit d'au moins de 2 048 bits, soit un nombre de plus de 600 chiffres.

Pour utiliser RSA, nous avons besoin de générer une paire de clés composée d'une clé publique et d'une clé privée.

Création des clés

Pour créer cette paire de clés, chaque utilisateur doit :

- choisir deux nombres premiers p et q « grands » et relativement « éloignés » ;
- calculer $n = pq$ qui sera le **module de chiffrement** ;
- calculer $\varphi(n) = (p-1)(q-1)$ qui est la valeur de l'**indicatrice d'Euler** en n ;
- choisir e premier avec $\varphi(n)$ et strictement inférieur à $\varphi(n)$. C'est l'**exposant de chiffrement** ;
- calculer d inverse de e modulo $(p-1)(q-1)$. On peut le calculer avec l'algorithme d'Euclide étendu. C'est l'**exposant de déchiffrement**.

La clé publique est donc (e, n). La clé privée est (d, n).

Par exemple, au moment d'écrire ces lignes, une connexion sécurisée en HTTPS au site `https://www.iut-blagnac.fr/` utilise RSA avec les paramètres visibles sur la capture d'écran 7.6.

8. `https://people.csail.mit.edu/rivest/pubs/RSA78.pdf`

Informations sur la clé publique	
Algorithme	RSA
Taille de la clé	2048
Exposant	65537
Module	B5:3F:74:5A:14:6C:0F:12:FD:A0:85:05:8C:17:1C:7A:2F:47:AE:87:F3:C6:E3:96:F A:19:CC:1C:49:27:A6:50:01:6D:6B:8C:68:59:F4:03:7B:C0:EE:8D:3D:53:E4:D7:8 9:76:82:9C:4E:C6:62:07:B2:22:8E:85:0C:00:59:D3:B1:4B:9A:2A:31:B8:CF:98:B 0:14:22:2D:8A:43:78:66:85:C3:91:52:33:B1:4B:DA:B3:E3:51:8D:9F:0E:4F:02:1 1:B3:93:AD:65:95:C6:FA:E5:5B:A1:A1:3E:FE:74:63:30:DA:8F:96:D4:50:03:76:0 0:4C:CE:27:88:56:AC:01:AC:B5:45:2C:DD:57:48:E0:B4:4F:B9:A0:0C:3C:A0:56: A2:03:7A:D8:E8:3E:26:33:51:A0:DB:3B:8D:70:BE:4A:28:16:F0:09:00:B2:66:76: 60:3F:2D:7A:2F:3A:2F:59:FA:D2:86:1E:CC:E5:F9:4C:23:E1:36:A6:58:27:7A:D7: E1:CE:BB:1F:23:BC:EC:03:AD:73:60:EF:AE:DC:DC:33:5D:74:17:71:0D:66:37:D D:CF:2C:8A:B8:7E:F2:AD:15:AD:D3:1F:A9:0A:A6:73:E6:12:05:8D:23:7B:4D:D9: 6A:51:41:6E:59:89:BC:79:A6:AE:15:23:72:E2:14:61:05

FIGURE 7.6 – Informations sur la clé publique RSA (dans Firefox)

Nous voyons sur l'image 7.6 que l'exposant de chiffrement est 65537. Le module de chiffrement est donné en base 16. En Python, il suffira d'exécuter les lignes suivantes pour trouver sa valeur en base 10.

```
modulus = "B5:3F:74:.....14:61:05"
mod = modulus.replace(":","")
int(mod, 16)
```

Le module RSA en base 10 est donc : 22 880 423 778 780 022 134 816 775 093 880 622 022 614 103 350 851 557 439 550 390 009 355 510 791 142 383 730 424 959 585 424 688 962 964 682 668 523 642 501 775 100 312 827 505 563 693 771 122 570 608 442 710 754 962 814 701 192 922 361 126 419 202 991 229 051 116 136 880 881 459 347 083 151 116 690 075 532 019 619 556 017 140 839 583 533 704 765 886 065 072 890 882 512 210 136 280 044 878 347 137 605 697 769 398 739 696 249 756 699 553 308 542 438 726 868 671 742 960 723 214 887 590 094 385 088 731 584 110 054 969 512 842 031 174 470 714 643 654 060 228 086 208 992 197 064 104 392 435 579 034 731 003 188 910 868 442 478 877 619 909 075 909 418 505 859 451 167 560 694 444 177 263 265 437 021 344 062 947 997 705 015 372 555 382 911 886 817 696 900 323 289 234 598 505 590 031 060 096 969 057 156 116 832 870 661.

On laissera au lecteur en exercice la factorisation de ce nombre en produit de deux facteurs premiers (nous contacter si c'est trouvé). Dans la section suivante, nous allons voir comment s'opèrent concrètement le chiffrement et le déchiffrement avec RSA.

Chiffrement et déchiffrement

Alice veut envoyer à Bob un message secret M dont la clé publique est (e, n). Pour simplifier, on considère que $M \in \dfrac{\mathbb{Z}}{n\mathbb{Z}}$, quitte à convertir le message en nombres et à le découper en blocs pour que sa longueur soit inférieure à n.

— Chiffrement : Alice calcule $C = M^e\ [n]$ qui est le message chiffré.

— Déchiffrement : Bob reçoit C et calcule $C^d\ [n]$ qui vaut M.

Preuve de RSA

En première lecture, on pourra passer cette partie sur la preuve de RSA. Nous souhaitons montrer qu'avec les notations précédentes :

$$C^d \equiv M\ [n]$$

On a : $C^d \equiv (M^e)^d \equiv M^{ed}\ [n]$.

On sait que d est l'inverse de e modulo $(p-1)(q-1)$. Il existe donc un entier $k \in \mathbb{Z}$ tel que $ed = 1 + k(p-1(q-1)$. C'est exactement la définition de l'inverse d'un nombre. À l'aide des règles de calcul sur les puissances, on trouve :

$$M^{ed} \equiv M \times M^{(p-1)(q-1)k}\ [n]$$

Il nous faudrait alors montrer que $M^{(p-1)(q-1)k} \equiv 1\ [n]$ pour conclure. On dispose d'un résultat proche qui est le petit théorème de Fermat : si p est un nombre premier et si a est un entier non divisible par p, alors :

$$a^{p-1} \equiv 1\ [p]$$

Donc, d'après le petit théorème de Fermat, on peut écrire que :

$$M^{ed} \equiv M \times (M^{p-1})^{(q-1)k} \equiv M\ [p]$$

De même, on obtient :

$$M^{ed} \equiv M\ [q]$$

En écrivant autrement ces congruences sous la forme $M^{ed} - M \equiv 0\ [p]$ et $M^{ed} - M \equiv 0\ [q]$, on voit que cela signifie que $M^{ed} - M$ est un multiple de p et aussi un multiple de q. Or p et q sont des nombres premiers. Donc $M^{ed} - M$ est un multiple de leur produit $pq = n$.

Ainsi $M^{ed} - M \equiv 0\ [n]$ ce qui signifie bien :

$$M^{ed} \equiv M\ [n]$$

Et comme $C \equiv M^e\ [n]$, on trouve bien le résultat :

$$C^d \equiv M\ [n]$$

7.4 Le hachage

En plus d'avoir besoin d'assurer la confidentialité des messages, on souhaite également s'assurer de leur **intégrité**. C'est-à-dire, être raisonnablement sûr que le message n'a pas été modifié ou corrompu pendant la transmission ou le stockage, que ce soit accidentel ou intentionnel.

Pour cela on applique au message une fonction de hachage. Elle prend en entrée des données de taille arbitraire et les transforme en une valeur de taille fixe, appelée, « empreinte » (ou *hash*).

Les fonctions de hachage couramment utilisées sont par exemple MD5, SHA1, SHA-256. Elles reposent sur des algorithmes publics et aucune clé ou donnée secrète n'intervient dans le calcul.

Fonction de hachage h

Une fonction de hachage est une fonction qui transforme des données m de taille quelconque en une empreinte $y = h(m)$ de taille fixe (256 bits le plus souvent).

Par exemple, l'empreinte SHA-256 de ce livre au moment de sa rédaction est une chaîne de caractères de 256 bits de long représentée en hexadécimal (en base 16) qui vaut :

9ab8f8e7cbd458a80cb69a8120f8d93a58437440321af4206ae4ad79162012ab

En remplaçant un seul « é » par un « è » dans le livre, la nouvelle empreinte devient :

c8e563e21448a8aaea0e0fcaaaa4fd075b843ebbf073d08524beadc793fe5516

On remarque que l'empreinte est complètement différente.

7.4.1 Fonction de hachage cryptographique

Une bonne fonction de hachage cryptographique doit avoir les propriétés de résistances suivantes :

- résistance à la première pré-image : difficile de trouver m, connaissant y. Il est très difficile de remonter au texte de départ à partir de son empreinte ;
- résistance à la seconde pré-image : connaissant m et y, difficile de trouver m' tel que $h(m') = y$. Il est très difficile de trouver un second texte qui a la même empreinte qu'un texte donné dont l'empreinte est connue ;
- résistance aux collisions : difficile de trouver m et m' tels que $h(m) = h(m')$. Il est très difficile de trouver deux textes différents qui ont la même empreinte.

En 2017, des chercheurs de Google et du Centre pour les mathématiques et l'informatique d'Amsterdam, on réussit à obtenir une collision avec SHA-1[9]. Ils ont pu obtenir deux fichiers PDF distincts ayant la même empreinte SHA-1, comme on peut le voir figure 7.7.

FIGURE 7.7 – Collision SHA-1

L'utilisation de SHA-1 n'est donc plus recommandée. On préferera utiliser SHA-256 à la place. préférée.

7.5 AES dans l'IoT avec LoRaWAN

AES n'a pas été initialement prévu pour fonctionner sur des systèmes embarqués. Ceci dit, de nombreux travaux montrent qu'il est possible d'intégrer cet algorithme dans des objets contraints jusqu'à même des tags RFID. Ici nous allons nous intéresser à l'utilisation d'AES dans le protocole LoRaWAN.

7.5.1 LoRaWAN

LoRaWAN est un protocole *Low Power Wide Area Network* (LPWAN) de communication sans fil dédié à l'IoT. Il permet des communication longue portée tout en utilisant très peu d'énergie. LoRaWAN est aussi le nom de l'architecture système du réseau. Le terme LoRa désigne la couche physique, c'est-à-dire ici la modulation radio utilisée pour assurer une connectivité longue distance et surtout basse consommation. LoRa opère sur les bandes de fréquence autour de 868 MHz en Europe. Ce sont des bandes libres. LoRaWAN est l'acronyme de *long-range wide-area network*.

Selon la norme LoRaWAN, le débit est compris entre 0,3 et 50 kbps. Soit entre 40 octets et 6 Ko par seconde. C'est bien sûr faible comparé à du streaming vidéo mais ce n'est pas l'objectif.

9. `https://shattered.io/`

Le cas d'usage typique est celui d'objets connectés qui procèdent à de la mesure de grandeurs physiques (température, humidité du sol, consommation d'électricité ou d'eau, etc.) et envoient les données à intervalles réguliers en consommant le moins possible.

La portée peut être élevée. Le dernier record a été établi en 2020 avec un ballon à haute altitude rempli d'hélium auquel a été fixé un émetteur LoRaWAN. La portée atteinte a été de plus de 800 km et le ballon était à 38 km d'altitude.

En conditions normales – et en respectant les limitations légales d'utilisation de la bande de fréquence 868 Mhz –on peut compter sur quelques dizaines de kilomètres en zone dégagée. En ville, c'est de l'ordre du kilomètre, parfois moins, suivant la position de l'objet par rapport à l'antenne la mieux placée.

7.5.2 Activation de l'objet

Afin de pouvoir émettre et recevoir des messages sur le réseau, un objet doit avoir été activé. Cela signifie qu'il a d'abord été déclaré dans le serveur de réseau puis qu'il a suivi l'une des deux procédures d'activation :

— Activation By Personalization (ABP) : les clés de chiffrement sont stockées dans les équipements. L'objet est préconfiguré avec les clés de session « en dur » : DevAddr, NwkSKey et AppSKey. À partir de ces trois clés, un « flux de clé » (*keystream* est généré pour le chiffrement. Aucune possibilité de changer les clés après déploiement. ABP est le plus souvent utilisé pour des grands déploiements ;

— Over The Air (OTAA) : les clés de chiffrement sont obtenues par un échange avec le serveur de réseau un peu à la manière d'une connexion https. L'objet est configuré avec une clé AppKey identique avec celle définie sur le serveur d'application. C'est le secret commun entre l'objet et le serveur. Au démarrage, le nœud tente de se connecter par lui-même en envoyant une requête dite de *join* au serveur LoRaWAN. Si le serveur l'accepte, deux clés dites de session (NwkSKey et AppSKey) sont négociées et générées à partir du secret commun. Ces clés sont conservées jusqu'à leur réinitialisation.

7.5.3 Clés de session

Ainsi l'objet et le serveur de réseau ont un secret commun. C'est ce qu'il nous faut pour mettre en place un chiffrement symétrique. Quel que soit le mode d'activation utilisé, nous aurons finalement deux clés de session. En OTAA, elles sont générées à partir de la clé Appkey de 128 bits. Les deux clés sont NwkSKey et AppSKey :

— NetworkSessionKey (NwkSkey) qui assure l'identification (empêche des attaques du type « homme du milieu » ou une modification des messages à la volée). Elle utilise un clé AES 128 pour générer un code MIC (Message Integrity Code) pour chaque message.

— Application Session key (AppSKey) pour du chiffrement point à point du message (d'application à application).

7.5.4 Analyse d'un paquet de données

En nous abonnant au flux MQTT d'une passerelle, nous avons pu intercepter une des *phyPayLoad* d'un objet. Bien sûr, une partie de celle-ci a été chiffrée à partir d'une des clés ci-dessus. C'est un message *uplink*, c'est-à-dire envoyés par l'objet. La figure 7.8 vous donne la structure complète d'un tel paquet LoRaWAN.

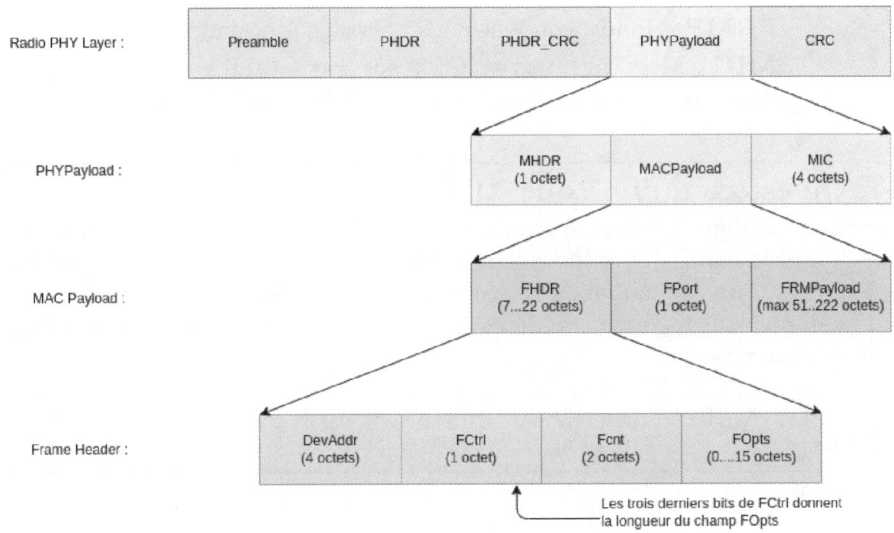

FIGURE 7.8 – Structure d'un paquet uplink

Nous allons analyser ce message de type *uplink* afin de bien comprendre comment fonctionne le chiffrement avec ce protocole et par la même occasion découvrir un protocole IoT en détails. Cela vous sera aussi très utile pour les exercices en fin de chapitre. La structure du « train » de bits de la phyPayload est donnée dans la table 7.5.

MHDR	MACPayload	MIC
1 octet	1 octet minimum	4 octets

TABLE 7.5 – Structure des octets de phyPayLoad

— **MHDR** (MAC Header) spécifie le type de message (join request, data up, data down, etc.) et la version du format de la trame LoRaWAN générée. Taille : 1 octet. Les trois premiers bits codent le Mtype (le *Message type* : *join request, accept, Unconfirmed Data Up,* etc.). Pour de la donnée envoyée sans confirmation (*Unconfirmed Data Up*), ils valent 0b010 selon les spécifications.

— **MACPayload** : ces octets contiennent le *frame header* (FHDR), suivi de façon optionnelle par le Fport, puis notre message *frame payload* (FRMPayload) et enfin le code MIC.

  — **FHDR** : contient les adresses de source/destination et la valeur du compteur de messages (*frame counter*) ;
  — **Fport** : 0 si le message ne contient que des commandes MAC, ou une autre valeur pour indiquer que les données dépendent d'une application ;
  — **FRMPayload** : contient notre message à déchiffrer !
  — **MIC** : Message Integrity Code sur 4 octets. Il est calculé à partir de la concaténation des champs MHDR et MACPayload.

Qu'est ce qu'un code MIC ?

MIC signifie *Message Integrity Code*. C'est un code de vérification qui garantit l'intégrité et l'authenticité des messages échangés. Il est calculé à partir du contenu du message à l'aide d'un algorithme de hachage ou de chiffrement et permet de détecter toute altération du message pendant la transmission.

En LoRaWAN, et pour résumer simplement, il est obtenu à partir du chiffré AES-128 du message. Plus précisément c'est l'algorithme AES-CMAC.

7.5.5 Accès à la donnée

Comme vu ci-dessus, la **MACPayload** est structurée de la façon donnée dans la table 7.6.

FHDR	FPort	FRMPayload
7 à 22 octets	1 octet	le reste...

TABLE 7.6 – Structure des octets de MACPayload

Selon les spécification, le **FHDR** peut contenir jusqu'à 22 octets car on peut y rajouter des options. Il va donc falloir connaître le nombre de ces options afin de savoir à partir de quel octet commencent **FRMPayload**.

Toujours en suivant la figure 7.8, le champ **FHDR** sera strcuturé de la façon indiquée dans la table 7.7.

DevAddr	**FCtrl**	**FCnt**	**FOpts**
4 octets	1 octet	2 octets	0 à 15 octets

TABLE 7.7 – Frame Header – FHDR

- **DevAddr** est un entier codé en 32 bits stocké sur 4 octets. Selon la ligne 330 des specs : *The over-the-air octet order for all multi-octet fields is little endian.* Les octets de poids faible au début de la trame ;
- **FCtrl** est un octet dont les trois derniers bits codent la longueur du champ **FOpts** (ligne 499 et 670). C'est exactement ce qui nous intéresse afin de savoir où couper notre train de données binaires ;
- **FCnt** sur 2 octets est le compteur de messages. Ligne 653 : *Frame counters are 32bits wide, The FCntfield corresponds to the least-significant 16 bits.*

Nous pouvons ainsi vérifier que l'on a bien intercepté un message venant de notre objet dont le **DevAddr** est connu ainsi que la valeur du compteur de trames (*frame*) **FCnt**.

Afin de déterminer à partir de quels octets de **MACPayload** commence **FRMPayload**, il nous faut la longueur du champ **FOpts**.

Comme vu, la longueur du champ **FOpts** est donnée par les trois derniers bits de l'octet **FCtrl**.

Une fois celle-ci connue, on peut obtenir la longueur du champ **FHDR** et donc savoir où commence précisément le message chiffré que l'on recherche.

En passant, on sait aussi où se trouve l'octet **FPort** et celui-ci va nous intéresser car il nous indique quelle clé de chiffrement est utilisée :

- FPort = 0 : la clé est **NwkSKey** ;
- FPort = 1 : la clé est **AppSKey**.

En fonction de celle-ci on saura quelle clé de chiffrement utiliser pour déchiffrer notre message.

7.5.6 Chiffrement en LoRaWAN

Nous allons ici étudier le chiffrement et déchiffrement de la FRMPayload. Pour alléger, et dans toute la suite, on la notera pld.

L'algorithme de chiffrement utilisé en LoRaWAN est basé sur AES-128. Attention, ce n'est pas un chiffrement AES au sens strict, il utilise simplement AES comme nous allons le voir.

Pour chaque message envoyé par un objet, l'algorithme calcule une suite de blocs A_i tous de 128 bits de long. Ces blocs vont dépendre de la valeur du compteur de messages envoyés par l'objet et de numéro i du bloc lui-même.

Un simple XOR ?

Selon les spécifications, chiffrement et déchiffrement du message s'opèrent en tronquant au *len(pld)* premiers octets de :

$$(pld \mid pad_{16}) \oplus S$$

avec les notations suivantes :

— *pld* est la payload, c'est-à-dire les données utiles ;

— Le symbole | représente l'opérateur OR. Il opère un OU logique bit à bit ;

— pad_{16} ajoute des zéros afin que la longueur totale de la donnée soit un multiple de 16. C'est ce que l'on appelle le *padding* ;

— S est une suite de chiffrés avec AES-128 de certaines données que nous allons calculer.

Suite S

Selon les spécifications (page 21) : $S = S_1|S_2|\ldots|S_k$ où $k = \lceil len(pld)/16 \rceil$. Cela signifie simplement que, par exemple si len(pld) est 18, il nous faudra calculer deux blocs S_1 et S_2.

Autrement dit, nous allons générer autant de S_k qu'il est nécessaire afin de littéralement pouvoir recouvrir les octets de la payload en ayant un multiple de 16.

Par définition :

$$S_i = aes128encrypt(K, A_i)$$

où $aes128encrypt()$ est la fonction de chiffrement AES, K est la clé de chiffrement utilisée et A_i le bloc présenté ci-dessus et défini plus précisément dans la table 7.8.

Contenu	que des 1	que des 0	Dir	DevAddr	FCntUP/FCntDown	que des 0	Valeur de i
Taille	1 octet	4 octets	1 octet	4 octets	4 octets	1 octet	1 octet

TABLE 7.8 – Structure d'un bloc A_i

— **Dir** vaut 0 pour un uplink et 1 pour un downlink.

— **FCntUP ou FCntDown**. Ce champ est codé sur quatre octets. Cependant, on a vu que fCnt est codé sur deux octets... Selon les spécifications : *the FCnt field corresponds to the least-significant 16 bits of the 32-bits frame counter (i.e., FCntUp for data frames sent uplink)*. Pour information, nous sommes en little endian.

Nous avons ainsi vu tout le nécessaire pour comprendre en profondeur le chiffrement utilisé par le protocole LoRaWAN.

Le chiffrement LoRaWAN en bref ?

Les messages sont chiffrés par AES-128 en mode CTR (pour compteur).

Nous avons un vecteur d'initialisation contenant un compteur (le bloc A_i) que l'on va chiffrer en AES-128 avec la clé **NwkSKey** ou la clé est **AppSKey** selon les cas.

On obtient un bloc, plus précisément une suite chiffrante, avec lequel nous allons masquer par un XOR bit à bit le texte clair.

C'est le principe du masque jetable ou chiffrement de Vernam.

L'avantage est que ce mode permet de ne coder que la fonction de chiffrement AES dans l'objet. On utilisera la même pour déchiffrer. Ce qui permet d'économiser de l'espace et de l'énergie.

7.6 Futur de la cryptographie pour l'IoT

En 2013, le NIST (*National Institute of Standards and Technology*) démarra un processus visant a élaborer et standardiser des algorithmes de cryptographie légère. C'est exactement la même démarche ouverte qui a été suivie pour AES en 1997.

Il a reçu cinquante-sept propositions d'algorithmes. Suite aux avis et retours de la communauté des chercheurs et chercheuses en cryptographie, dix finalistes ont été retenus en 2022 [10].

Parmi ces dix finalistes, le NIST a annoncé le 7 février 2023 que la famille d'algorithmes ASCON avait été sélectionnée et allait devenir le standard de la cryptographie légère adaptée au monde de l'IoT.

7.6.1 ASCON

ASCON est un ensemble d'algorithmes destinés à protéger les informations transmises par les plus petits objets IoT : cela peut aller du simple capteur (température mais aussi détection de failles dans les ponts), de l'actionneur habituel (ouvertures sans clés de portes de voitures) jusqu'aux objets médicaux implantés dans le corps humain.

En effet ces objets sont très contraints et ont très peu d'électronique, de ressources ou d'espace mémoire. Ils nécessitent une cryptographie dédiée avec une faible empreinte en termes de puissance de calcul et de mémoire au-delà des « poids lourds » comme AES-128.

La famille ASCON [11] comporte actuellement sept algorithmes. Les plus importants sont le hachage et l'AEAD (*authenticated encryption with associated data*).

10. `https://csrc.nist.gov/projects/lightweight-cryptography`
11. `https://ascon.iaik.tugraz.at/index.html`

Ce dernier type de chiffrement assure la confidentialité, l'intégrité des données ainsi que l'authentification de l'expéditeur.

Qu'est ce que AEAD ?

AEAD (*authenticated encryption with associated data*) est un mode de chiffrement dont la caractéristique essentielle est le traitement des données associées.

Ce sont des informations supplémentaires qui ne sont pas chiffrées mais qui sont liées aux données chiffrées. Cela peut être des en-têtes de messages, des adresses IP, des identificateurs ou des horodatages.

L'algorithme permet de s'assurer que toutes les données chiffrées sont authentiques et n'ont pas été modifiées durant l'envoi tout en gardant les données associées en clair avec un mécanisme assurant qu'elles n'ont pas non plus été modifiées.

Comme indiqué par le NIST, cela ne signe pas la fin d'AES ou des algorithmes de hachage habituels. En effet, lorsqu'il y a moins de contraintes matérielles, ceux-ci restent tout à fait recommandés, d'autant plus que la plupart des processeurs embarquent des puces dédiées aux opérations.

7.7 Exercices

7.7.1 Chiffrement de César

Exercice 1 : Écrire une fonction Python qui prend en entrée une lettre de l'alphabet en majuscule et renvoie son chiffré avec César de clé k.
Quelques éléments techniques utiles :

```
35 % 26 # opérateur modulo, renvoie le reste de 35 dans la division par 26.
ord("A") # renvoie 65, codage Unicode de "A"
chr(65) # renvoie le caractere Unicode du code 65 soit "A",
```

Solution

```
# Cesar
def chiffre_Cesar(lettre, k):
    code_lettre = ord(lettre)-65
    chiffre = (code_lettre + k) % 26
    return chr(chiffre + 65)

print(chiffre_Cesar("A", 3))
```

Exercice 2 : Écrire une fonction Python qui prend en entrée une chaîne de caractère, pour simplifier, en majuscules et renvoie son chiffré avec César de clé k.
Quelques éléments techniques utiles :

```
texte="CRYPTOGRAPHIEPOURLIOT" # définit une chaîne de caractère
for lettre in texte:
    print(lettre) # permet d'itérer sur le texte et afficher chaque lettre

liste = [] # liste vide
liste.append("A") # ajouter l'élément "A" àla liste
```

☆ **Solution**

```
# Cesar
texte="CRYPTOGRAPHIEPOURLIOT"

def chiffre_Cesar_texte(texte_clair, k):
    texte_chiffre = ""
    for lettre in texte_clair:
        code_lettre = ord(lettre)-65
        chiffre = (code_lettre + k) % 26
        lettre_chiffre = chr(chiffre + 65)
        texte_chiffre = texte_chiffre + lettre_chiffre
    return texte_chiffre

print(chiffre_Cesar_texte(texte, 3))
```

7.7.2 Attaques sur le chiffrement de César

Exercice 3 : On donne le texte suivant chiffré avec César :

FUBSWRJUDSKLHSRXUOLRW

Implémenter une attaque par **force brute**. Elle consiste en tester toutes les clés possibles.

☆ **Solution**

À l'époque de César, le niveau d'alphabétisation général était très faible. Un texte clair était donc déjà très difficile à décrypter... En utilisant la fonction de l'exercice précédent, on pourra écrire :

```
def brute_force_cesar(texte):
    for k in range(0, 26):
```

```
        print(chiffre_Cesar_texte(texte, -k))
```

Exercice 4 : Implémenter une attaque par **analyse fréquentielle** sur un texte chiffré avec César. Cela consiste en trouver la lettre qui apparaît le plus dans le chiffré. C'est un bon candidat pour être le chiffré du E qui est la lettre la plus utilisée en français.

Solution

On établit en premier lieu un dictionnaire des effectifs d'apparition de chaque lettre dans le texte avec la fonction suivante. Cette fonction renvoie un dictionnaire Python.

```
def statistiques_lettres(texteChiffre):
    count = {}
    for lettre in texteChiffre:
        count[lettre] = count.get(lettre, 0) + 1
    return count
```

Ensuite, il suffit de de chercher la clé qui a la valeur maximale :

```
dico = statistiques_lettres(texteChiffre)

freq_max = max(dico.values())

cles_candidates = [cle for (cle, valeur) in dico.items() if valeur ==
    freq_max]

print("le décalage (clé privée) candidat est : {}".format((ord(
    cles_candidates[0]) - ord('E'))\% 26))
```

7.7.3 Chiffrement de Vigenère

Exercice 5 : Écrire une fonction Python donnant le chiffré avec Vigenère d'un texte clair écrit, pour simplifier, en majuscules et sans espaces avec la clé IOT.

Solution

Pour convertir n'importe quel texte en une suite de majuscules sans accents ni espaces, vous pourrez utiliser la fonction suivante qui est intéressante d'un point de vue de l'utilisation de la structure de données dictionnaire en Python :

```
def supprime_accents_minuscules_ponctuations(message):
    """
    Supprime accents, ponctuations et met tout en majuscules
```

```
    """
    accents = {'a': ['à', 'á'],
               'e': ['é', 'è', 'ê'],
               'o': ['ô', 'ó', 'ò', 'ö'],
               'u': ['ù'],
               'i': ['ï'],
               '': ["'", ' ', ':', ',', '-', '(', ')', '.','\n'],
               }

    for (lettre_sans_accent, lettres_avec_accents) in accents.items():
        for lettre_avec_accent in lettres_avec_accents:
            message = message.replace(lettre_avec_accent,
                lettre_sans_accent)
    return message.upper()
```

Une solution candidate pour obtenir le chiffré avec Vigenère d'une chaîne de caractères texteClair avec la clé motCle pourra être :

```
def vigenere(texteClair, motCle):
    """
    chiffre un texte "normalisé" avec le cryptosystème de Vignère pour la clé
        motCle.
    """
    listeLettresTexteChiffre = []
    cle = [ord(lettre) - 65 for lettre in motCle]
    i = 0
    for lettre in texteClair:
        codeLettre = ord(lettre) - 65
        codeLettreChiffre = (codeLettre + cle[i]) % 26
        lettreChiffre = chr(codeLettreChiffre + 65)
        i = (i + 1) % len(cle)
        listeLettresTexteChiffre.append(lettreChiffre)
    return "".join(listeLettresTexteChiffre)
```

7.7.4 Attaque sur le chiffrement de Vigenère

Exercice 6 : Réaliser un script Python permettant de décrypter un message secret chiffré avec Vigenère dont la longueur de clé est connue.
Pour cela, selon la page 157, vous devrez réaliser les points suivants :

1. Découper le texte chiffré en k sous-textes.
2. Comme vu, chaque sous-texte, est chiffré avec César. Vous pourrez alors mener une attaque par fréquence sur les k sous-textes et déduire les k lettres de la clé.

Solution

On pourra utiliser la fonction suivante qui découpe un texte chiffré et renvoie une liste contenant les k sous-textes.

```
def sous_textes(texteChiffre, k):
    """
    Renvoie une liste de listes où chaque élement correspond à toutes les
    lettres en position 0, 1, 2... modulo la longueur de la clé k.
    """
    l = len(texteChiffre)
    liste_sous_textes = []
    for i in range(k):
        # sous texte modulo k
        # sous_texte_modulo_k = [texteChiffre[j] for j in range(l) if j % k
            == i]
        # ou :
        sous_texte_modulo_k = texteChiffre[i::k]
        print(sous_texte_modulo_k)
        liste_sous_textes.append(sous_texte_modulo_k)
    return liste_sous_textes
```

On utilisera à nouveau la fonction `statistiques_lettres()` vue ci-dessus que l'on appellera à partir de la fonction suivante qui renvoie le mot clé le plus probable :

```
def affiche_cle_secrete_vigenere(texteChiffre, k):
    """
    Renvoie la valeur de la clé probable d'un texteChiffre chiffré avec Vignè
        re
    par une clé de longueur k connue. Mène une attaque par fréquence sur
        chaque
    sous-texte.
    """
    liste_sous_textes = sous_textes(texteChiffre, k)
    motCleProbable = ""
    for i in range(k):
        dico = statistiques_lettres(liste_sous_textes[i])
        freq_max = max(dico.values())
        print(dico, freq_max)
        cles_candidates = [cle for (cle, valeur) in dico.items() if
            valeur == freq_max]
        cle_probable = cles_candidates[0]
        print(cle_probable)
        motCleProbable = motCleProbable + chr(((ord(cle_probable) - ord
            ('E')) % 26 + 65))
        print("le décalage candidat est : {}".format((ord(cle_probable)
            - ord('E'))))
    return motCleProbable
```

7.7.5 Arithmétique modulaire

Exercice 7 :

1. Décrire la classe d'équivalence de 7 modulo 13.
2. Déterminer la reste de la division de 243^{349} par 7.

Solution

1. Comme vu dans le cours, c'est l'ensemble de tous les entiers congrus à 7 modulo 13. Ce sont donc tous les entiers de la forme $7 + 13k$ pour tout $k \in \mathbb{Z}$.
2. Il n'est pas question ici d'essayer de calculer 243^{349} avant de chercher son reste dans la division euclidienne par 7. En cryptographie, nous allons travailler avec des nombres de plusieurs centaines de chiffres et on dépasserait largement les capacités de l'ordinateur. Manuellement, nous allons faire preuve d'astuce :
   — On commence par réduire 243 modulo 7. On trouve $243 \equiv 5$ [7]. Ainsi $243^{349} \equiv 5^{349}$ [7].
   — On calcule les puissances successives de 5 modulo 7 jusqu'à trouver une période ou une valeur simple. On trouve $5^6 \equiv 1$ [7]. En divisant 349 par 6 on trouve $349 = 6 \times 58 + 1$. Donc $5^{349} \equiv 5^{6\times 58+1} \equiv (5^6)^{58} \times 5^1 \equiv 5$ [7].
   On peut aussi utiliser un algorithme d'exponentiation rapide.

7.7.6 Division de polynômes

Exercice 8 : Effectuer les divisions euclidiennes des polynômes suivants dans $\mathbb{R}[X]$:

1. $X^4 + X^3 - X$ par $X^2 - 1$.
2. $X^7 + X^4 - X^2$ par $X^4 + 1$

Solution

1.
$$
\begin{array}{rrrr|l}
X^4 & +X^3 & & -X & X^2 - 1 \\
\cline{5-5}
-X^4 & & +X^2 & & X^2 + X + 1 \\
\cline{1-4}
 & X^3 & +X^2 & -X & \\
 & -X^3 & & +X & \\
\cline{2-4}
 & & X^2 & & \\
 & & -X^2 & +1 & \\
\cline{3-4}
 & & & 1 &
\end{array}
$$

2.
$$
\begin{array}{rrrr|l}
X^7 + X^4 & & - X^2 & & X^4 + 1 \\
\cline{5-5}
- X^7 & - X^3 & & & X^3 + 1 \\
\cline{1-3}
X^4 & - X^3 & - X^2 & & \\
- X^4 & & & - 1 & \\
\cline{1-4}
& - X^3 & - X^2 & - 1 &
\end{array}
$$

7.7.7 Fondements mathématiques d'AES

Comme dans la partie cours, l'ensemble des polynômes à coefficient dans $\frac{\mathbb{Z}}{2\mathbb{Z}}$ modulo le polynôme AES $x^8+x^4+x^3+x+1$ sera noté $\mathrm{GF}(2^8)$ dans la suite.

Exercice 9 : Dans $\mathrm{GF}(2^8)$, calculer $(x^6 + x^4 + x^2 + x + 1) + (x^7 + x + 1)$.

Solution

On trouve $x^7+x^6+x^4+x^2$. Il suffit de convertir ces polynômes en représentation binaire. Ainsi $x^6+x^4+x^2+x+1$ se code en 0b01010111 et x^7+x+1 en 0b10000011. Un XOR bit à bit donne 0b11010100 qui représente bien le polynôme $x^7 + x^6 + x^4 + x^2$.
Nous aurions pu également ajouter directement les deux polynômes en tenant compte du fait que nous travaillons dans $\mathrm{GF}(2^8)$ et que, dans cet ensemble, 1+1=0.

Exercice 10 : Dans $\mathrm{GF}(2^8)$, calculer à la main $(x^6+x^4+x^2+x+1)(x^7+x+1)$.

Solution

On doit trouver, après réduction par le polynôme AES, $x^7 + x^6 + 1$.

Exercice 11 : À l'aide de la table 7.3, trouver l'inverse du de polynôme 0x02 et le vérifiez par le calcul.

Solution

D'après la table 7.3, l'inverse de 0x02 est 0x8d. En binaire, on décode en 0b10 et l'inverse de 0b10001101. Ce qui correspond, respectivement, aux polynômes x et $x^7 + x^3 + x^2 + 1$.
Leur produit vaut $x^8 + x^4 + x^3 + x$.
On calcule alors son reste dans la division euclidienne par la polynôme AES :

$$
\begin{array}{r|l}
X^8 + X^4 + X^3 + X & X^8 + X^4 + X^3 + X + 1 \\
\cline{2-2}
- X^8 - X^4 - X^3 - X - 1 & 1 \\
\cline{1-1}
- 1 &
\end{array}
$$

On rappelle que la table d'addition est : $0 + 0 = 0$, $0 + 1 = 1$ et $1 + 1 = 0$.

Travaillant avec des coefficient modulo 2, le reste est bien $-1 \equiv [2]$.

Exercice 12 : On donne la fonction Python suivante :

```
def bi(b,i):
# renvoie le ième bit de l'octet b
if 0<= i < 8:
    return b >> i & 1
return "trop grand"
```

Donner le code Python d'une fonction nommée `transformationAffine(b)` qui prend en paramètre un octet et renvoie la valeur correspondant à la transformation affine décrite dans 7.2.2. Pour l'octet 0x63, vous devriez obtenir 0x66.

Solution

Une solution candidate serait :

```
def transformationAffine(b):
   c=0x63
   res=0
   for i in range(8):
      i4=(i+4)%8
      i5=(i+5)%8
      i6=(i+6)%8
      i7=(i+7)%8
      res=res + (bi(b,i)^bi(b,i4)^bi(b,i5)^bi(b,i6)^bi(b,i7)^bi(c,i))
         *2**i
   return res
```

7.7.8 Structure d'un paquet LoRaWAN

Exercice 13 : En nous abonnant au flux MQTT d'une passerelle LoRaWAN, nous avons pu intercepter une des phyPayLoad d'un *device*. Bien sûr, une partie de celle-ci a été chiffrée. Nous savons qu'il s'agit d'un message *uplink*.
Nous disposons des données suivantes :

```
DevAddr = "018e4b26"
NwkSkey = "026e26a58c4f234c3b9924f86dcad3a9"
AppSKey = "dd0a32bf8b4082bc4a0017e99c1517d6"
phyPayload = "QCZLjgGC4woFAwHcYJuX0c/5zJVZCw6brV8="
```

À l'aide de ce qui a été vu dans le cours et en utilisant Python :

1. Afficher la MACPayload en hexadécimal. Vous devriez trouver :

   264b8e0182e30a050301dc609b97d1cff9cc95590b

2. En explorant le champ FHDR, retrouver la valeur de DevAddr. Vous devrez utiliser le module `struct` et la fonction `unpack()`.

3. Déterminer à partir de quel octets de MACPayload commence FRMPayload. Pour cela il vous faudra trouver la longueur champ FOpts (comprise entre 0 et 15 octets). Cette longueur est codée via les trois derniers bits du champ FCtrl.
4. Vérifier à partir des données contenues dans le paquet des la clé de chiffrement AES utilisée est bien AppSKey.
5. Afficher la valeur du champ FRMPayload en hexadécimal. Vous devriez trouver DC609B97D1CFF9CC95590B.

Solution

Comme vu dans le cours, les paquets LoRaWAN sont codés en base 64 et nous devons travailler en binaire.

```
import base64
binData = base64.b64decode(phyPayload)
```

Selon les spécifications LoRaWAN et le cours, pour récupérer la MACPayload, il suffit d'utiliser le *slicing* de liste en Python et de convertir les données binaires en représentation hexadécimale de la façon suivante :

```
MACPayload = binData[1:-4]
print(MACPayload.hex())
```

On sait que le champ FHDR contient DevAddr, FCtrl et FCnt le tout sur les sept premiers octets.
Nous aurons besoin d'un moyen de convertir les objets binaires qui représentent des données structurées (les divers champs de notre paquet) en objets Python. Pour cela nous utiliserons les fonctions `pack()` et `unpack()` font partie du module `struct`.
La fonction `unpack()` permet de désemballer les données binaires en objets Python, en utilisant le format spécifié. Le format correspond à la structure de la chaîne binaire. Elle renvoie les valeurs désemballées sous la forme d'un tuple.

```
DevAddr_FCtrl_FCnt = MACPayload[:8] # 7 premiers octets

# convertion de données au format structure C en type Python
import struct

# Fopts0 sera l'octet 0 de FOpts
DevAddr, FCtrl, FCnt, FOpts0 = struct.unpack("<IBHB",
    DevAddr_FCtrl_FCnt)

# "<IBHB" signifie :
# < : ordre des octets en little endian,
# I : unsigned int (4 octets) pour DevAddr
# B : unsigned char (1 octet) pour FCtrl
```

```
# H : unsigned short (2 octets) pour FCnt
# B : unsigned char (1 octet) pour FOpts0 (inutile)

print(" DevAddr: {:08x}  FCtrl: {:b} FCnt: {:04x} FOpts0: {:0x}".
    format(DevAddr, FCtrl, FCnt, FOpts0))
```

Pour trouver la longueur champ FOpts (comprise entre 0 et 15 octets), il faut afficher les trois derniers bits du champ FCtrl.

```
print("FOpts a une taille de {} octets".format(FCtrl & 111))
```

On trouve une valeur de 2. Avec cette information, on peut afficher la valeur de l'octet FPort. Si elle est différente de 0, cela signifie que c'est bien la AppSKey utilisée pour le chiffrement.

```
print(MACPayload[9])
```

Nous récupérons la valeur du champ FRMPayload par :

```
  FRMPayload = MACPayload[10:]
  print(str(FRMPayload.hex().upper()))
```

On retrouve bien DC609B97D1CFF9CC95590B. Ces données contiennent notre texte clair chiffré en AES-128 avec la clé AppSKey.

7.7.9 Cryptographie en LoRaWAN

Dans l'exercice précédent, vous avez pu obtenir la valeur du champ FRMPayload. Nous avons également vu que cette donnée a été chiffrée avec la clé AppSKey.

Dans cette partie, vous allez déchiffrer ce message. Ce n'est pas « décrypter » car nous avons la clé de chiffrement. Vous apprendrez le mécanisme du *padding* et comment utiliser la librairie Python `cryptography`.

Par commodité, nous mettrons la valeur de FRMPayload trouvée précedemment dans la variable `pld`.

Dans toute cette section, nous utiliserons ainsi les valeurs suivantes :

```
DevAddr = 26102566 # qui correspond à"018e4b26"
AppSKey = "dd0a32bf8b4082bc4a0017e99c1517d6"
pld = "dc609b97d1cff9cc95590b"
```

Exercice 14 : Le *padding.*
Comme vu dans la section 7.5.6, le padding consiste en ajouter des octets de zéro à la payload afin d'augmenter sa longueur totale de manière à ce qu'elle soit un multiple de 16.
Donnez les lignes Python qui réalisent cette opération. Le résultat sera stocké dans une variable `pld_padded`.

Solution

La commande `len(pld)` nous renvoie 11. C'est la taille de la payload en octets. Il nous suffit de remplir avec des zéros de façon à arriver à 16 et obtenir ce qu'on notera dans la suite `pld_padded` :

```
blocksize = 16 pld_padded = pld + bytearray(blocksize-len(pld))
```

Exercice 15 : Le bloc A_1. Comme vu dans la section 7.5.6, nous allons générer une suite d'octets A_i avec les paramètres suivants tels que définis dans la table 7.8.

— **Dir** : sur un octet et vaudra 0 dans notre cas car il s'agit d'un message *uplink* ;

— **DevAddr** : sur un octet qui est le nom de notre *device* ;

— **FCntUP** : sur 4 octets ;

— Le dernier octet codera la valeur de i. Ici ce sera simplement l'octet 00000001 car nous avons besoin d'un seul bloc A_i.

Nous utiliserons Python avec le module `struct` et sa fonction `pack()`.

1. Générer un octet de 1, 4 octets de 0 et 1 octet de 0 que vous concaténerez. Le dernier octet de 0 correspond à la valeur du champ **Dir**.
2. À l'aide de la fonction `struct.pack()`, fabriquer un octet contenant **DevAddr** et le rajouter à la suite du bloc A_1 en cours de création.
3. Fabriquer les quatre octets du champ **FCntUP**. Ses deux premiers octets sont constitués par la valeur du compteur `FCnt` et les deux suivants seront des 0. Ce champ sera concaténé à la suite du A_1.
4. Terminer le bloc avec un octet de zéros suivi d'un octet codant le numéro du bloc. La commande `A1.hex()` doit vous renvoyer le bloc attendu : 010000000000264b8e01e30a00000001.

Solution

1. Pour générer un octet de 1, on pourra appeler le module natif `bytes` et sa méthode `fromhex()`. Cette dernière créée une suite de bits, donc un mot en binaire, à partir d'une représentation d'un nombre en hexadécimal. On fera de même pour les quatre octets de zéros :

```
A1 = bytes.fromhex("01") + bytes.fromhex("00")*4 + bytes.fromhex
    ("00")
```

2. Comme vu précédemment, on pourra utiliser :

```
binDevAddr = struct.pack("<I", DevAddr)
A1 = A1 + binDevAddr
```

3. Toujours avec `struct.pack()` :

```
FCntUP = struct.pack("<H",FCnt) + bytes.fromhex("0000")
A1 = A1 + FCntUP
```

4. On termine le bloc avec :

```
A1 = A1 + bytes.fromhex("00") + bytes.fromhex("01")
print(A1.hex())
# qui renvoie :
# 0100000000000264b8e01e30a00000001
```

On voit que A_i va dépendre du compteur de message. Il va permettre de générer une clé de chiffrement différente pour chaque message.

Exercice 16 : Le bloc S_1.
Comme vu dans le cours, par définition :

$$S_i = aes128encrypt(K, A_i)$$

où $aes128encrypt()$ est la fonction de chiffrement AES, K est la clé de chiffrement utilisée et A_i le bloc obtenu ci-dessus et défini dans la table 7.8.
Vous utiliserez le module `cryptography` avec les imports suivant :

```
from cryptography.hazmat.primitives.ciphers import Cipher, algorithms,
    modes
from cryptography.hazmat.backends import default_backend
```

1. À partir de la valeur de AppSKey donnée, en générer sa représentation en binaire.
2. Générer S_1. Pour rappel, on utilisera AES en mode ECB.

Solution

1. Il suffira de faire :

```
K = bytes.fromhex(AppSKey)
```

2. À l'aide de `cryptography` :

```
cipher = Cipher(algorithms.AES(K), modes.ECB() ,backend=
    default_backend())

encryptor = cipher.encryptor()
S1 = encryptor.update(A1)+encryptor.finalize()
print(len(S1), S1.hex(), type(S1))
# qui renvoie bien
# 16 octets
# 852fced19e9ab788d81c2ade056e8660 valeur de S1 en héxadécimal
# du binaire
```

Exercice 17 : Déchiffrement final.
Pour terminer le déchiffrement, faire un XOR entre votre `pld_padded` et S_1.

☆ Solution

On ne peut faire un XOR qu'avec des entiers. Il faut donc convertir nos mots binaires `pld_padded` ainsi que `S1` en entiers avant de faire le XOR :

```
endianness = 'little'
int_pld_padded = int.from_bytes(pld_padded, endianness)
int_S1 = int.from_bytes(S1, endianness)
# Déchiffrement :
int_decrypted = int_pld_padded ^ int_S1
print(int_decrypted)
# renvoie :
# 128303886904338698957051351402945007449
```

On passe à nouveau en représentation binaire à partir de l'entier obtenu ci-dessus. Un `print()` en Python permettra de retrouver le texte clair :

```
decrypted = int_decrypted.to_bytes(len(S1), endianness)
print(decrypted)
# On trouve : YOUFOUNDME!
```

8

Exercice de synthèse

Ce chapitre est un exercice de synthèse pour de nombreux points abordés dans l'ouvrage : acquisition d'une donnée physique à partir d'un capteur simple, pré-traitement en embarqué, mise au format des données, acheminement par le réseau, stockage en base de données et représentation dans un tableau de bord.

Sommaire

L'objectif de cette étude est de concevoir une dispositif **connecté** permettant la remontée d'une **mesure de courant** en **courant alternatif** (AC) dans une approche Internet des Objets.

Il peut être réalisé à partir de composants matériels relativement standards et donné sous forme d'un TD-TP à des étudiants de premier cycle universitaire, notamment en IUT ou des étudiants en école d'ingénieurs.

Le problème est découpé en quatre étapes, comme représenté sur la figure 8.1 :

1. analyse générale ;
2. conception de la partie analogique (électronique) ;
3. interfaçage avec le système à microprocesseur (informatique embarquée) ;
4. conception de l'interface d'exploitation des données (informatique serveur).

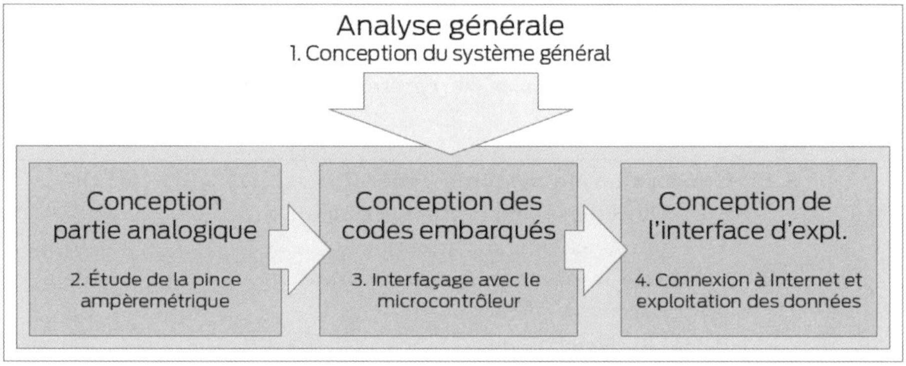

FIGURE 8.1 – Découpage des étapes

Sont utilisés par la suite :

— une pince de courant non invasive de type **SCT-013-000**, comme capteur ;

— un module **Arduino** (*cf.* chapitre 2) tel que le **Controllino** (ou un ESP32), comme module de d'acquisition, de pré-traitement et d'envoi sur le réseau ;

— le bus logiciel **MQTT** (*cf.* chapitre 4), pour transporter l'information ;

— le logiciel **MQTT Explorer**, pour visualiser les données instantanées transportées par le bus MQTT ;

— la base de données **InfluxDB** (*cf.* chapitre 5), pour le stockage de l'information sur serveur ;

— le logiciel **Grafana**, pour représenter les données stockées en base de données.

Matériel nécessaire pour mettre en œuvre cet exercice de synthèse

— Une pince de courant sans résistance en parallèle, comme par exemple une SCT-013-000 ;
— Un GBF ou un alternostat pour générer la tension sinosoïdale ;
— Une résistance de puissance ou un rhéostat pour charger la source ;
— Une résistance dont la valeur est à déterminer ;
— Un microcontrôleur supporté par la communauté Arduino, avec une entrée analogique et une interface IP Ethernet ou Wi-Fi, comme par exemple un Controllino ou un ESP32 ;
— Un serveur avec un *broker* MQTT, une base de données influxdb et un serveur Grafana installés.

8.1 Conception du système général

8.1.1 Objectifs et architecture générale

L'objectif de cette étude est de concevoir et tester un prototype de pince de courant connectée permettant la remontée d'une **mesure de courant en courant alternatif** (AC). Le système de mesure, non invasif, sera capable de mesure le courant alternatif et remonter cette information, via le réseau IP, à un serveur de base de données. Une application web, exécutée par l'ordinateur client, permettra d'aller récupérer les informations dans la base de données pour les afficher à l'écran de l'utilisateur.

La figure 8.2 illustre la topologie réseau du dispositif dans son ensemble. Au-delà de la représentation des équipements en présence, elle permet d'illustrer les différents flux de données et le comportement asynchrone des deux processus distincts :

1. la collecte de données réalisée par le système de mesure, qui envoie toute les secondes, via le protocole MQTT, un échantillon de mesure de courant dans la base de données ;
2. l'accès aux données, demandé par le serveur web à la base de données, sollicité par l'utilisateur qui requête le serveur depuis le client web.

La bonne compréhension de cet asynchronisme est fondamentale pour dimensionner finement les réseaux de collecte et les contraintes de sécurité dans un déploiement réel.

8.1.2 Introduction à la conception

Le **système de mesure** à concevoir est constitué de plusieurs éléments :

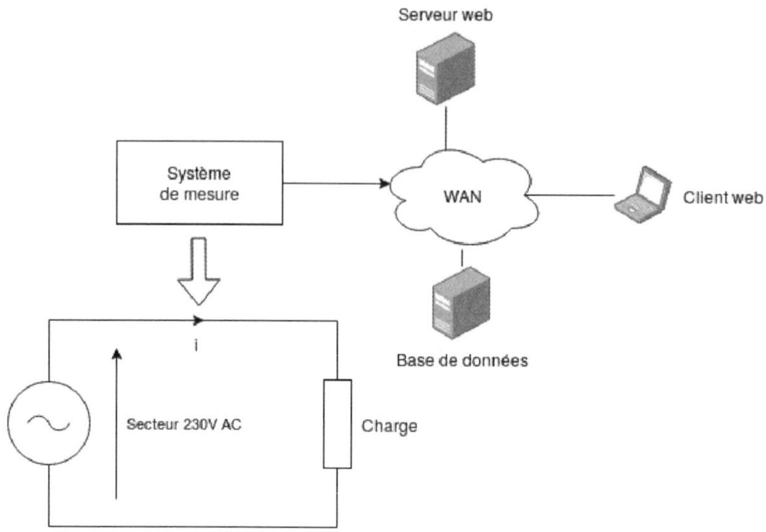

FIGURE 8.2 – Topologie du réseau

— un capteur de courant (pince ampèremétrique) ;
— un système d'acquisition analogique ;
— un microcontrôleur avec une interface réseau.

Ces éléments seront détaillés dans les sections suivantes.

8.2 Étude de la pince ampèremétrique

Principes de la mesure de courant en électricité

Pour mesurer un courant électrique, il faut ouvrir le circuit électrique, placer un ampèremètre en série avec la charge et mesurer le courant. La résistance interne de l'ampèremètre étant très petite, il ne faut surtout pas le placer en parallèle de la charge.

8.2.1 Découverte de la pince

Soit une pince de courant standard dans la communauté DIY/Arduino telle que la SCT-013-000 (*cf.* figure 8.3). Posons-nous plusieurs questions sur cette pince afin d'en identifier le principe de fonctionnement et les caractéristiques :

1. Quels sont les intérêts de cette pince pour mesurer le courant ?
2. Est-ce que cette pince fonctionne en courant continu ?

3. Quelle est la grandeur physique donnée par la pince ?
4. Quelle est la plage de courant mesurable à l'aide de cette pince ?
5. Quel est le rapport E/S ?
6. Quelle serait la limitation de ce capteur pour un déploiement réel ?

☆ Solution

1. La pince présente plusieurs intérêts :
   — elle est non invasive : elle permet la mesure de l'intensité du courant électrique sans ouvrir le circuit. L'appareil n'est donc pas éteint pour installer le capteur de courant ;
   — il n'y a pas de connexion directe au secteur si le courant mesuré provient du secteur, ce qui est un avantage en termes de sécurité électrique.
2. Cette pince ne fonctionne pas en courant continu car la sonde est basée sur un transformateur ; pour la mettre en œuvre, le courant doit être alternatif.
3. La grandeur physique donnée par la pince est un courant électrique.
4. La plage de courant mesurable est 0 - 100 A.
5. Le rapport E/S est de 2000 : Un courant de 100 A au primaire générera un courant de 50 mA au secondaire.
6. Le capteur proposé ici permet de mesurer le courant, et non la tension. Or, pour calculer une puissance puis une énergie, dans un déploiement réel, par exemple pour mesurer la consommation journalière d'un appareil, il faut également disposer de l'information de la tension ainsi que l'éventuel déphasage entre le courant et la tension, ce qui ne sera pas proposé dans cet exercice de synthèse.

FIGURE 8.3 – Pince SCT-013-000

8.2.2 Expérimentation

Préparation de l'expérimentation

On dispose d'un GBF ou d'un alternostat (sources de tension alternative), d'un ampèremètre, d'une résistance de puissance ou d'un rhéostat. La disponibilité d'un oscilloscope serait un plus pour visualiser les signaux. Gardons à l'esprit que le signal généré par le capteur, ici la pince de courant, devra être injecté sur l'entrée analogique d'un microcontrôleur.

Là encore, posons-nous plusieurs questions en vue de préparer la manipulation :

1. Pourquoi utilise-t-on un GBF ou un alternostat et non une alimentation de laboratoire ?
2. Quelle grandeur physique est capable de mesurer l'entrée analogique d'un microcontrôleur ou d'un oscillocope ?
3. Quels sont les composants électroniques à ajouter pour permettre la mesure ? Proposer alors un schéma de montage.
4. Dimensionner le ou les composants : pour cela, il faut connaître le courant maximum à mesurer, ainsi que la tension maximale admissible par le convertisseur analogique-numérique du microcontrôleur.
5. Déterminer l'équation permettant de calculer la valeur du courant au primaire $I_{primaire}$ à partir de la tension $U_{secondaire}$ qui sera présentée sur l'entrée analogique d'un microcontrôleur.

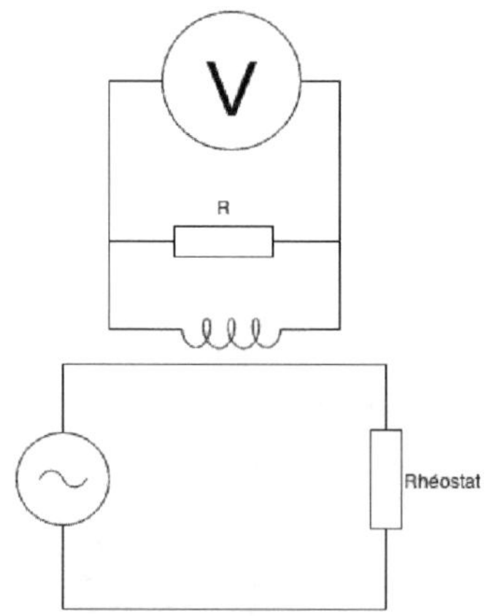

FIGURE 8.4 – Câblage à réaliser

? Protection de l'entrée analogique du microcontrôleur

Afin de protéger l'entrée analogique du microcontrôleur, il est possible de placer une diode Zener pour permettre :

1. d'une part, de supprimer la composante négative de la tension ou, du moins d'en limiter la tension à 0.6 V,
2. d'autre part, de limiter la tension maximale, fixée par la tension Zener, pour ne pas risquer d'appliquer une tension trop importante dans l'entrée analogique du microcontrôleur.

☆ Solution

1. On utilise un GBF ou un alternostat et non une alimentation de laboratoire pour générer une tension alternative. Une alimentation de laboratoire ne génère que des tensions continues.
2. L'entrée analogique d'un microcontrôleur, de même qu'un oscillocope, n'est capable de mesurer qu'une tension électrique, et non un courant.
3. Pour permettre la mesure et présenter une tension à l'entrée analogique du microcontrôleur, il faut convertir ce courant en tension et, pour cela, ajouter une résistance sur la sortie de la pince. Cette résistance permet de générer une tension observable par une entrée en tension, selon la loi d'Ohm. Le schéma de montage est représenté sur la figure 8.4.
4. Le rapport de transformation de la pince choisie est de 2000. Sachant que l'on veut mesurer un courant maximal de, par exemple, 30 A (soit 15 mA sur le secondaire) pour une valeur de tension maximale admissible par le microcontrôleur de 15 V, on peut en déduire la valeur de la résistance R à placer au secondaire :

$$U_{secondaire} = R \times I_{secondaire}$$

$$R = \frac{U_{secondaire}}{I_{secondaire}} = \frac{15\ V}{15\ mA} = 1000\ \Omega$$

5. Dans l'autre sens, on peut donc déterminer $I_{primaire}$ à partir de la tension $U_{secondaire}$. En effet,

$$I_{secondaire} = \frac{I_{primaire}}{2000}$$

$$U_{secondaire} = R \times \frac{I_{primaire}}{2000}$$

$$I_{primaire} = \frac{U_{secondaire}}{R} \times 2000$$

Manipulation

Dans cette partie, il est proposé de mettre en œuvre le dispositif électronique (capteur) conçu dans la section précédente.

Si la solution retenue est basée sur un GBF et une résistance de puissance, elle peut être réalisée sans précaution particulière. Si la solution retenue prévoit la mise en œuvre d'un alternostat et d'un rhéostat, il convient de respecter toutes les précautions de mise en sécurité électrique, notamment concernant la mise à la terre, la présence d'un disjoncteur, etc.

La photo de la figure 8.5 permet de visualiser le montage électrique qui est mis en œuvre pour expérimenter le capteur pince de courant.

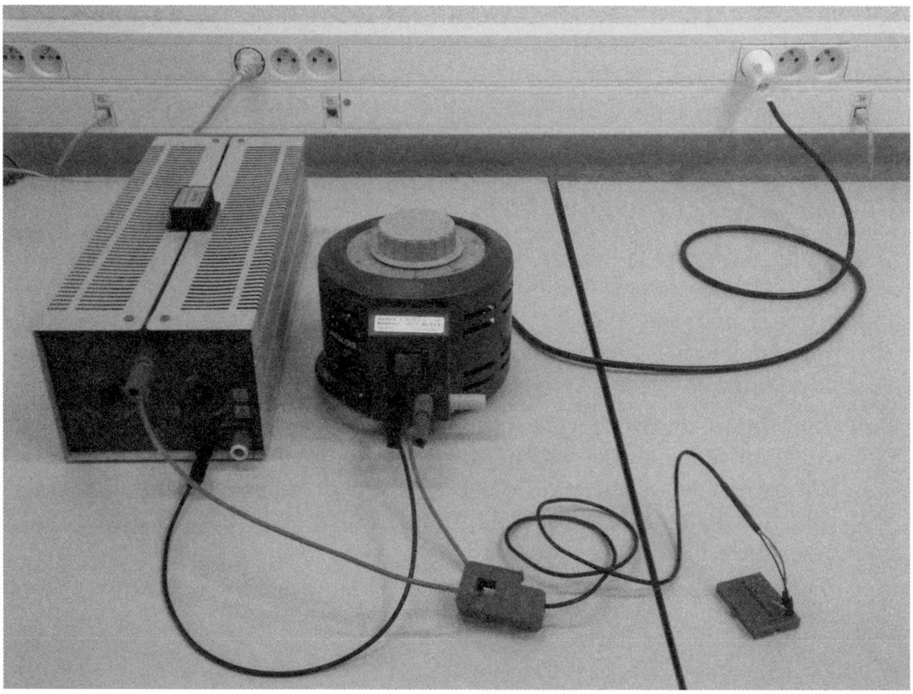

FIGURE 8.5 – De gauche à droite : charge (rhéostat), source (alternostat), pince de courant et résistance

Dans la solution mise en œuvre ici :

- la source électrique est l'alternostat. Il permet de générer une tension sinusoïdale comprise entre 0 et 230 V, provenant du secteur ;
- la charge est un rhéostat de valeur 330 Ω, utilisé ici en valeur fixe pour des questions de sécurité (le curseur ne sera pas manipulé) ;
- la pince de courant SCT-013-000 est reliée à une résistance de 1 kΩ.

Compte tenu des valeurs mentionnées, on peut déterminer :

- le courant maximal débité dans la charge, au primaire de la pince, $I_{primaire}$;
- le courant maximal généré par la pince, au secondaire, $I_{secondaire}$;
- la tension aux bornes de la résistance de 1kΩ, $U_{secondaire}$.

$$I_{primaire} = \frac{U}{R} = \frac{230}{330} = 697\ mA$$

$$I_{secondaire} = \frac{I_{primaire}}{2000} = \frac{697.10^{-3}}{2000} = 348\ \mu A$$

$$U_{secondaire} = I_{secondaire} \times 1k = 348\ mV$$

Il est alors possible de procéder à plusieurs mesures pour vérifier la théorie et la cohérence des résultats. Entrer les valeurs dans un simple tableur et mettre en place une régression linéaire pour obtenir l'équation qui permet, pour une tension mesurée sur $U_{secondaire}$, retrouver le courant $I_{primaire}$ qui est celui recherché.

8.3 Interfaçage avec le microcontrôleur

8.3.1 Prise en main et vérification de l'Arduino

Pour la suite, plusieurs plateformes matérielles de l'écosystème Arduino peuvent être utilisées. Nous proposons ici d'utiliser un *Controllino Maxi*[1]. Soit le code source suivant. Il s'agit du *sketch* `blink` classique d'Arduino, où la pin 13 de la LED a été remplacée par `CONTROLLINO_RO`, la sortie connectée au premier relais présent sur le module.

1. La documentation du Controllino est disponible ici : `https://controllino.biz/`

```
#include <Controllino.h>
int led = CONTROLLINO_R0;

void setup()
{
  pinMode(led, OUTPUT);
}

void loop()
{
  digitalWrite(led, HIGH); // turn the LED on (HIGH is the voltage level)
  delay(1000);             // wait for a second
  digitalWrite(led, LOW);  // turn the LED off by making the voltage LOW
  delay(1000);             // wait for a second
}
```

Le relais doit se coller/se décoller toutes les secondes. Sans l'alimentation 12 V (le 5 V USB seulement), la LED `R0` doit clignoter. Si on alimente le Controllino en 12 V ou 24 V, on doit aussi entendre le relais. Avec ohmmètre branché sur les deux borniers du relais, une alternance infini/0 Ω doit être observable. Éventuellement, mettre `5000` comme valeur de délai pour faciliter l'observation.

8.3.2 Microcontrôleur et ADC

Afin d'exploiter la mesure de courant dans un environnement numérique, il est nécessaire d'échantillonner (sampler, numériser) la grandeur analogique afin de la transformer en une valeur numérique. Nous allons passer pour cela par le Convertisseur Analogique Numérique (CAN) ou, en anglais, un *Analog-to-Digital Converter* (ADC) intégré dans le microcontrôleur.

> **? Les deux principaux critères de choix d'un CAN**
>
> Les deux principaux critères de choix d'un Convertisseur Analogique Numérique sont la fréquence d'échantillonage et la résolution. Le Controllino dispose d'un ADC 10-bits.

8.3.3 Mise en œuvre du Controllino

Prise en main du langage C à travers un programme donné

Dans cette étape de prise en main, un programme de démonstration, opérationnel, est donné. Il permet déclencher l'acquisition sur l'entrée du convertisseur analogique-numérique, convertir cette valeur en une tension en volt et l'afficher sur la console. L'usage de l'outil *Traceur Série* de l'IDE Arduino permet également de visualiser le signal.

```
#define SAMPLING_PERIOD 2

void setup()
{
  Serial.begin(115200);
  pinMode(A0, INPUT);
}

void loop()
{
  float u;
  int sample = analogRead(A0);
  u = sample*15.0/1024;
  Serial.println(u);
  delay(SAMPLING_PERIOD);
}
```

? Mise à l'échelle

Dans ce code, on peut constater que l'appel à la fonction `analogRead()` retourne un entier (`int sample`). Dans la mesure où le convertisseur présent dans le microcontrôleur présente une résolution de 10 bits, la variable `sample` est susceptible de contenir une valeur entière comprise entre 0 et 1023.

Il est donc nécessaire de multiplier cette valeur par la tension de pleine échelle (15 V pour le Controllino, 3.3 V pour un ESP32) et diviser par le nombre de pas possibles ($2^{10} = 1024$ pour le Controllino).

Modification du programme et affichage du courant au primaire

À partir de là, nous considérons que la tension en sortie du capteur (la pince de mesure de courant) sera injectée sur l'entrée `A0` de l'Arduino. Dans cette section, il est donc proposé de modifier le programme précédent pour afficher non plus la tension générée par le capteur, mais le courant au primaire. Il est possible de tester le code et représenter le courant avec l'outil *Traceur Série* de l'IDE Arduino.

? Constat d'un signal redressé mono-alternance

Sur le *Traceur Série* de l'IDE Arduino, on constate que le signal représenté est *redressé mono-alternance*, c'est-à-dire que la partie négative de la sinusoïde a disparu, alors que ce n'est pas la réalité. Ceci est dû au fait que le convertisseur analogique-numérique n'est pas prévu pour traiter les valeurs négatives de tension.

Solution

```
#define SAMPLING_PERIOD 2

void setup()
{
  Serial.begin(115200);
  pinMode(A0, INPUT);
}

void loop()
{
  float u, i;
  int sample = analogRead(A0);
  u = sample*15.0/1024;
  i = u/1000*2000; // i = Usecondaire/R*2000
  Serial.println(i);
  delay(SAMPLING_PERIOD);
}
```

Acquisition, calcul et affichage de la tension au primaire

Dans cette section, le code précédent est modifié pour afficher, en plus, la tension au primaire. Il est donc nécessaire de modifier le montage électrique pour ajouter une sonde de tension au primaire, qui sera connectée à l'entrée A1 du Controllino. Les deux valeurs sont séparées par un espace pour permettre la représentation des deux valeurs avec l'outil *Traceur Série* de l'IDE Arduino.

Solution

```
#define SAMPLING_PERIOD 2

void setup()
{
  Serial.begin(115200);
  pinMode(A0, INPUT);
  pinMode(A1, INPUT);
}

void loop()
{
  float Uprimaire, Usecondaire, Iprimaire;
  int sample;

  // Acquisition et calcul du courant au primaire
```

```
  sample = analogRead(A0);
  Usecondaire = sample*15.0/1024;
  Iprimaire = Usecondaire/1000*2000;

  // Acquisition et calcul de la tension au primaire
  sample = analogRead(A1);
  Uprimaire = sample*15.0/1024;

  // Affichages
  Serial.print(Uprimaire);
  Serial.print(" ");
  Serial.print(Iprimaire);
  Serial.println();

  delay(SAMPLING_PERIOD);
}
```

Acquisition, calcul et affichage de la puissance au primaire

Dans cette section, le code précédent est modifié pour afficher, en plus, la puissance au primaire. Les trois valeurs sont séparées par un espace pour permettre la représentation des trois valeurs avec l'outil *Traceur Série* de l'IDE Arduino.

☆ Solution

```
#define SAMPLING_PERIOD 2

void setup()
{
  Serial.begin(115200);
  pinMode(A0, INPUT);

  // Ajout d'une seconde entrée analogique pour la tension
  pinMode(A1, INPUT);
}

void loop()
{
  float Uprimaire, Usecondaire, Iprimaire, Pprimaire;
  int sample;

  // Acquisition et calcul du courant au primaire
  sample = analogRead(A0);
  Usecondaire = sample*15.0/1024;
  Iprimaire = Usecondaire/1000*2000;
```

```

    // Acquisition et calcul de la tension au primaire
    sample = analogRead(A1);
    Uprimaire = sample*15.0/1024;

    // Calcul de la puissance
    Pprimaire = Uprimaire * Iprimaire;

    // Affichages
    Serial.print(Uprimaire);
    Serial.print(" ");
    Serial.print(Iprimaire);
    Serial.println();

    delay(SAMPLING_PERIOD);
}
```

Recherche du point maximum

Le code source ci-dessous permet la sélection et l'affichage, sur la console, de la valeur de courant toutes les secondes. Vous allez vous en servir comme base. Celui-ci *sample* le signal analogique sur l'entrée A0 du Controllino **pendant 25 ms** par **pas de 500 us** et ce, répété **toutes les secondes** et affiché sur la console.

Pourquoi 25 ms par pas de 500 us toutes les secondes ?

- **Pourquoi 25 ms** : pour disposer au moins d'une période entière (f=50Hz, donc P=20 ms). En 25 ms, le système est certain d'échantillonner au moins une fois le maximum, éventuellement deux fois.
- **Pourquoi par pas de 500 us** : pour avoir 50 échantillons, ce qui est suffisant pour que l'un des échantillons soit très proche du maximum de la sinusoïde. Selon le théorème de Shannon, une période d'échantillonage de 100 Hz (donc un point toutes les 10ms suffirait. En pratique, on recommande au moins 8 fois la fréquence, donc 400Hz, donc un échantillon toutes les 2,5 ms. 500 us est donc même plutôt surdimensionné.
- **Pourquoi toutes les secondes** : pour avoir une mesure de courant très fréquente. En pratique, pour surveiller la consommation d'un bâtiment, un échantillon toutes les 10 secondes à 30 secondes pourrait suffire. Cette période fixe le nombre d'entrées dans la base de données.

Développer la fonction `getSamples()` permettant d'échantillonner le signal toutes les 500 µs pendant 25 ms. L'adresse du tableau `samples` est passé en paramètre ; il contiendra les 50 échantillons au retour de la fonction.

☆ Solution

```
void getSamples(uint16_t samples[], int pin)
{
  for (int i=0; i<NB_SAMPLES; i++)
  {
     samples[i] = analogRead(pin);
     delayMicroseconds(DELAY_BETWEEN_SAMPLES);
  }
}
```

Développer la fonction `getSampleMax()` permettant de retourner la plus grande valeur du tableau `samples` passé en paramètre.

☆ Solution

```
uint16_t getSampleMax(uint16_t samples[])
{
  uint16_t max = 0;
  for (int i=0; i<NB_SAMPLES; i++)
  {
    if ( samples[i] > max )
    {
      max = samples[i];
    }
  }
  return max;
}
```

Finalement, développer le reste du code.

☆ Solution

```
// Get electrical current with Controllino
// Contributors: Adrien van den Bossche <vandenbo@univ-tlse2.fr>
// Code under GPLv3 license

#include <Controllino.h>

#define SAMPLE_PERIOD 1000
#define NB_SAMPLES 50
#define DELAY_BETWEEN_SAMPLES 500
```

```

uint16_t maximum, samples[NB_SAMPLES];
uint32_t timeout = 0;
float u,i;

void setup()
{
  Serial.begin(115200);
  pinMode(A0, INPUT);
  delay(2000);
}

void loop()
{
  if ( millis() > timeout )
  {
    timeout = timeout + SAMPLE_PERIOD;
    getSamples(samples, A0);
    maximum = getSampleMax(samples);
    u = maximum*15.0/1024;
    i = u/1000*2000;
    Serial.print("courant = ");
    Serial.println(i);
  }
}
```

? Valeur maximale vs. valeur efficace

Le pré-traitement embarqué dans le capteur détermine la valeur maximale du courant. En génie électrique, on considère plus généralement la valeur efficace du courant, et non sa valeur maximale. Dans la mesure où le courant est de forme sinusoïdale, en déterminer la valeur efficace est relativement simple.

$$V_{efficace} = \frac{V_{maximale}}{\sqrt{2}}$$

8.4 Transmission des données

À ce stade, le capteur est bien en place et le pré-traitement, en embarqué, détermine la valeur maximale de la forme sinusoïdale du courant ; l'information doit maintenant être mise en forme et transmise sur le réseau Internet, dans une approche IoT.

8.4.1 Description du format d'un échantillon de mesure

Comme cela a été discuté plus haut, un échantillon sera transmis toutes les secondes via le bus MQTT.

Ici, nous avons choisi une structure JSON pour former un échantillon. Elle contient une valeur de courant et le `sensor_id`. Le `sensor_id` permet d'identifier le capteur, ce qui est fondamental lorsque plusieurs capteurs sont déployés. La base de données, sur le serveur, contiendra tous les échantillons de tous les capteurs mélangés, et repérés par le `sensor_id`.

Un échantillon contenant un courant de 298.7 mA envoyé par le capteur 51 se représente comme suit :

```
[
    {
        "courant": 0.2987
    },
    {
        "sensor_id": 51
    }
]
```

8.4.2 Transport de la donnée avec MQTT

Le transport de l'information est assuré par un protocole du monde Internet, plus spécifiquement IoT. Plusieurs protocoles sont envisageables pour transporter l'information. Nous choisissons ici le protocole MQTT, qui a été présenté au chapitre 4 de l'ouvrage.

Le code source ci-dessous permet la publication, sur le bus MQTT, de l'information de courant toutes les secondes par le module Arduino, comme vu dans les sections précédentes. Il peut être considéré comme une base pour la suite.

Si plusieurs modules sont déployés en même temps (par exemple, dans le cadre de travaux pratiques avec plusieurs équipes en parallèle sur le même réseau, ou, dans un déploiement réel, pour instrumenter la mesure de courant dans un bâtiment), certaines parties du code doivent être personnalisées pour rendre le capteur unique (adresses, etc.).

Le code est divisé en plusieurs parties et son fonctionnement est détaillé dans les sections suivantes.

Bibliothèques

La bibiothèque `PubSubClient.h` permet d'implémenter un client MQTT (*publisher* ou *subscriber*). En fonction du matériel Arduino utilisé, inclure certaines bibliothèques comme ici `Controllino.h`, `SPI.h` et `Ethernet.h`.

Solution

```
// Get electrical current with Controllino & MQTT
// Contributors: Adrien van den Bossche <vandenbo@univ-tlse2.fr>
// Code under GPLv3 license

#include <SPI.h>
#include <Ethernet.h>
#include <PubSubClient.h>
#include <Controllino.h>
```

Constantes et variables globales

On doit retrouver ici la définition des paramètres temporels discutés plus haut pour fixer les différentes périodicités (1 s, 25 ms et 500 µs). L'Arduino Controllino n'ayant pas d'adresse MAC unique, elle doit être fixée logiciellement, dans le code. Les adresses et les identifiants sont également initialisés, ainsi que les objets `IPAddress`, `EthernetClient` et `PubSubClient`.

Solution

```
#define SAMPLE_PERIOD 1000 // One sample every 1000 ms (every second)
#define NB_SAMPLES 50
#define DELAY_BETWEEN_SAMPLES 500 //microseconds
// 50 samples every 0.5ms = 25ms: enough for 50Hz/20ms

#define PAYLOAD_MAX_LEN 32

byte mac[] = { 0x28, 0x18, 0x92, 0x01, 0xFE, 0xEF }; // MAC address of
    the controllino
IPAddress ip(192, 168, 12, 41); // IP address of the controllino
IPAddress gateway(192, 168, 12, 254); // IP address of the default gateway
IPAddress dns_server(192, 168, 12, 1); // IP address of the DNS server
IPAddress server(192, 168, 227, 158); // IP address of the MQTT broker

char client_id[] = "controllino1";
int sensor_id = 1;

EthernetClient ethClient;
PubSubClient client(ethClient);
uint16_t samples[NB_SAMPLES];
```

Connexion/reconnexion au bus MQTT

Cette partie du code gère la première connexion ainsi que les éventuelles déconnexions/reconnexions du *broker* MQTT.

Solution

```
void reconnect()
{
  while (!client.connected()) {
    Serial.print("Attempting MQTT connection...");
    if (client.connect(client_id, "__login__", "__passwd__")) {
      Serial.println("connected");
      client.publish("sandbox/test", "on");
      client.subscribe("#");
    } else {
      Serial.print("failed, rc=");
      Serial.print(client.state());
      Serial.println(" try again in 1 seconds");
      delay(1000);
    }
  }
}
```

À chaque connexion, le client MQTT est identifié sur le *broker* par un `client_id`, un login et un mot de passe. Ici, la connexion n'est pas sécurisée, ce qui signifie que l'identifiant et le mot de passe sont transmis en clair. Lors d'une connexion, le client souscrit à tout le bus (#) ce qui n'est en fait pas nécessaire pour l'application.

Callback pour les messages reçus

Cette fonction `callback` est appelée à chaque réception d'un nouveau message par l'agent, qui a souscrit à tout le bus (#). Ce message est considéré comme une chaîne de caractères et affiché sur la console.

Solution

```
void callback(char* topic, byte* payload, unsigned int length)
{
  payload[length] = 0; // End of str: consider payload as a str
  Serial.println((char*)payload);
}
```

Acquisition et pré-traitement

On retrouve ici les deux fonctions `getSampleMax()` (permettant de retourner la plus grande valeur du tableau `samples`) et `getSamples()` (permettant d'échantillonner le signal toutes les 500 µs pendant 25 ms), comme détaillé plus haut dans l'ouvrage.

Solution

```
uint16_t getSampleMax(uint16_t samples[])
{
  uint16_t max = 0;
  for (int i=0; i<NB_SAMPLES; i++)
    if ( samples[i] > max ) max = samples[i];
  return max;
}

void getSamples(uint16_t samples[], int pin)
{
  for (int i=0; i<NB_SAMPLES; i++)
  {
     samples[i] = analogRead(pin);
     delayMicroseconds(DELAY_BETWEEN_SAMPLES);
  }
}
```

Initialisation au boot

Au *boot* de l'Arduino, la console, le client MQTT et la pile TCP/IP sont initialisés. Un délai de deux secondes est provoqué pour laisser le temps à la console USB d'être connectée sur le PC (ceci permet d'avoir le temps de voir passer le premier message émis sur la console).

Solution

```
void setup()
{
  Serial.begin(115200);
  pinMode(A0, INPUT);
  client.setServer(server, 1883);
  client.setCallback(callback);
  Ethernet.begin(mac, ip, dns_server, gateway);
  delay(2000);
}
```

Boucle principale

Après la déclaration des variables locales à la boucle, une vérification de la connexion au *broker* est faite ; dans la négative, un appel à `reconnect()` est réalisé. De la ressource CPU est ensuite donnée à la machine d'état du client MQTT via l'appel à `client.loop()`. S'il est temps de lancer une nouvelle acquisition sur le capteur parce que le `timeout` a été dépassé, alors une nouvelle acquisition est lancée, suivi du pré-traitement, de la mise à l'échelle et de la création du message au format JSON. Pour cela, la fonction `sprintf()` est sollicitée, pour forger le message dans une chaîne de caractères. Le message est ensuite publié par un appel à `client.publish()`. Le *topic* utilisé ici `sandbox/DatabaseSandbox/influx/pinceCourant` sera détaillé dans la prochaine section.

☆ Solution

```
void loop()
{
  char payload[128], str_temp[16];
  static uint32_t timeout = 0;
  float u,i,maximum;
  uint16_t max_value;

  if (!client.connected()) reconnect();
  client.loop();

  if ( millis() > timeout )
  {
    timeout += SAMPLE_PERIOD;
    getSamples(samples, A0);
    maximum = getSampleMax(samples);

    u = maximum*15.0/1024;
    i = u/1000*2000;

    dtostrf(i, 4, 2, str_temp);
    sprintf(payload,"[{\"courant\":%s},{\"id\":%d}]",str_temp,id);
    client.publish("sandbox/DatabaseSandbox/influx/pinceCourant",
        payload);
  }
}
```

Personnalisation pour plusieurs modules Arduino

Si plusieurs capteurs, c'est-à-dire plusieurs modules Arduino, sont déployés sur le même réseau et/ou pour se connecter simultanément sur le même *broker*

MQTT, il est nécessaire de personnaliser plusieurs éléments dans le code source. Plusieurs exemples distincts sont donnés ici à titre informatif, sans que ce soit bien sûr une limite.

— Module 1

Solution

```
byte mac[] = { 0x28, 0x18, 0x92, 0x01, 0xFE, 0x01 };
IPAddress ip(192, 168, 12, 41);
char client_id[] = "controllino1";
int sensor_id = 1;
```

— Module 2

Solution

```
byte mac[] = { 0x28, 0x18, 0x92, 0x01, 0xFE, 0x02 };
IPAddress ip(192, 168, 12, 42);
char client_id[] = "controllino2";
int sensor_id = 2;
```

Retenons qu'il conviendra de rendre unique...

1. L'adresse MAC ainsi que l'adresse IP si deux modules ou plus sont installés sur le même réseau local.
2. La chaîne de caractères `client_id` si deux modules ou plus sont connectés simultanément sur un même *broker* MQTT, quel que soit leur position sur le réseau local.
3. L'entier `sensor_id` si deux modules ou plus sont connectés sur la même base de données.

8.4.3 Contrôle de la remontée des échantillons

Le logiciel MQTT Explorer permet de visualiser très simplement les messages acheminés par un bus MQTT. Il permet également d'injecter de nouveaux messages.

Un premier écran de connexion (figure 8.6) permet de spécifier les informations permettant la connexion :

— nom de profil pour ce *broker* ;

— le protocole : MQTT natif ou WebSocket ;

— nom ou adresse IP, port ;
— identifiant et mot de passe.

Des options de sécurité (TLS) sont également disponibles mais ne seront pas mises en œuvre ici.

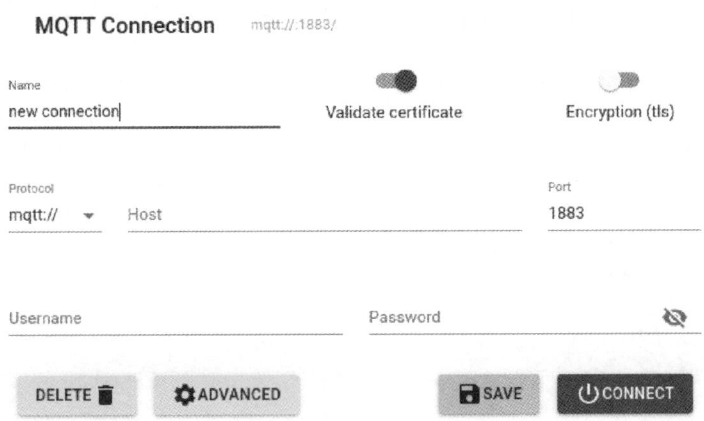

FIGURE 8.6 – Capture d'écran de la fenêtre de connexion de MQTT Explorer

Une fois connecté, dans la zone de gauche, il est possible de naviguer jusqu'au *topic* pour voir les données remonter de votre capteur :
`sandbox/DatabaseSandbox/influx/pinceCourant`

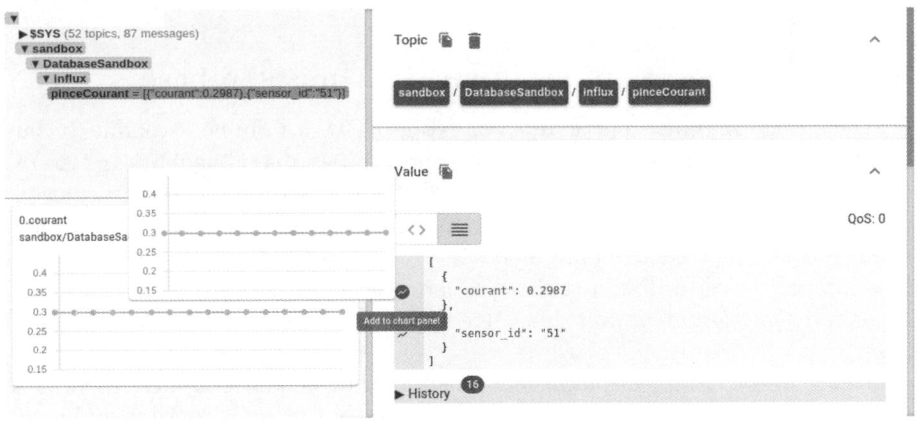

FIGURE 8.7 – Capture d'écran de la fenêtre principale de MQTT Explorer

Il est également possible de voir le contenu des messages dans la zone de droite. Enfin, il est possible de cliquer sur la petite vague à côté de *courant* pour grapher les données instantanées. Il n'est pas possible de remonter dans le temps, car MQTT Explorer – conformément à la philosophie du bus MQTT – n'intègre pas une mémoire non-volatile : seules les données passées sur le bus depuis la connexion au *broker* sont représentées.

8.5 Enregistrement des données en base

Dans cette partie, il est proposé de développer un agent qui, à partir des données transmises sur le bus MQTT par la pince connectée, prépare et stocke les données dans une base *influxdb*. Cette tâche pourrait être réalisée par un script codé en python ou dans tout autre langage ; ici, nous allons la faire réaliser par un simple *flow* Node-RED. Une vue d'ensemble de ce *flow* est représenté en figure 8.8. Il contient deux parties, qui sont détaillées dans les sections suivantes.

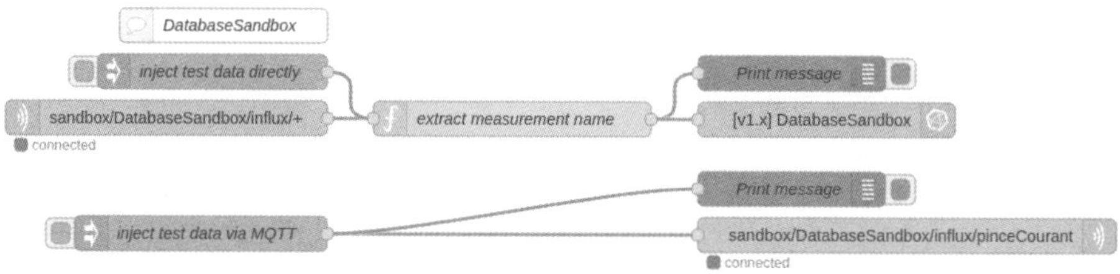

FIGURE 8.8 – Flow Node-RED permettant de récupérer les données venant de MQTT pour les écrire en base

8.5.1 Récupération des données et mise en base

Dans cette première partie du *flow* Node-RED, les données venant du bus MQTT sont récupérées, depuis le *topic* `sandbox/DatabaseSandbox/influx/+`, qui est celui qui a été codé en dur dans le module Arduino. Ce *topic* contient trois premiers niveaux fixes `sandbox`, `DatabaseSandbox` et `influx` ; le quatrième niveau, représenté ici par le *jocker* `+`, contient le nom du *measurement* au sens influxdb, c'est-à-dire la table dans laquelle seront stockés les échantillons. Le nom du *measurement* doit donc être récupéré avant d'envoyer l'ensemble en base.

Enfin, un bloc d'injection permet de simuler un échantillon à écrire en base et un node *debug* permet de visualiser les données qui sont inscrites en base.

☆ Solution

La configuration du *flow* d'injection pour le test est représenté en figure 8.9 où un courant d'une valeur de 298.7 mA pour le `sensor_id` 51 est créé.

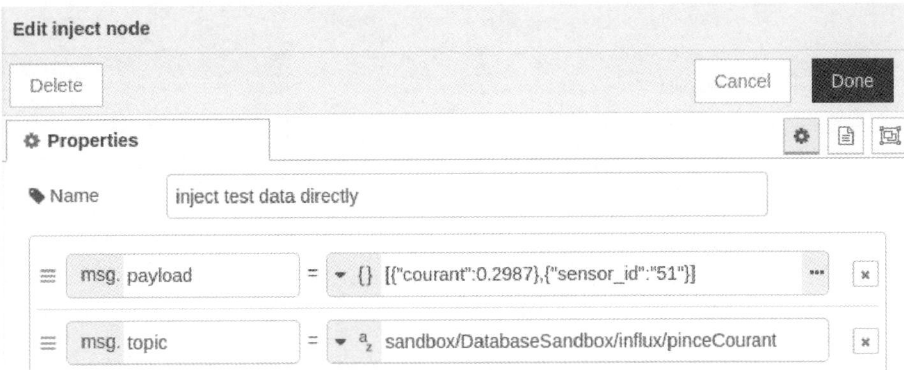

FIGURE 8.9 – Configuration du *flow* d'injection pour le test

Solution

Code du node *extract measurement name.*

```
var topicAsTable = msg.topic.split("/");
msg.measurement = topicAsTable[3];
return msg;
```

Solution

Une fois l'ensemble réalisé, l'injection du message de test provoque la création du message Node-RED représenté à la figure 8.10. Dans cette sortie, on constate les éléments suivants :

— `msg.payload`, qui contient rigoureusement ce qui a été transmis par l'Arduino : un tableau (*array*) à deux éléments ; le premier, un dictionnaire, qui contient la liste des valeurs à inscrire en base (ici, une seule clé `courant`) et le second, un autre dictionnaire, qui contient la liste des *tags* à inscrire en base (ici, une seule clé `sensor_id`). Il s'agit là du format attendu par le node `influxdb out` ;

— `msg.measurement`, qui contient le *measurement* qui a été extrait du *topic* MQTT par le node `extract measurement name` (ici : `pinceCourant`) ;

— `msg.topic`, qui perdure, sans importance.

```
sandbox/DatabaseSandbox/influx/pinceCourant : msg : Object
▾object
  _msgid: "788484829cba7285"
 ▾payload: array[2]
   ▾0: object
      courant: 0.2987
   ▾1: object
      sensor_id: "51"
  topic: "sandbox/DatabaseSandbox/influx/pinceCourant"
  measurement: "pinceCourant"
```

FIGURE 8.10 – Visualisation du *debug* créé par l'injection du message de test

> **? Une passerelle MQTT vers influx**
>
> Notons ici que ce *flow* Node-RED peut être réutilisé à foison pour permettre d'inscrire simplement, depuis un simple message MQTT, des données dans différents *measurements* influxdb. Les *measurements* étant créés à la volée par influxdb dès la première insertion de données, cette passerelle peut permettre d'élaborer un service de base de données simple pour faire des tests, sans avoir jamais à retourner dans la configuration d'influxdb.

8.5.2 Génération d'un message MQTT de test

Dans cette seconde partie du *flow* Node-RED, le même échantillon de test est généré, mais, cette fois, est transmis sur le bus MQTT sur le bon *topic* :

`sandbox/DatabaseSandbox/influx/pinceCourant`

> **? Simulation de plusieurs pinces**
>
> Notons que ce *flow* peut être utilisé comme base pour servir à injecter des données automatiquement toutes les secondes pour simuler plusieurs pinces de courant, notamment si la première partie du chapitre, concernant la mise en œuvre de la pince, n'a pas été couronnée de succès...

8.5.3 Création de la base de données

Une fois l'agent implémenté sous Node-RED, il ne reste qu'à créer la base de données sur le serveur influxdb. Ceci peut être réalisé en utilisant le client `influx` en ligne de commande.

Solution

```
root@influx:~# influx
Connected to http://localhost:8086 version 1.8.10
InfluxDB shell version: 1.8.10
> create database DatabaseSandbox
```

8.5.4 Vérification des données enregistrées en base

Il est enfin possible de vérifier que les données sont bien enregistrées en base. Nous proposons ici d'utiliser une nouvelle fois le client `influx` en ligne de commande pour nous connecter sur le serveur influxdb. De là, nous créons une requête permettant d'afficher les quatre derniers échantillons stockés dans la table.

Solution

```
root@influx:~# influx
Connected to http://localhost:8086 version 1.8.10
InfluxDB shell version: 1.8.10
> use DatabaseSandbox
Using database DatabaseSandbox
> SELECT * FROM pinceCourant ORDER BY time DESC LIMIT 4
name: pinceCourant
time                           courant sensor_id
----                           ------- ---------
2023-04-30T19:44:39.374830147Z 0.2987  51
2023-04-30T19:44:38.374399524Z 0.2987  51
2023-04-30T19:44:37.37282164Z  0.2987  51
2023-04-30T19:44:36.372569351Z 0.2987  51
>
```

? Jouer sur les paramètres de rétention

Le risque de la solution proposée ici est de faire grossir très rapidement la base de données. Il serait recommandé de jouer sur les règles de rétention des données pour limiter la taille de la base de données. Les commandes suivantes permettent de manipuler ces règles.

```
SHOW RETENTION POLICIES
ALTER RETENTION POLICY
```

8.6 Exploitation des données dans un *dashboard*

Pour terminer cet exercice de synthèse, il est proposé de s'intéresser à la représentation des données en utilisant l'outil Grafana, pour représenter temporellement la valeur du courant remonté par la pince. Les mesures ont été faîtes par la partie embarquée du système, gérée par un sketch Arduino ; les valeurs ont été acheminées par le bus MQTT jusqu'au serveur où elles ont été stockées en base de données. Ce stockage en base permet de remonter dans le temps et explorer les données dans le passé.

8.6.1 Création d'un premier *dashboard* simple

Dans cette section, nous nous proposons de créer un *dashboard* en partant de zéro, considérant cependant que le serveur Grafana a été installé préalablement.

☆ **Solution**

Pour réaliser ce premier *dashboard*, suivre les étapes suivantes :

1. se connecter sur le serveur Grafana préalablement installé ;
2. créer une nouvelle source de données `DatabaseSandbox`. Le type doit être indiqué : `InfluxDB` :
3. créer un nouveau *dashboard*, en cliquant sur le symbole `+` en haut à gauche de l'écran (*cf.* figure 8.11) ;
4. cliquer sur *Add new panel* ;
5. personnaliser la requête de la base de données comme sur la figure 8.12. Penser à ajuster le `sensor_id` pour faire correspondre à la configuration en place.

FIGURE 8.11 – Nouveau *dashboard*

À ce stade, les données en base doivent apparaître sous forme d'une série temporelle. Il est possible de naviguer dans le temps avec la base de temps en haut à droite de l'écran.

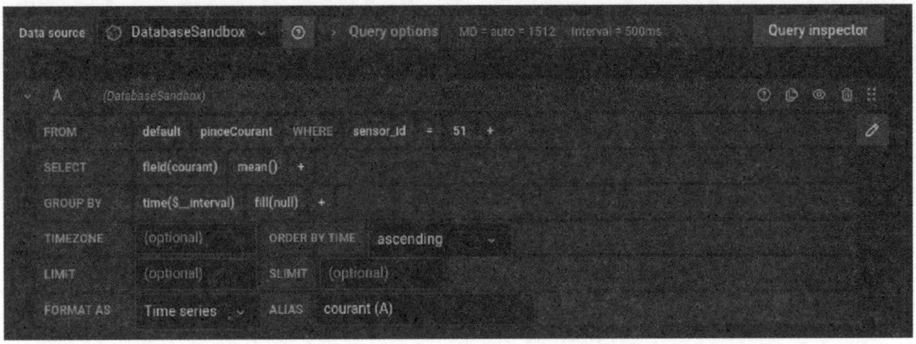

FIGURE 8.12 – Requête de base

Nous allons enfin profiter des nombreuses fonctionnalités de Grafana pour améliorer le graphique produit : titre et unités sur les axes, couleurs et aire sous la courbe et enfin légende avec tableau avec min/max/moyenne.

> ☆ **Solution**
> Le résultat est observable sur la figure 8.13.

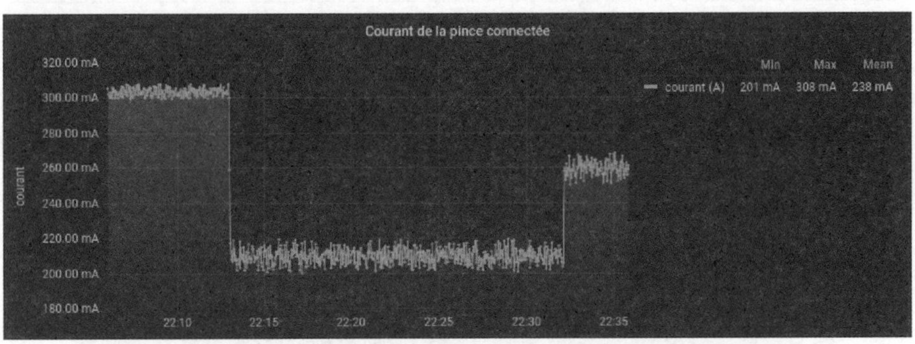

FIGURE 8.13 – Série temporelle améliorée

8.6.2 Plusieurs pinces dans le même *dashboard*

Dans cette section, nous allons représenter les données de plusieurs pinces (c'est-à-dire, plusieurs `sensor_id`) sur le même graphe temporel. Pour ce faire, nous allons automatiser l'identification de ces différentes valeurs de `sensor_id` présentes dans la base de données et en créer une *variable*, puis et demander à Grafana de multiplier automatiquement les courbes *pour chaque variable*, c'est-à-dire par capteur détecté.

Solution

1. Pour créer la variable, aller dans les paramètres du *dashboard* en haut à droite de l'écran, et cliquer sur *Variables* à gauche. Créer une nouvelle variable de type `Query`, ayant pour nom `sensor_id`, pour la *Data source* `DatabaseSandbox`. La requête a exécuter est la suivante :

```
SHOW TAG VALUES with key = "sensor_id"
```

   Les options `Multi-value` et `Include All option` peuvent être activées pour permettre de représenter les courbes en concordance de temps.

2. Une fois la variable créée, revenir sur les propriétés du *panel* et constater l'apparition du menu déroulant `sensor_id` en haut à droite. Modifier alors la requête ainsi comme sur la figure 8.14 :
   (a) `WHERE sensor_id = ...`
   (b) `GROUP BY tag(sensor_id)`
   (c) `ALIAS $tag_sensor_id` pour donner le nom à la courbe dans la légende

   Le résultat est visible sur la figure 8.15.

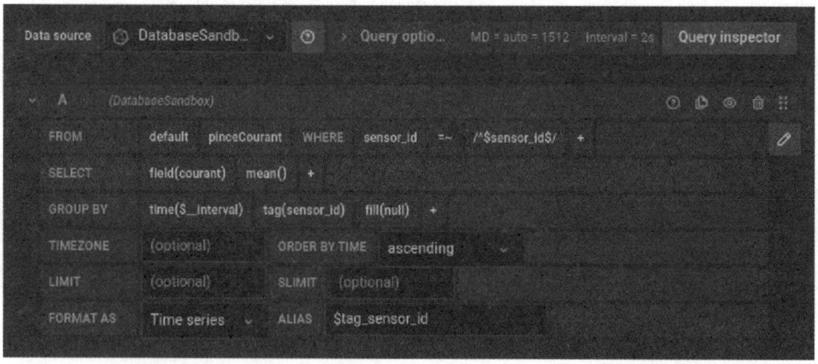

FIGURE 8.14 – Requête pour plusieurs capteurs

8.6.3 Jauge, dernière valeur et répétition par capteur

Dans ce dernier ajout, nous allons ajouter une nouvelle représentation de donnée de courant, mais cette fois sous forme de jauge. Seule la dernière va-

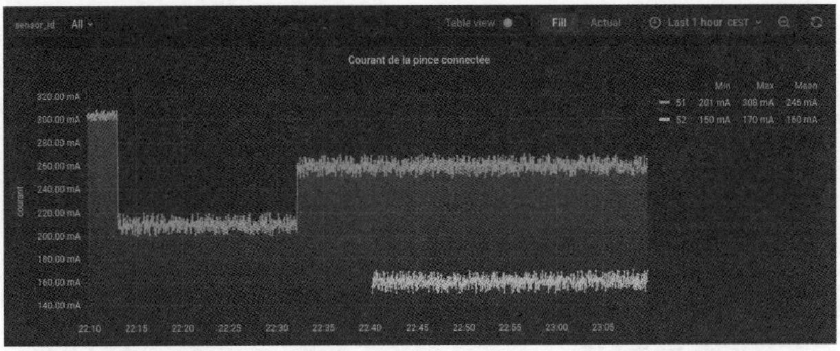

FIGURE 8.15 – Série temporelle avec plusieurs capteurs

leur (dans le temps) de la période temporelle sélectionnée sera alors affichée à l'écran.

☆ Solution

Pour créer cette jauge, il faut commencer par créer un nouveau panel, puis sélectionner `Gauge` sur la droite comme type de graphe. Programmer ensuite une requête habituelle avec `last` comme sélecteur et préciser `sensor_id` dans `WHERE`. Donner ensuite `$sensor_id` comme titre dans le volet de droite et activer la répétition en sélectionnant `sensor_id` comme variable de répétition. Indiquer les unités, etc. Il est également possible de jouer sur les couleurs en fonction de la valeur affichée. La figure 8.16 permet de voir les principaux éléments de l'écran de requête. Le résultat est visible sur la figure 8.17.

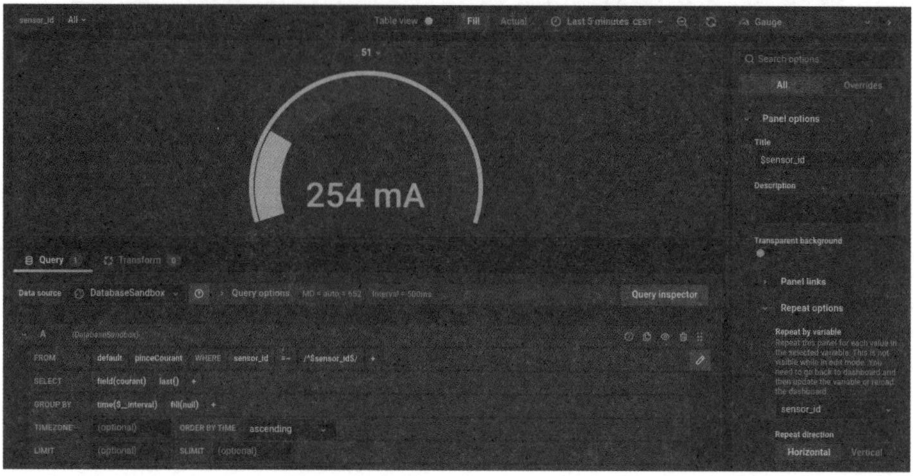

FIGURE 8.16 – Requête, configuration pour répéter les jauges pour chaque capteur

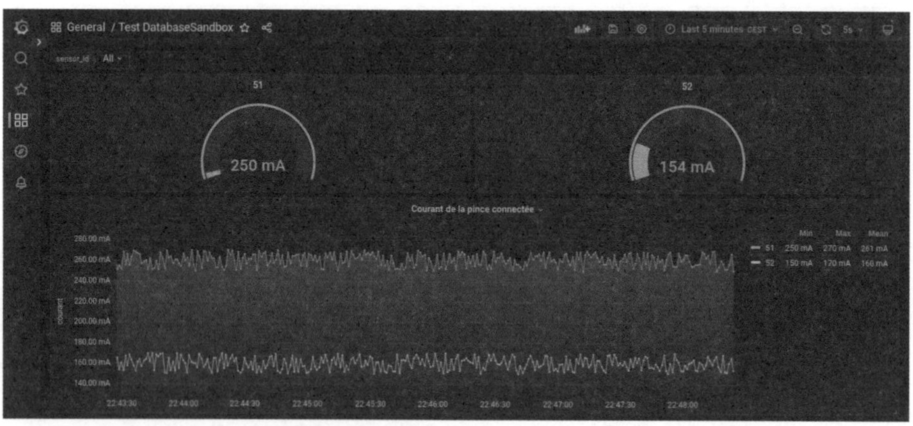

FIGURE 8.17 – Dashboard complet avec données sous forme de jauge

Index

85889 - (I) - OSB 80° - LUM - MSN
Dépôt légal : novembre 2023 - N° 202310.0192
Imprimerie CHIRAT - 42540 Saint-Just-la-Pendue

Imprimé en France